A&Z

I MANOVRATORI

Il Mondo è governato da persone
Assai diverse da quelle che vedete in Tv
E che figurano ai vertici delle istituzioni
Nazionali o sopranazionali.
Queste persone –da remoto-
Prendono decisioni sulla vostra vita e il vostro destino
Mentre i politici vi parlano di Democrazia…

Adriana Zanese Inserra

Vol. I

Pubblicato da A&Z
Con Amazon

Isbn 9798514328635

A&Z

Indice

Presentazione

Il NWO e la Cospirazione Palese di Herbert G. Wells

*Nel 1928 H.G. Wells, forte sostenitore del Governo mondiale,
pubblicava il libro The Open Conspiracy
(La Cospirazione Palese), nel quale egli afferma: «Il carattere della
Cospirazione Aperta sarà ora esposto chiaramente. [….] Essa sarà
apertamente una religione mondiale».
E nel "Nuovo Ordine Mondiale" del 1940 sarà più esplicito:
« innumerevoli persone odieranno il Nuovo Ordine, saranno rese infelici
nella frustrazione delle loro passioni e ambizioni, a causa del suo
avvento e moriranno protestando contro di esso»*

*

La prima cosa da sapere è che il Potere, in qualsiasi forma-ordinamentale, specialmente forse in quella democratica, per governare ha bisogno di nascondere la verità, cioè di mentire. Il segreto principale concerne la natura stessa del potere, a chi appartiene. In questo saggio dimostreremo che chi ci governa, lo Stato stesso, il suo apparato nelle sue articolazioni amministrative dal centro alla periferia, i parlamenti, i tribunali, le forze armate, la polizia, sono una mera finzione (si tratta di una finzione, in particolare per quanto concerne il sistema giudiziario, non morale, ma ontologica, fattuale); finzione il cui scopo ultimo e decisivo è quello di imporre tributi ai cittadini, tenendoli sotto controllo, e di mantenere l'ordine pubblico, condizione necessaria questa per realizzare quella imposizione tributaria, la raccolta del denaro, frutto e furto del lavoro del popolo, in favore dei Banchieri, di fatto padroni dello Stato.

A tal fine, cioè la governabilità, si ammantano di moralità negativa tanto i delitti contro la persona, quanto quelli fiscali, senza il cui controllo e sanzione sarebbe impossibile qualsiasi governo. Queste caratteristiche sono emerse in maniera stridente con l'esplosione del Mondialismo, ovvero quel complesso di operazioni, dottrine e tendenze economiche, politiche e culturali, che i fautori di un Nuovo Ordine nel mondo hanno immesso nel circuito della Globalizzazione, a partire dagli anni Settanta.   Il meno che si possa dire è che i governi tutti sono delle impalcature teatrali, i governanti dei procuratori per conto dei Potentati Mondialisti, che di fatto decidono dietro le quinte, mentre manovrano i loro attori, scelti sulla base di due requisiti, la disponibilità ad obbedire, la ricattabilità.   Il primo non sta senza il secondo. La recita di questi attori-procuratori serve ad illudere il popolo circa il fatto che lo Stato sia retto da istituzioni democratiche, mentre esso è una gabbia per animali (dal loro punto di vista) avvolta dalle menzogne dei Padroni del Circo. Si inculca nel cittadino il principio della libertà e dei diritti, mentre il suo solo diritto è quello di votare per essere legato alla catena (alla frode) del Debito Pubblico e, per ripagarlo, di dover versare il prezzo del proprio lavoro, le tasse. Ma in capo a chi sta davvero il Potere? E' il tema di questo libro.

Introduzione

" La guerra del futuro sarà una guerra invisibile.
E' quando i suoi raccolti saranno distrutti
le sue industrie paralizzate,
le sue forze armate incapaci di agire,
che un paese comprenderà all'improvviso
che era in guerra, e che la sta perdendo "
(Frèderic Joliot Curie, Premio Nobel per la Chimica, 1947)

" Le tecniche di governo delle masse
Hanno avuto uno scopo d'uso negli eventi
Della crisi finanziaria che iniziò nel 2007
Con effetti devastanti in Europa;
una crisi concepita come un grande esperimento
di controllo sociale globale attraverso il mercato "
(Luciano Gallino, "Il colpo di Stato di Banche e Governi", 2013)

" Al fine di abituare la gente ad obbedire,
noi dobbiamo educarla alla modestia e alla moderazione;
quindi faremo decrescere la produzione dei beni di lusso. ...
Promuoveremo la nazionalizzazione delle industrie
per danneggiare le fabbriche private.
La disoccupazione è il pericolo più grande per i governi;
essa sarà servita ai nostri scopi, e per suo mezzo
noi conseguiremo il Potere. "
(da I Protocolli dei Savi Anziani di Sion, 1905)

*

Le enunciazioni sopra riportate sembrano scritte oggi, esse si adattano bene a documentare il clima attuale, dominato dalla crisi del Corona virus, un evento che ha le implicazioni di una Terza Guerra mondiale sterilizzata, cioè incruenta -ma munita di una violenza chirurgica- lanciata contro le nazioni. Se lo scopo concreto di tale Guerra (che è più un colpo di stato, paragonabile a quello che in Europa portò alla privazione della sovranità delle nazioni europee nel 2002, con la moneta unica) se lo scopo è quello di far regredire le economie, ridurre i popoli in graduale povertà (certo anche numericamente) così da renderli preda dei Banchieri tramite il ricatto del Debito Pubblico, se l' intento articolato è questo, il mezzo per conseguirlo dev'essere quello di innanzitutto contenere la libertà delle persone, disciplinarle, abituarle mentalmente a subire il controllo da parte dell'Autorità senza discutere e senza possibilità di ribellarsi, perché essere controllati è presentato come una necessità.

Ecco che allora il còup del Covid-19 segna una tappa importante verso quel Nuovo Ordine (di cui si sente ormai parlare anche fuori dei circoli specialistici) lo stabilimento delle pre-condizioni tecniche onde far scivolare l'attuale forma-stato democrazia, in un regime democratico autoritario; non sconcerti l'ossimorocità della locuzione, giacché la contraddizione in termini rientra nella logica della coincidentia oppositorum propria delle Entità Massoniche **(1)** preposte al Disegno del NWO, o Governo Unico mondiale, e sul piano pratico risponde alla strategia psicologica di condurre le masse nel segno dell'inganno semantico, chiamando le cose col loro significato contrario, orwellianamente. Inganno che, la storia lo dimostra, risulta sempre vincente, a causa di quella passione di lasciarsi guidare con maniere forti (oggigiorno modulate dalla moral suasion) che in quanto tali esimono le genti dall'assumersi responsabilità morali: solamente la menzogna può garantire questo privilegio, che la verità invece nega. Sorvegliare è dunque la prassi, chiave per imprimere la svolta programmata.

----

(1) *il termine massoniche va inteso qui in senso lato; più avanti specificheremo di quale massoneria si tratta).*

Sistema democratico e regime autoritario

La sorveglianza dell'Autorità sui cittadini è la precondizione di qualsiasi forma di governo. Perciò ecco la distinzione utile. Il sistema democratico si distingue da quello formalmente autoritario in ciò: nel secondo bisogna obbedire e basta, senza troppe giustificazioni o inganni; nel primo invece si impongono dei dettati usando la moral suasion, una trappola raffinata (per quanto non inedita nella storia) che fa leva sulla permeabilità dell'uomo comune al lavaggio pedagogico del cervello da parte dei portavoce ufficiali del potere, in antico la classe sacerdotale, attualmente i media. Il battage pedagogico si combina con le ricompense (l'intrattenimento, i bonus, etc.) intese a controbilanciare con la gratificazione ludica i sacrifici richiesti. Poco importa se tali gratificazioni siano anch'esse un imbroglio; il cittadino suddito (cioè pagatore di tasse) lo sa e lo accetta, per quell' istinto gregario che caratterizza gli esseri umani. Lo stesso spirito in forza del quale egli accetterà anche di essere sorvegliato, per la sua *sicurezza*, come recita la propaganda morale dei governi.

La Sorveglianza moderna è un vero e proprio sistema, che ha la sua matrice in quella che il giurista Giacinto Auriti chiama la Piramide Rovesciata, partendo dalla definizione di società secondo la tradizione romano cristiana: " societas sunt homines qui ibi sunt ". Contrapposta a questa definizione sta la società retta sul concetto di piramide rovesciata, "che ha il suo fondamento e presupposto logico nella società-soggettività strumentale, espressa con le più varie definizioni: personificazione del patrimonio, personificazione della norma, centro astratto di imputazione giuridica dei rapporti fictio juris, persona giuridica, etc. Tutte queste definizioni riducono la società a concetto senza contenuto umano; ed a nostro avviso, costituiscono il sintomo di una grave deformazione dei giudizi di valore, che ammala la scienza giuridica contemporanea " (G. Auriti, *L'Ordinamento internazionale del Sistema monetario*, 1985)

La conseguenza naturale di questa piramide rovesciata è dunque la spersonalizzazione dell'individuo; di qui a farlo diventare un numero il passo è breve. Si aggiunga infatti che, dall'introduzione e diffusione di Internet e dell'informatizzazione della Pubblica Amministrazione e delle banche,   i rapporti di questi enti coi cittadini sono fondati sulla funzionalità. Le persone sono trattate anch'esse come enti. Il vostro nome è scritto in caratteri tutti maiuscoli, come le società di capitali. Persino le prestazioni sanitarie e l'assistenza sociale hanno il tono spersonalizzante dei codici e dei numeri, che vi identificano. Tessera sanitaria significa Codice fiscale; come dire che tu cittadino sei curabile in quanto sei tassabile; lo Stato ti assiste attraverso un complicato iter di accertamento della tua esistenza economico/finanziaria. I diritti, infine, si riducono, o risalgono sempre alla dimensione imponibile.

Questa "deriva giuridica" che considera l'essere umano come strumento della macchina-Ordinamento si inquadra nell'evoluzione storica del Potere, il quale, divenendo semplice Autorità, è stato trasferito dal monarca assoluto allo Stato costituzionale, rappresentando soltanto un male minore. Scrive infatti l'Auriti, " ci si spiega come alcuni fenomeni si siano manifestati contestualmente… Stato costituzionale e massoneria, classe dominante e stato socialista, società anonima o multinazionale, e sindacato di maggioranza…E ciò perché la massoneria è la società strumentalizzante lo stato costituzionale, la classe dominante strumentalizzante lo stato socialista (comunista) in cui la proprietà dello Stato è sostanzialmente proprietà dei governanti; nello stato di diritto, in cui il dominio dello stato è delle logge massoniche…". In che misura questo dominio massonico muova la Res Pubblica sarà trattato più oltre.

Per intanto, nel primo capitolo esamineremo in cosa consiste la sorveglianza nel moderno regime democratico.

Nota - Va precisato in merito alla citazione della tradizione romano cristiana "societas sunt homines qui ibi sunt ", che essa non esaurisce la definizione di società, poiché questa sottende un'idea di comunità, la quale è molto più dello stare o trovarsi semplicemente in un territorio, condizione che non basta e non sarebbe bastata a costruire le civiltà. Le scienze sociali hanno sovente contrapposto il termine società a quello di comunità. Difatti, Comunità è l'insieme di più soggetti legati da più fattori (etnia, lingua, religione, ordinamento politico, etc.) che li portano a interagire fra loro più che con i membri di altre collettività. Tratti comuni di una comunità sono la maturazione di una specifica identità, l'acquisizione di un elevato senso di appartenenza, la formazione di rapporti di solidarietà.
Solo avendo ben chiaro il significato di comunità si può misurare l'aberrazione insita nella concezione di "piramide rovesciata" contrapposta a quella di società, come l'Auriti la pone in rilievo.

Parte Prima

Cap. I - La Sorveglianza di Massa nelle Moderne Democrazie

Premesso che già negli anni '40 del Novecento in Usa fu avviata la pratica della sorveglianza dei cittadini, è però degli anni '70 la prima notizia di un programma di sorveglianza chiamato Echelon; notizia che però guadagnò l'interesse soltanto di pochi addetti ai lavori.

Il primo allarme diffuso invece nell'opinione pubblica con scalpore sull'esistenza di una sorveglianza di massa si ebbe nel 2013, allorché due prestigiosi quotidiani, il Guardian e il Washington Post pubblicarono in contemporanea i documenti segreti che Edward Snowden, un ex agente della Nsa (National Security Agency) statunitense, aveva loro messo a disposizione. Si trattava di rapporti (circa 20 mila) su operazioni di sorveglianza massiva poste in essere dalla stessa Nsa in collaborazione con i servizi segreti di altre nazioni occidentali. Nelle migliaia di documenti rilasciati da Snowden si esposero programmi segreti dai nomi suggestivi, *Prisma, Tempora, X Chiave di Partitura*. In essi emergeva che molti paesi nel mondo, inclusi gli alleati dell'Occidente, membri della Nato, erano stati oggetto di spionaggio di massa da parte della *Five Eyes*, l'Alleanza segreta (costituita negli anni '40) delle nazioni di lingua inglese: Gran Bretagna, Usa, Australia, Canada, Nuova Zelanda.
Su questa alleanza anglofona e sui suoi risvolti massonici, torneremo. Lo scopo dello spionaggio era palesemente quello di acquisire Informazione su vasta scala tramite Internet. la NSA confermò, adducendo per bocca del suo direttore, che l'agenzia è solita raccogliere e immagazzinare dati telefonici di tutti i cittadini americani e che la gran parte di tali dati vengono conservati in depositi informatici situati presso il Data Center dello Utah, un gigantesco progetto da 1.5 miliardi di dollari.

Edward Snowden

Naturalmente, come si ricorderà, le rivelazioni di Edward Snowden suscitarono le reazioni indignate di molte associazioni, organizzazioni non governative, che intentarono causa alla Nsa; interrogazioni e commissioni parlamentari d'inchiesta furono avviate sia nella UE che nel Congresso US, con audizioni dei dirigenti Nsa, che cercarono di negare o minimizzare, e molte raccomandazioni e impegni alla trasparenza ad opera del corpo politico furono profusi. Nel leggere alcuni di tali atti si ha una penosa impressione di commedia delle parti e d'impotenza, non tanto in capo ai rappresentanti eletti dei cittadini, ma di questi ultimi, i quali non sono tutelati come dovrebbero, per la sola ragione che essi non *possono* esserlo e che sono forse destinati a soccombere nei confronti di un Potere Globale Segreto, di cui intravedono appena le propaggini.

A dimostrazione di ciò, diremo che, pochi giorni dopo la pubblicazione dei dossier Nsa, Snowden fu accusato dal Procuratore federale di spionaggio e di furto di documenti proprietà del governo US. Nell'agosto dello stesso 2013, il democrat presidente Obama, in un discorso alla televisione rassicurò gli americani con queste parole: "noi non abbiamo alcun progetto di spionaggio interno, e non c'è nessuna attività spionistica a carico dei cittadini americani "

TEMPO DI GUERRA E SORVEGLIANZA OCCULTA

Non sorprenderà apprendere che la prima sorveglianza nel pubblico si ha subito dopo il secondo conflitto mondiale e fa seguito ad accordi stipulati fra i principali alleati Gran Bretagna e Stati Uniti, per la condivisione di segnali intercettati dalle trasmissioni nemiche. Tali accordi vennero prolungati e sviluppati nel 1946, col trattato noto come BRUSA (British-Us Agreement). Esso impegnava i due partners in una rete di postazioni di ascolto gestita dal GCHQ (Government Communications Headquarters) la maggiore agenzia di spionaggio inglese, e dalla NSA. Prima di allora la censura (telegrafica, telefonica, postale, via radio) vigente in tempo di guerra era stata mantenuta anche in tempo di pace con un sistema di decifrazione delle comunicazioni da parte del Black Chamber (Cipher Bureau, MI-8) che operò con l'approvazione del Dipartimento di Stato Usa dal 1919 al 1929.

Nel 1945 fu creato il Progetto Shamrock, che raccoglieva tutti dati in entrata e in uscita dagli Stati Uniti. Per queste operazioni ci si servì della collaborazione dei principali gestori delle Telecomunicazioni dell'epoca, Western Union, Rca Global e ITT World Communications. Il loro contributo fu essenziale per avere accesso al traffico internazionale di comunicazioni. Sin dagli anni Trenta, l'FBI realizzò operazioni di sorveglianza su vasta scala, che coinvolsero personalità politiche e pubbliche a vario titolo, come Albert Einstein (legato al movimento sionista), Frank Sinatra (simpatizzante del socialismo), la first lady Eleanor Roosvelt; in seguito Marilyn Monroe (legata al presidente JF Kennedy),

Inoltre, John Lennon (di idee comuniste), Martin Luther King (massone, marxista). Un rapporto del FBI definiva King "il più pericoloso leader Negro del paese ". Tutte queste attività spionistiche vennero alla luce con lo scandalo Watergate, che condusse alle dimissioni del presidente Nixon, un caso dai toni kafkiani, esempio di complotto dei Manovratori.

L'ARCHETIPO DEL GRANDE FRATELLO: ECHELON

Come si è detto, il precursore dello scandalo Snowden, se pur in tono assai minore e circoscritto, fu Echelon. Denunciato per la prima volta nel 1988 in un articolo del New Statesman, intitolato "Qualcuno ascolta ", esso divenne di pubblico dominio nel 2010. Si trattava di un programma di spionaggio militare e diplomatico attuato dai già alleati del secondo conflitto mondiale, riuniti nell'acronimo Auscannzukus (Australia, Canada, Nuova Zelanda, United States). L'oggetto principale delle operazioni spionistiche era l'Unione Sovietica col suo blocco di paesi satelliti; il periodo quello della guerra fredda nei primi anni 60; i recipienti privilegiati delle informazioni raccolte e decrittate erano naturalmente Usa e Regno Unito.

Con il progredire della tecnologia informatica, fra il 1990 e il 1996, Il sistema operativo Echelon era in grado di intercettare trasmissioni via satellite, telefonate, fax, email e altro. Del caso si occupò anche il Parlamento Europeo, il quale, nel mettere in guardia i popoli europei, documentò trattarsi di un apparato di spionaggio globale delle comunicazioni private e commerciali. Vedremo negli anni a venire come gli avvertimenti e le eventuali misure legislative assunte dai parlamenti nazionali e sovranazionali per tutelare i cittadini da questi abusi siano sterili, a dimostrazione che chi detiene e manovra il potere non è la politica, ma altri enti, che conosceremo nel corso di questo saggio.

Un esempio di tali manovre fu il Patriot Act, introdotto in America dopo agli attacchi terroristici dell'11 settembre 2001 contro le Torri Gemelle di New York. La legge, varata ufficialmente per proteggere la nazione da trame e iniziative terroristiche, limita le libertà personali e i diritti costituzionali dei cittadini americani, e si inquadra in un più generale programma segreto di sorveglianza.

Edward Snowden: Come ci spiano con la Complicità dei Gestori telefonici

Edward Snowden

Prima di inoltrarci nelle rivelazioni di Snowden, è utile sapere che già nel 2012 vi erano state avvisaglie di quelle che poi risulteranno essere sistematiche attività di sorveglianza da parte della Nsa. Un articolo dell'American Magazine Wired il 15 marzo titolava, "La Nsa sta costruendo il più Grande Centro di Spionaggio del Paese: badate a quello che dite". La denuncia finì nella preposta commissione del Congresso, la quale, audito il direttore della Nsa si sentì rispondere che le affermazioni del magazine Wired erano non vere. Dal giugno 2013 invece esse lo furono per l'opinione pubblica di tutto il mondo.

Negli oltre due mesi in cui uscirono sul Guardian e sul Washington Post le migliaia di documenti rilasciati dall'ex agente della Cia e della Nsa, risultò che quest'ultima aveva messo su un complesso apparato tecnologico atto ad intercettare il traffico telefonico e internet di un miliardo di persone da molti paesi nel mondo. Basati su una struttura centrale di monitoraggio, diversi programmi assolvevano a una rete di controlli incrociati, nei quali partecipavano l'FBI e il Dipartimento di Giustizia americano. Alcuni programmi venivano svolti dalla Nsa in collaborazione con altre agenzie d'Intelligence nazionali e straniere, l'inglese già citata GCHQ e l'australiana DSD; il tutto naturalmente con il supporto delle maggiori società di telecomunicazioni e servizi Internet, da Verizon a Telstra, da Google a Facebook.

Lungi dall'essere finalizzati a combattere il terrorismo, i programmi di sorveglianza miravano a conoscere e valutare la situazione politica ed economica degli altri stati ed a scoprire i loro segreti. In questo quadro vanno intese le postazioni di ascolto situate all'interno di ambasciate e consolati americani in molti paesi nel mondo. Persino la Nato, secondo Snowden, era dotata (dalla Nsa) di dispositivi di intercettazione puntati sull'Europa. (E probabilmente lo è tuttora).

L'avvento e la diffusione dei telefonini smartphone fu una vera manna per la NSA, a motivo delle loro caratteristiche multimediali e interattive. Non si trattò più di auscultare le sole telefonate, ora si potevano assemblare ed incrociare tutti gli aspetti della vita di ogni utente: i suoi contatti, le foto, gli amici, parenti, i gruppi nei social, il suo profilo psicologico, i luoghi di residenza e gli spostamenti. Le carte di credito permettevano di conoscere la sua situazione economica e l'uso che faceva del denaro. Per inciso, e ipotizzando (senza tema di sbagliare) che queste pratiche siano tuttora in vigore, vi invitiamo a notare che quando facebook ad esempio vi esorta ad aggiornare il vostro profilo rivelando dove vi trovate, o gli altri gestori sollecitandovi sovente a completare la vostra scheda scrivendo il vostro numero di telefono, per la *vostra sicurezza*, essi lo fanno per conto delle suddette agenzie, alle quali questi ragguagli vengono poi trasmessi. Lo stesso dicasi per le piattaforme dei blog e delle app free. Quante volte Wordpress o Twitter vi domandano di rinfrescare il vostro blog cliccando su un link o sull'applicazione di google store per scaricare l'aggiornamento. Quel che avviene è che i vostri dati vengono re-inviati periodicamente alle suddette agenzie a scopo di controllo della vostra esistenza. Miliardi di bit di informazione vanno a stipare ogni giorno da tutto il pianeta le banche dati di Fort George G. Meade, il quartier generale della Nsa, 30 chilometri da Baltimora (Maryland) o i terminali di Langley (Virginia) sede della CIA

A tale scopo, la NSA ha assegnato squadre di esperti a diversi produttori di telefoni cellulari e di sistemi operativi per la telefonia mobile, Apple, iPhone, iOS, Android, per studiare il modo di infiltrare tali sistemi, col consenso, evidentemente, dei fabbricanti. Analogamente l'agenzia britannico GCHQ ha disposto i suoi esperti allo studio e all' hackeraggio dei BlackBerry. Sottoprogrammi di spionaggio hanno per oggetto i sistemi di geolocalizzazione di Google Earth e di messaggistica di Yahoo e Facebook. Né è stata trascurata la fibra ottica, considerato che, ancora dai documenti di Snowden, la Nsa ha investito 17, 2 milioni di dollari in un progetto britannico capace di *ripulire* fino a 200 cavi di fibra ottica in tutti i punti di entrata della Gran Bretagna. Parliamo di milioni di dati intercettati ogni giorno.

C'è da domandarsi a questo punto se gli enfant prodige dell'informatica e di Internet, come Steve Jobs (Apple Inc.) e Bill Gates (Microsoft) siano stati sponsorizzati negli anni 60 dallo Stanford Institute (la Sylicon Valley, finanziata dai Rockefeller) perché servivano al Progetto ordinovista della sorveglianza e manipolazione di massa, progetto al quale essi hanno aderito anche con proprie iniziative, in particolare Bill Gates, come vedremo nel capitolo sul Corona Virus.

I DRONI DI SORVEGLIANZA OCCULTA

Se i direttori della Nsa negano ancora oggi le pratiche spionistiche che abbiamo sopra descritto, il Congresso americano non si è mai stancato di investigare e il 19 giugno del 2013 (mentre le rivelazioni di Snowden riempivano i notiziari) riusciva in un'audizione, a far ammettere al direttore del Fbi, Robert Mueller che il governo federale usava droni in territorio Usa a scopo di sorveglianza civile occulta. Tuttavia siccome la politica agisce facilmente in modo che la destra non sappia cosa fa la sinistra, lo stesso Congresso nel 2012 aveva votato una legge per il rifinanziamento quadriennale dell'Aviazione Federale (FAA) che prevedeva lo sviluppo dell'utilizzo di droni militari e commerciali nello spazio aereo statunitense.

Di cosa si trattava? Lo spiegò nel febbraio 2013 il portavoce del Dipartimento di Polizia di Los Angeles. I droni sarebbero stati adoperati nell'ambito di assembramenti pubblici, in specie manifestazioni di protesta. In prospettiva si prevedeva di far volare droni molto piccoli all'interno di edifici pubblici, per rintracciare persone sospette ed aiutare nelle investigazioni. Va detto che i droni offrono il vantaggio di poter essere invisibili ad occhio nudo, perché provvisti di una schermatura

elettromagnetica adatta allo scopo. Inoltre essi possono essere installati di videocamere e sensori infrarossi, lettori di targhe a grande distanza, dispositivi di ascolto a lungo raggio;
i più piccoli possono essere travestiti da gabbiani o da altri uccelli. Entro il 2020 era previsto l'uso di 30 mila droni a scopo di sorveglianza negli Stati Uniti e, si può ritenere, in altre parti evolute del mondo.

RIVELAZIONI PIU' PARTICOLAREGGIATE

Ulteriori rivelazioni furono: la convenzione fra Nsa e l'Israel SIGINT National Unit (Isnu), un'agenzia di spionaggio dello stato d'Israele. Nell'aprile 2013 veniva emanato il FISC Order, inteso ad esigere da Verizon la cessione di tutti i suoi dati telefonici alla Nsa; procedure attivate dalla NSA nel 2009-2011 per la sorveglianza degli stranieri in Usa; procedure per ridurre al minimo la raccolta di informazioni sui cittadini statunitensi. A seguito del rilascio di questi e di altri dossier, la Corte di Giustizia USA proclamò la NSA colpevole di aver violato la legge, adducendo, sulla base di sentenze precedenti, che il Quarto Emendamento della Costituzione (americana) si applica al contenuto delle comunicazioni, a prescindere dal mezzo tecnico usato. La Corte aggiunse nella sua sentenza che le politiche di bersagliamento delle persone erano costituzionalmente deficitarie e raccomandò dei cambiamenti.

Dalle cui note si ricava l'impressione che, malgrado i provvedimenti della la Suprema Corte, o nonostante le denunce di cittadini e associazioni, la Nsa continui ad operare sottotraccia, rivelandosi al di sopra delle leggi e della democrazia.

Sul piano tecnico, mentre rinviamo gli appassionati ad aggiuntive ricerche autonome sui database usati dalla famigerata Agenzia, diremo soltanto che il CLOUD/ABR merita particolare attenzione perché è il sistema di data-storage utilizzato dai Tribunali italiani e dagli avvocati, nell'ambito del "processo telematico" in fase di realizzazione. Che la NSA si introduca nei processi giudiziari italiani è perlomeno *intrigante*.

C'è poi il TRACFIN, un database d'informazione finanziaria.

E' emerso inoltre che la NSA e la GCHQ prendono di mira le carte di credito del circuito VISA. Nel far questo, vengono raccolte liste di contatti appartenenti a users di email e servizi di messaggistica di Yahoo, Hotmail, Facebook, Gmail. Vi è di più, l'accordo-Swift tra Ue e Stati Uniti, in base al quale il governo americano ottiene informazioni sui movimenti bancari dei cittadini europei che transitano per il più importante circuito, lo Swift.

Il parlamento europeo ha tentato, in una risoluzione del 2014, di revocare l'accordo; ma la Nsa e il CGHQ britannico hanno trovato il modo di vanificare tali tentativi rivolgendosi direttamente agli stati membri con la protezione del Dipartimento della Difesa Usa. In tal modo molti stati europei hanno ricevuto "istruzioni" dalla Nsa su come indebolire la protezione delle loro comunicazioni. A riprova, se ve ne fosse bisogno, che le cosiddette democrazie europee sono impermeabili e assoggettate ai Poteri Forti (giacché di questo si tratta, come vedremo) sino al punto che i governi hanno costruito un sistema segreto di interferenze con enti spionistici stranieri, in danno dei popoli che li eleggono in buona fede.

CONCLUSIONI

L'escursus sulla sorveglianza di massa ci suggerisce una verità: che l'era dell'informazione istantanea (impropriamente detta *in tempo reale*, laddove il tempo sulla Rete è sempre più relativistico) nel mentre ci dà l'illusione di usufruire di vantaggi e di vivere molte vite tramite avatar, ci ha resi tutti più esposti alle mire di entità invisibili, che da remoto ci manovrano per mezzo di algoritmi e si introducono nella nostra quotidianità, simili ai guardiani di un panoptikon, per intercettare gesti, pensieri che possano eventualmente intralciare la macchina ben oliata del Potere. Un Potere articolato, composto di pubblico e privato, per il quale noi siamo tutti *sospetti* e che non si fida di noi, i quali invece dobbiamo affidarci ai suoi apparati quasi ciecamente, accettando, pur di stare nella *società civile*, di essere controllati: quando andiamo in banca a gestire i nostri soldi, fornendo il codice fiscale e la carta d'identità; quando telefoniamo a un gestore di servizio telefonico o di energia, declinando le nostre generalità; consapevoli, allorché operiamo in rete, che i nostri passi vengono sempre più memorizzati, trasmessi a banche dati sconosciute, e che ogni servizio in più che ci viene offerto, come un progresso dall'amministrazione pubblica o privata, è un'occasione in più per tracciare i nostri movimenti e chiedercene conto, al momento opportuno.

Ma la sorveglianza sulla Rete informatica e delle Telecomunicazioni è solo il modo più vistoso col quale il Potere ci controlla. Altri ne esistono, facenti capo alle istituzioni. Le più importanti non sono, come vorremmo credere, quelle politiche e ordinamentali, bensì quelle private, facenti capo a grandi gruppi finanziari e multinazionali.

Cap. II – Il Denaro, il suo Valore   e a chi   appartiene

Prima di conoscere il sistema così discusso e controverso che dirige le cose del mondo, Sistema Finanziario, dobbiamo sapere che cosa è il Denaro e come funziona. Cominciamo dall'aspetto giuridico della scienza e della politica monetaria, secondo cui il diritto di emissione di moneta apparterrebbe allo Stato e definisce la sovranità monetaria. Abbiamo usato il condizionale perché nei fatti questa definizione è un pleonasmo dal 1694, come il diritto dal quale tale sovranità discende. Ci torneremo nel prosieguo.

Sullo   stesso piano va altresì considerata la distinzione fra denaro e moneta. Con il termine denaro si designa il circolante accettato dal mercato in un dato periodo storico; la moneta strictu sensu è invece il circolante emesso dallo Stato in un distinto periodo storico. Essa viene considerata denaro fintantoché accetta dal mercato. Ancora in premessa, ulteriori precisazioni utili: moneta è da intendersi come qualsiasi mezzo venga usato per pagare un bene e consenta quello scambio di relazioni di volta in volta identificato come: misura del valore (moneta come unità di conto); mezzo di scambio; fondo di valore (moneta come riserva di valore). Sarà per ciò interessante acquisire la concezione di valore. Quello del denaro è meno materiale di quanto comunemente si fa credere.
Infine una notazione di colore storico circa l'etimo della parola moneta. Essa deriva dall'appellativo conferito a Giunone, protettrice del Campidoglio. L'occasione fu data dal noto episodio del 390 a.C. in cui la cittadella romana veniva attaccata dai Galli di Brenno. Era notte e le oche che custodivano il tempio alla dea si misero a starnazzare destando l'ex console Marco Manlio, il quale diede l'allarme riuscendo a sventare la presa della città. Il popolo romano attribuì da allora a Giunone il titolo di *moneta*, ammonitrice, dal verbo *monere*. L'effetto venne perfezionato nel 269 a.C. quando presso il tempio della stessa dea Moneta, e sotto la sua protezione, veniva edificata la zecca. In tal modo il linguaggio popolare trasferì il sostantivo dalla fabbrica, detta Moneta, al suo manufatto, la moneta appunto.

CENNI STORICI: ORIGINI DELLA MONETA

Si ritiene che l'invenzione della moneta risalga più o meno all'epoca di Omero, cioè al VII secolo a.C.
Prima di allora le transazioni economiche venivano effettuate tramite il baratto (un bene per un altro) poi tramite moneta naturale o moneta-merce (ossidiana, pezzi di metallo diverso dall'oro, sale) e il metallo-utensile (oggetti preziosi d'oro e argento, o rame).
Negli scambi in merce assumono importanza i metalli per la loro resistenza nel tempo e la frazionabilità. Inizialmente i metalli vengono utilizzati come moneta merce nella forma di lingotti o sbarre, od anche polvere; gli Ebrei usarono come unità di peso il *kikkar* (anello) dal II millennio a.C., mentre nella seconda metà del millennio furono introdotti sul mercato i pani di rame egeo-cretesi, da prima rettangolari e poi più simili a una "doppia ascia". Il loro uso si protrasse fino al X sec. a.C. grazie agli scambi marittimi nel Mediterraneo orientale. Tra mito e storia, possiamo credere che le prime monete siano state coniate da Creso, re di Lidia nel VI sec. a.C. Dal VII secolo si coniano monete nell'impero persiano e nelle città-stato greche; di qui nel Mediterraneo occidentale. Fu poi Alessandro Magno a diffondere l'uso della moneta in India.

Nella prima parte della storia di Roma, dalla sua fondazione (21 aprile 753 a.C.) a tutto il periodo monarchico (753-509 a.C.) e parte del periodo repubblicano, fino al III secolo a.C., il commercio non si basava sull'uso della moneta, ma su una forma di baratto che sfruttava come mezzo di scambio scarti di lavorazione di bronzo informi (*aes rude*), in base al valore intrinseco, ossia il valore del materiale.
   La parola latina *aes* (*aeris* al genitivo) significa bronzo; da *aes* derivano parole come erario. Il valore dell'*aes rude* era determinato dal peso e quindi doveva essere pesato ad ogni transazione. Su iniziativa di singoli mercanti, quindi, si iniziò ad utilizzare getti in bronzo di forma rotonda o rettangolare su cui era riportato il valore, detti *aes signatum*, sulla cui superficie venivano impressi i simboli dei marchi che richiamavano l'autorità dell'emittente, e ne garantivano l'autenticità.
L'aes signatum veniva considerato come il primo passo verso una prima forma di moneta.

Aes Signatus romano
450 a.C.

Nel Mediterraneo dell'impero romano prevaleva la monetazione aurea, mentre quella di rame era adibita a scambi di minor valore.

Nel **Medioevo** vigeva il bimetallismo tanto in Europa che nell'Islam. Ovviamente la moneta d'oro era quella di maggior valore (per la sua resistenza e duttilità adatta anche alla tesaurizzazione). Mentre la moneta d'argento era riservata alle transazioni commerciali su larga scala, le compravendite al dettaglio si facevano invece con le monete di rame. Già in quest'epoca si afferma il ruolo regolatore dello Stato nel fissare il rapporto di scambio in particolare fra oro e argento, anche ai fini delle imposte.

Denarius romano, II sec. a.C.

Interessante notare che nel Medioevo la moneta è costituita spesso da un lingotto con impresso il marchio del re o della repubblica. Lo Stato, marchiando il lingotto, promette che lo accetterà come mezzo di pagamento (tipicamente delle imposte) chi ha in mano una moneta sa che lo Stato non gliela può rifiutare. Queste operazioni sono affidate alla zecca, la quale su ordine del potere politico poteva, in frangenti economici mescolare metallo vile a quello prezioso. In generale, la zecca trattiene parte delle monete coniate per coprire le spese di coniazione e come signoraggio. Tale pratica era invalsa già in epoca romana con Settimio Severo, il quale dimezzò la quantità di metallo prezioso contenuta nelle monete lasciando invariato il valore nominale.

Regno Normanno di Sicilia
Tari, 1072 c.a.

La Banconota e il Sistema Aureo

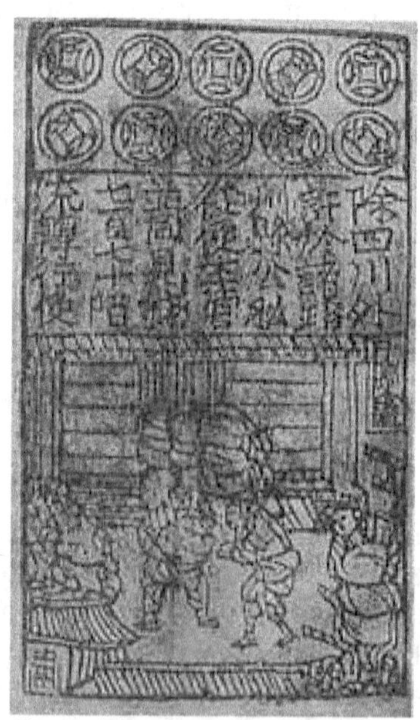

Jiaozi della dinastia cinese Song
La prima banconota conosciuta al mondo

Si ritiene che la banconota sia nata in Cina, prima della dinastia Ming, i quali invece tornarono alla moneta metallica.

Nel XIV secolo nel nord Europa e in Italia (su imitazione dei Templari, i primi banchieri d'Occidente) gli orafi (perlopiù ebrei) inaugurarono nelle loro botteghe l'uso dei titoli di credito a fronte del deposito di quantitativi d'oro da parte dei clienti. Tali titoli, simili a cambiali, si potevano dare in pagamento o cambiare/riscuotere presso una rete di banchieri collegati tra loro da rapporti di affari. Una volta l'anno questi proto-banchieri regolavano i loro negozi, trasferendo solo la quantità d'oro corrispondente al saldo fra tutte le operazioni intercorse. Si trattava di una forma embrionale di stanza di compensazione e si svolgeva nelle fiere di Francia (Champagne) nel Trecento, in quelle di Besançon nel Quattrocento, e a Piacenza nel Cinquecento. Nel secolo XVIII, con l'affermazione del sistema aureo, e l'istituzione delle banche centrali, capostipite la Banca d'Inghilterra (1694) si stampano banconote in serie (titoli di credito a fronte dei depositi in oro detenuti dalla banca). La pratica degna di nota, che risale al periodo pre-moderno sopra descritto, è qui la riserva frazionaria, ovvero l'emissione di banco-note il cui ammontare superava di molto la copertura data dall'oro in deposito. Era un'operazione rischiosa, che si affidava alla scarsa probabilità che i proprietari dell'oro depositato venissero tutti insieme a ritirarlo, ma permetteva lauti profitti ai banchieri, e li permette ancora oggi, perché essa pratica, non più basata sul deposito oro, ma sul capitale finanziario della banca, è tuttora in vigore illegittimamente, ma legalmente. Ci torneremo.

Prima banconota europea, emessa dal
Banco di Stoccolma, 1666

Lo sviluppo industriale e l'urbanizzazione, con la conseguente crescita economica, l'aumentata circolazione della moneta richiede un incremento nei quantitativi della sua emissione. Così nel 1870 circa, i banchieri decidono di aprire le loro banche al popolo, creando le banche commerciali, con azionisti e raccolta del pubblico risparmio; il che significa anche prestiti tramite depositi bancari.

Quanto all'oro, esso diviene bene di riserva detenuto dalle Banche Centrali per regolare i deficit delle bilance commerciali. Si stabilisce (ad opera dei banchieri) la regola per cui gli stessi Banchieri (che oggi si fanno chiamare *autorità monetarie*) possono emettere moneta fino a un valore massimo pari ad alcune volte il valore (cioè superiore all'ammontare) dell'oro detenuto. E' la pratica della riserva frazionaria portata su larga scala, con le implicazioni (di ladrocinio) che vedremo fra poco.

Tale sistema, noto come sistema aureo (o *tallone aureo* o *gold standard*), fu adottato in un congresso internazionale nel 1867 da tutte le principali economie occidentali. Se il suo vantaggio è quello di rendere più flessibile la creazione di moneta, il suo limite -stante il legame istituito fra le varie valute- è la necessità di dover prendere provvedimenti svalutativi nei casi di paesi con una bilancia di pagamenti in cronico deficit.

La crisi economica del 1929 metterà di fatti in crisi il sistema aureo a causa degli effetti a catena dovuti alle svalutazioni operate per farvi fronte. La soluzione ai difetti del *gold standard* verrà concepita nella Conferenza di Bretton Woods (1944) (in piena guerra mondiale, tra le 44 nazioni alleate) in previsione della vittoria e della istituzione delle Nazioni Unite. Tale soluzione si basa in sostanza su un programma di aiuti da parte delle nazioni in surplus (Usa in testa) a favore dei paesi in deficit. Per realizzare il programma verranno istituiti il Fondo Monetario Internazionale e la Banca Mondiale. Vedremo in seguito come questi aiuti non saranno gratuiti, ma comporteranno rinunce, da parte degli stati beneficiari, in termini di sovranità nazionale; e la stessa Bretton Woods si rivelerà, insieme al Piano Marshall per la ricostruzione, una vera e propria ipoteca sul futuro dei popoli, in particolare europei.

IL DENARO E IL SUO POTERE DI EMISSIONE

Il più significativo e forse il principale strumento di controllo sulla comunità da parte dello Stato, in antico da parte del principe, è storicamente quello esercitato attraverso il monopolio del denaro, cioè del conio. Monopolio che si potrebbe definire una forma sublimata del monopolio della forza, che sta a fondamento di ogni ordinamento e autorità. Ma che cos'è in definitiva il denaro?

Possiamo concordare sul fatto che il denaro è un valore convenzionale. Tale valore, come abbiamo visto, nell'antichità era legato all'oro o altro metallo prezioso, per cui aveva ed ha avuto per secoli un fondamento considerare la moneta o la banconota una "fede di deposito".

Nel XX secolo tale legame-corrispondenza della moneta o banconota con le riserve auree fu sciolto. E' su questa specie di *ùbris* che si regge l'odierno sistema monetario internazionale, sin almeno dal 1971, se non dalla citata conferenza di Bretton Woods; ne riferiremo. Per ora interessa dichiarare l'equivoco sottostante quel sistema; equivoco mantenuto in vita artificialmente su presupposti ormai superati, di cui il pubblico è tenuto all'oscuro; tali presupposti falsi sono: che l'emissione della moneta ha un limite nella quantità di riserve auree; che la moneta ha un costo corrispondente alla produzione e disponibilità del bene di deposito (l'oro). La realtà è opposta, cioè, la moneta non ha limiti di emissione e non ha un costo, eccetto quello trascurabile dei materiali di cui è fatta. Scrive il giurista Giacinto Auriti, "Spacciando sotto forma di "titolo di credito" il valore convenzionale, il sistema bancario consegue lo scopo di appropriarsi dei valori convenzionali prodotti dalla collettività.". (v. *La moneta, Dio o Mammona?* 1990). In altre parole, non è chi emette la moneta a poter definire il suo valore, bensì i suoi utilizzatori, perché il valore non è un ente materiale, bensì morale, simbolico, e pertanto appartiene alla collettività; appropriarsene, come fanno i banchieri con l'emettere valuta da concedere a debito/credito, è un abuso. In fondo il concetto di denaro come valore simbolico è un'intuizione letteraria, poetica che ritroviamo ad esempio in J. Luis Borges, "il denaro è musica, è caffè, è viaggio o una partita a dadi…" (*L'Aleph*, Jorge Luis Borges).

Il perdurare organizzato di questo equivoco permette che il valore monetario sia espropriato ai popoli dal Sistema Internazionale Bancario;

cosa che è resa possibile dal "monopolio culturale" dei valori convenzionali. Fra questi valori, rovesciati, vi è quello della legittimità del Debito Pubblico, ovvero della sua condivisione fra i cittadini. In parole semplici, lo Stato ha il compito principale di imporre tributi ai cittadini, i quali, rappresentati dal ministro del Tesoro-Finanze, si indebitano nei confronti della Banca di Emissione, ogni Banca Centrale nazionale, per gli europei la Banca Centrale Europea, dall'introduzione dell'euro. Cosa avviene? La Banca Centrale emette, per conto dello Stato, moneta sul mercato e addebita l'intera somma allo Stato; in realtà essa dovrebbe invece *accreditarla* allo Stato, cioè ai cittadini, che ne sono i legittimi proprietari in virtù del loro lavoro, mediante il quale creano ricchezza; una ricchezza rappresentata dalla moneta, nella quale la Banca di Emissione ha soltanto un ruolo di servizio. Si tratta di un rovesciamento contabile che è un vero e proprio imbroglio, come analizzeremo più avanti, il cui risultato è la dipendenza delle politiche di governo dall'Apparato Bancario: in sostanza la sovranità limitata del popolo.

La stortura del sistema è resa più evidente dal fatto che, cessato il fondamento della moneta sulle riserve auree, il denaro viene creato dal nulla, e da molto più tempo di quanto si creda.

La Prima Moneta creata dal nulla: il Mamré d'Israele

Premesso che già 6000 anni fa i Sumeri usavano moneta e forse la creavano dal nulla, troviamo un esempio documentato di questa pratica al tempo di Mosé (circa 1250 a.C.) come attestato dalla Bibbia, libro di Tobia, senza dimenticare che nel Deuteronomio, Jhwh impartisce a Israele l'ordine di prestare denaro a tutte le nazioni, come strumento per dominarle. Nel libro di Tobia si vede come l'emissione di questo titolo di credito, il mamrè, avesse un significato religioso e morale di solidarietà all'interno del popolo di Dio, tanto che l'istituzione del Mamré veniva trasmessa attraverso le generazioni come pratica virtuosa per attirare su di sé la benedizione divina, giacché il dono ed il prestito senza interesse sono *la fonte della vita che libera dal male*.

L'aura mistica che si effondeva su questa carta-moneta (probabilmente di papiro) rappresentava un unicum nelle civiltà arcaiche, che

preferivano in genere la profana preziosità del metallo.
Era Mosé giunto in vista della Terra Promessa, quando decise di rivelare al suo popolo il Comandamento Segreto della Potenza e della Bontà. Esso doveva essere tramandato oralmente alle generazioni future;
«Prendo testimoni il Cielo e la Terra», dice Mosè: «Ho messo di fronte a te la Vita e la Morte, la Benedizione e la Maledizione. Scegli dunque la vita, affinché tu viva, tu e la posterità. Amando il tuo Dio ed obbedendo alla Sua voce» (Deut. 30-19, 20).

Questo l'ordine di JHWH, che fu però disatteso, evidentemente per volere di una Elite, la quale si impossessò del segreto e fece di questa Potenza un monopolio, in danno non solo del popolo d'Israele, ma dell'umanità intera. E' curioso che nessun trattato esegetico della Bibbia, tra gli innumerevoli scritti, accenni a quella che è una vera dottrina sociale monetaria. Questa dottrina (contenuta nel Deuteronomio) si basa su tre principi: gli ebrei debbono imprestarsi denaro senza interesse, e nella misura della loro necessità; ma debbono imprestarlo caricato d'interesse ai *Gentili*; i prestiti (fra ebrei) si prescrivono alla scadenza del settimo anno; l'iconoclastia, associata al divieto di usare i metalli preziosi come moneta.

Ma veniamo al secondo punto della dottrina mosaica. Se è vero che il debito si prescrive al settimo anno, pur non essendo stato pagato, è altrettanto vero però che non può darsi un debito insoluto, poiché è sottinteso che, grazie alla rete di rapporti della comunità, qualunque debitore può rivalersi col ricavo di un credito incassato da un proprio creditore. Il divieto di coniare monete metalliche rese necessario adottare un'altra forma di moneta, la ricevuta di credito che i debitori rilasciavano. Era il Mamré, un documento che non richiedeva la girata e la cui solvibilità era garantita dall'intero popolo ebraico, il quale inventò con questo strumento la Cooperativa Creditizia e, quel che più ci interessa, la possibilità di creare dal nulla una moneta nominale (cartacea o papiracea) di costo nullo, "ma di un valore effettivo, arbitrario e convenzionale, dotato di una garanzia assoluta, la solvibilità di tutto il popolo di Dio ", scrive l'Auriti.

E PERCHE' CROLLO' L'IMPERO ROMANO

Nel tempo, i Mamré si diffusero nei territori vicini la terra di Canaan (la Palestina) e in Occidente. I mercanti accettavano volentieri quei pezzi di papiro-cambiale perché sapevano che essi erano coperti dalla massima garanzia, una nazione intera. Ne erano così convinti che li tesaurizzavano, come titoli di investimento sicuri. Questo punto è interessante filosoficamente in quanto stabilisce un concetto di valore, quello convenzionale annesso alla moneta, una moneta il cui valore era fondato sulla parola di un popolo, ma che era sostanzialmente denaro creato dal nulla. Nonostante ciò, la credibilità di cui godeva il documento era tale da essere equiparato, per solidità, all'oro. Forti di questo credito acquisito, le comunità ebraiche, in particolare i mercanti ebrei immettevano nella società quantità illimitate di Mamré, che venivano accettati come moneta reale. Tutto questo flusso di valuta simbolica nei paesi dove gli ebrei si recavano e si stabilivano, finiva per appropriarsi di molti beni, mentre dal canto loro essi, i discendenti di Abramo, non subivano passività, perché secondo il precetto mosaico-jhevetico ogni debito si annullava dopo 7 anni (il che equivale a dire che i mamré non incassati dai possessori entro il settimo anno, potevano rimanere insoluti).

Si pone ora la questione dei rapporti degli ebrei della Diaspora con le altre nazioni. Il poter disporre del conio di moneta simbolica creata dal nulla, in regime di monopolio, significò acquisire la sovranità monetaria nel mondo; si compiva così il dettato/profezia di Jhevh, "...e tu farai prestiti a molte nazioni, e non prenderai nulla in prestito; dominerai molte nazioni (col denaro, ndr) mentre esse non ti domineranno" (*Deuteronomio, 15*).

Quel che avveniva era una situazione, diremmo oggi, di posizione dominante della carta-moneta ebraica nei confronti di tutti gli altri attori sul mercato, i quali utilizzavano la moneta-merce (oro, argento, rame, etc.). Di fatto i limiti di tale moneta erano costituiti dalla quantità delle merci pregiate, quantità esauribile, laddove la cambiale mamré era virtualmente inesauribile, finché vi fosse papiro o pergamena su cui scrivere delle cifre.

La conseguenza di questo flusso incontrollato e dominante di *titoli privilegiati* finiva per svalutare le monete metalliche. Si trattava di un caso precoce d'inflazione causata dal fatto che l'ammontare di moneta in circolazione non era controbilanciato da una corrispondente ricchezza materiale. I primi tre secoli dell'impero romano registrano l'egemonia creditizia ed economica degli ebrei, di cui scrive Tacito negli *Annales*. Fu la svalutazione e la rarefazione −in favore del mamré- delle monete dei popoli del Mediterraneo a causare l'implosione dell'impero romano; a cui va aggiunto l'indebitamento dello Stato verso i prestatori di Israele.

Ora va compreso che i Gentili erano *demonetizzati* non tanto e non solo a cagione degli interessi usurari di cui erano gravati i prestiti degli israeliti, ma perché questi coi loro traffici avevano introdotto nel mercato una tassa; questa tassa era il mamré. Come chiarisce bene l'Auriti, "i popoli non venivano espropriati degli interessi, ma del valore relativo al capitale monetario creato dal nulla (il Mamrè) e dato loro in prestito! " E' una pratica che consolidatasi nel Nord Europa del Medioevo, nei mercati di Amsterdam e di Londra, è giunta fino ai nostri giorni, dopo che essa è stata istituzionalizzata con la fondazione della Bank of England nel 1694 (cfr. *Gli Illuminati all'Assalto dell'Europa, vol. 1*, dell'Autrice).
Aggiunge l'Auriti: "E' evidente che, su queste basi, ha avuto origine una vera e propria strategia di dominazione in cui il sistema bancario riesce ad indebitare i mercati del valore monetario che crea dal nulla, e con tanta maggiore efficacia, in quanto alla incorporazione del valore monetario nei simboli cartacei, corrisponde la contestuale demonetizzazione dell'oro, dell'argento ed in genere di tutte le monete merci tradizionali. **(1)**

---

(1) demonetizzazione qui significa la sottrazione di valore monetario dai metalli preziosi, trasferendo tale valore nel simbolo di costo nullo).

"Il sistema bancario ha quindi compreso che, spostando la convenzione monetaria dal simbolo merce al simbolo di costo nullo, del quale peraltro controllava il monopolio dell'emissione -per privilegio legislativamente riconosciuto- poteva conseguire il risultato di appropriarsi del valore monetario creato dal mercato." Come dire che il valore mercantile −della ricchezza- veniva (e viene) spostato dalla realtà di merci tangibili a *un'illusione* di valore. La soluzione proposta da Auriti è riappropriarsi della moneta all'atto dell'emissione, che va sottratta alle Banche Centrali e restituita alle comunità nazionali; ciò che si traduce nel sostituire i biglietti di banca coi biglietti di Stato. Soltanto così i popoli potranno riacquistare la sovranità economica,   politica e democratica.

N.B. Nel presente sottocapitolo e nel successivo va distinto l'incolpevole popolo ebreo dalla strategia di dominazione di talune sue èlites;

GENESI DEL SISTEMA FINANZIARIO

Nel suo *"Lavoro ed usura"* (1972) Ezra Pound coglie il principio truffaldino che ispirò la fondazione della Banca d'Inghilterra da parte di banchieri privati (l'ideatore fu un ex pirata, William Paterson): la scoperta che in luogo di denaro, si sarebbe potuto prestare *cambiali* emesse dalla Bank: denaro creato dal nulla, privo di copertura aurea e la cui garanzia si affidava alla sottoscrizione degli azionisti, inoltre, come abbiamo spiegato, alla riserva frazionaria, e ad altre *circonlocuzioni* contabili che vedremo più avanti. La nascita della Banca Centrale privata (poi replicata negli Stati Uniti d'America e via via in ogni nazione del mondo) segna quello che Stephen Goodson definisce "l'apertura del monte di pietà per gli Inglesi " e per tutti i cittadini i cui governanti hanno ceduto il potere (dello Stato) di emettere moneta a dei banchieri privati, e con esso il signoraggio (*cit. da Stephen Goodson, "The hidden origins of the Bank of England", sulla* Barnes Review del settembre/ottobre 2012).

Ma la cessione del signoraggio, ovvero la sovranità monetaria, è null'altro che la cessione della sovranità politica, cioè democratica **(2)**.
Il monte di pietà di cui parla Goodson è l'indebitamento degli Stati, e la sudditanza dei cittadini verso i Banchieri. Si tratta di una sudditanza implicita, mai dichiarata dai governi, e che si concretizza con l'imposizione tributaria; quei tributi che vanno nelle casse delle Banche Centrali, i cui proprietari sono banche private. **(3)**

---

(2) *Il signoraggio, cioè il potere di emettere moneta libera da tasso d'interesse determina la sovranità di uno Stato, che può emetterla in quantità illimitata, perché la produzione di denaro ha un costo irrisorio, tutto il resto viene di conseguenza. Un banchiere, Amschel Bauer, capostipite della famiglia finanziaria Rothschild, lo aveva intuito già nel 1776, allorché affermò, ‹datemi il potere di battere moneta, e non m'importerà di chi starà al governo›);*
(3) *In questo quadro è necessario distinguere fra Banche Centrali coloniali, la quasi totalità, e Banche Centrali indipendenti; queste si contano sulle dita di due mani, sono quelle di: Cina, Cuba, Russia, Corea del Nord, Siria, Iran, Venezuela, Ungheria; solo per caso definiti "stati non-democratici o canaglia", dai governi occidentali e dai media asserviti);*

Scrive l'Auriti: "A questo punto, possiamo ben dire che il "Sistema Bancario Internazionale" è retto da una "struttura gerarchica" di tipo feudale, in cui vi sono le Banche Imperiali, cioè quelle capaci di emettere moneta senza riserva, e le Banche Coloniali, tutte le altre che, per emettere la propria moneta, devono necessariamente avere una moneta di "riserva" (nel caso dell'Europa, le nazioni de-sovranizzate del potere di emissione dipendono dalla riserva della BCE, non solo, ma per approvvigionarsi, Auriti nel 1990 non poteva prevederlo, devono ricorrere ai mercati, vendendo titoli di stato; in una situazione peggiore degli Usa, dove la Fed è almeno il prestatore di ultima istanza (come lo era per noi la Banca d'Italia).

Questa struttura feudale si regge sul monopolio culturale del Sistema Finanziario, che è sempre internazionale, soprattutto da quando è invalsa la Globalizzazione dei mercati; un monopolio che si traduce in un controllo pressoché totale dell'informazione, la cui propaganda ha inculcato nell'opinione pubblica l'idea che il denaro è una rarità, che solo i banchieri possono distribuire, e in modo condizionato; mentre è vero il contrario, e cioè che, essendo la moneta un *simbolo* (da quando non è più agganciata all'oro) essa può essere riprodotta illimitatamente e senza costo, se non quello irrisorio della carta e dell'inchiostro per fabbricarla. Inoltre, è ancora radicata la convinzione della necessità della moneta di "riserva", anch'essa producibile illimitatamente e senza costo, ma che invece è distribuita dalle Banche Centrali in quantitativi arbitrariamente limitati. Ne abbiamo un esempio ancora nella BCE e nella Federal Reserve americana (entrambe possedute da banche private, i cui interessi non sono quelli degli Stati e dei cittadini).

In tal modo le Banche "Imperiali" privano gli Stati di ogni discrezionalità decisionale necessaria ad adeguare gli incrementi monetari alle necessità dello sviluppo economico. Di fatto, questi incrementi sono artificialmente limitati e commisurati alla quantità di moneta di riserva, che è sostanzialmente stabilita dalle Banche Centrali. Ne deriva che lo sviluppo o la recessione nel mondo globalizzato non dipendono dalla ricchezza reale prodotta dalle nazioni, bensì dai quantitativi di moneta di riserva che il sistema bancario decide di produrre.

Si tratta di una legge non scritta e di un'ipoteca messa sulle vite dei popoli da almeno tre secoli; legge ed ipoteca che ha i suoi inventori in una dinastia di banchieri troppo celebre per poter essere ignorata, e sulla quale torneremo nel capitolo dedicato.

In una economia equilibrata, cioè non drogata, quale è invece l'economia globalizzata, il costo dei beni e servizi ai quali accedere attraverso la moneta, dovrebbe essere stabile; stabile dovrebbe essere il rapporto tra il volume dei beni scambiati e il flusso del denaro circolante. Questo equilibrio viene *deliberatamente* precluso dal Sistema Finanziario.

I FONDAMENTI DELLA GLOBALIZZAZIONE

Va compreso che la Grande Finanza ha sempre puntato al Monopolio dei beni e dei servizi, e per ciò ha inventato la Globalizzazione e il libero mercato, fatti per dare mano assoluta ai monopoli, tramite il controllo della ricchezza mondiale e la speculazione in danno dei popoli. Non solo, ma la Grande Finanza ha interesse a gonfiare il proprio volume di affari attraverso i prestiti gravati di interesse, che generano nuovi prestiti all'infinito, perché più moneta fittizia c'è in circolazione più spazio vi è per speculare. Questo è il principio su cui prosperano le banche "troppo grandi per fallire", che sanno di poter caricare poi sugli stati il peso delle proprie azioni spericolate nei mercati finanziari. L'effetto inevitabile di tanta moneta in giro è spesso la spirale inflazionistica. Un esempio recente, la bolla immobiliare del 2008. Di qui le politiche economiche deflattive, consigliate astutamente agli stati (da economisti compiacenti) con misure di austerità e conseguente prosciugamento della liquidità monetaria. Un prosciugamento in vigore "a prescindere" dettato in Europa dalla Germania (dalle sue banche).

Un'altra conseguenza di questa carenza permanente e artificiosa di "liquidità" è che la comunità non è mai nella condizione di acquistare a prezzi economici tutti i beni e servizi prodotti. Al contrario, si fa in modo di mantenere i popoli in una condizione di perenne congiuntura economica. Né tragga in inganno la svolta apparente data alle politiche monetarie ed economiche dalla UE, nel frangente della crisi da Covid-19. Sono misure temporanee, adottate per tenere in vita *la gallina dalle uova d'oro*, cioè l'euro, che senza il flusso di liquidità *ad libitum* di BCE e Commissione, sarebbe imploso, e con esso il dollaro e il sistema monetario globale. Sul Covid del 2020 spiegheremo e documenteremo in seguito che esso è stato *un'operazione* della Grande Finanza per costringere il pianeta verso quel Nuovo Ordine, fondamento della loro azione sin dal 1776.

Una mossa, quella dei Banchieri (complici le istituzioni sopranazionali asservite) che conferma l'ideologia atlantista perno della Globalizzazione, nella quale si sono inserite prima l'Unione Sovietica, poi la Cina, come modelli del futuro Regime Capital-socialistico, premeditato sin dagli anni 60 del '900, da personaggi quali Aurelio Peccei, imprenditore, membro della direzione del Pci, nonché fondatore, nel 1968, del paramassonico Club di Roma, il quale dichiarava, "bisogna arrivare ad un efficiente sistema mondiale, governabile con le stesse tecniche del marketing ". E' precisamente quel che si è realizzato nel mondo globalizzato: un Sistema Chiuso di Grandi Corporations, il quale, come nei romanzi cyber di Eric Greg, si sta spartendo il pianeta per macro-aree di mercato, annullando ogni forma di concorrenza economica e politica, a partire dalla dissoluzione progressiva delle sovranità nazionali in Europa, e dell'indebolimento della democrazia americana.

Cap. III –Il Proto Capitalismo e l'Affermarsi del Signoraggio

Dal Dizionario, " Signoraggio: potere statale di emettere mezzi di pagamento (moneta) non convertibili (o di imporre l'emissione alla banca centrale), ovvero l'insieme dei redditi derivanti da questo potere di emissione ".

Se riferita agli Stati moderni, potremmo affermare che è questa una qualificazione anacronistica del Signoraggio.
Il termine origina dal latino medievale *senioraticum*, e definisce l'insieme dei redditi derivanti dall'emissione di moneta. C'è anche il provenzale *senhoratge*, derivato da *seigneur* (signore), che ben identifica questo esercizio, sostanzialmente d'imposizione tributaria, con il dominio di uno solo su una moltitudine di sottoposti.   L'esercizio del signoraggio risale all'antichità, con il primo conio di monete metalliche pregiate, oro, argento, rame.   (Per notizie sulla moneta nelle civiltà monumentali, Sumer, Egitto, v. David Astle, *The Babylonian Woe*).
   Abbiamo visto (cap. II) come nel 296 a.C. a Roma fosse stata creata la zecca di Stato. I ricchi mercanti, o altri possessori di metalli preziosi, potevano portarli alla zecca ed ottenerne monete, sulle quali veniva impresso il sigillo (o l'effigie) dell'oligarca o imperatore. Questo servizio dello Stato aveva un costo (diritti di cancelleria) che veniva esatto trattenendo una parte del metallo prezioso; era un' imposta sulla coniazione. La tassa serviva a finanziare la spesa dello Stato e quella privata del signore che ne era a capo. In epoca imperiale, si può parlare già di signoraggio, con Settimio Severo che dimezzò il contenuto di metallo prezioso nelle monete, pur lasciando invariato il valore nominale. E' un'anticipazione di come la convenzione circa la "categoria dei valori" possa dettare legge sulla realtà materiale, la moneta-merce, che nel tempo venne creata dal nulla (lo abbiamo narrato) continuando ad attribuirle il valore della riserva aurea, che il denaro non aveva più Nell'Alto Medioevo il carolingio Pipino il Breve, primo re dei Franchi, emanò decreto ordinante un signoraggio pari al 5 o 10%. Tra l'Alto e il Basso Medioevo l'unità monetaria era costituita dal denarius, introdotto da Carlo I del Sacro Romano Impero, detto Magno.

Denarius di Carlo Magno

Caduta Costantinopoli (1453), e con essa l'Impero Romano d'Oriente, le signorie europee, Genova, Firenze, Venezia, tornarono a battere valuta in proprio. Questo provocò la messa in circolazione di diversi tipi di monete, differenziate nel nome ma anche nel conio. Sicché si ebbero monete in oro, argento, rame, con differenti carature di metallo prezioso. Ciò che pose il problema giuridico del signoraggio sulla loro produzione. Si affermarono allora due tendenze, quella dei canonisti, favorevoli a riconoscere tale diritto al principe e quella dei romanisti, sostenitori di un signoraggio nullo.

Monete di Genova
Castello e Croce Patente
Grosso da 4 denari (1272)

E' interessante ricordare che, mentre in Inghilterra, già dal 1158, Enrico II Plantageneto aveva imposto una tassa da signoraggio sul conio delle monete metalliche, accompagnata dalla centralizzazione del conio, in tutta Europa i signori feudali cercarono di rendersi indipendenti dai sovrani attribuendosi il diritto di battere moneta e la titolarità dei relativi redditi. Questo tentativo riuscì poi bene ai banchieri, lo abbiamo riferito e lo vedremo meglio nei capitoli seguenti.

In merito alla diatriba fra canonisti e romanisti sul signoraggio, diremo che anche ai nostri giorni esso dovrebbe considerarsi nullo, perché il denaro non è più coperto da alcun metallo prezioso, come lo è stato nei secoli passati. Invece le Banche Centrali, sostituitesi agli Stati, continuano ad imporlo, realizzando un signoraggio pari al 100% del valore dichiarato sulla moneta o sulla banconota, priva ormai di qualsiasi valore reale. Ma andiamo con ordine. Per comprendere pienamente il signoraggio e i suoi effetti sull'economia e sulla libertà dei popoli, sino ai nostri giorni, è necessario vedere come e perché esso venne gradualmente ed episodicamente trasferito dai sovrani ai banchieri, anche passando per la concessione (in genere agli orafi ebrei) della riscossione dei tributi; orafi ebrei, i quali limavano le monete emesse per trarne argento od oro. Tali concessioni erano la contropartita resa dal re alle comunità (o alle èlite) ebraiche mercantili per averlo finanziato in qualche impresa di guerra, ad esempio in Inghilterra. (v. il nostro *Gli Illuminati, all'Assalto dell'Europa*, vol. 1). Può essere utile uno sguardo alle condizioni storiche che portarono, se non alla nascita (risalente nei secoli) all'egemonia dei mercanti, specialmente come prestatori di denaro, nel Medioevo, e di qui, poi, alla loro appropriazione del signoraggio.

L'Egemonia del Mercato nel Medioevo

Intorno all'anno 1000, la Società Feudale comincia a mostrare i primi sintomi di decadenza. La popolazione rurale, chiusa nel feudo, ma demograficamente in notevole sviluppo, aspira a stabilire migliori condizioni di vita emancipandosi dallo stato di asservimento, strappando concessioni di vario genere al "signore"; essa viene gradualmente a costituire una classe di semiliberi, o di contadini liberi. Non è più sufficiente la ristretta economia curtense, e la città, scomparso l'incubo delle incursioni dei popoli orientali, torna a rifiorire e ripopolarsi, grazie anche all'impulso delle attività commerciali e artigiane. Si formano e sviluppano, col favore dei vescovi-conti e per l'opera pacificatrice della Chiesa, le prime fiere e mercati. Dal disfacimento feudale sorge la borghesia cittadina, nuova classe che via via acquista poteri politici e vantaggi economici sempre più importanti, fino a raggiungere funzioni preminenti nella vita della città. Nel clima rinnovato, anche le attività culturali, spirituali e artistiche rifioriscono. Ne sono espressione gli *Studia*, scuole di diritto, come quella bolognese, in cui insigni giuristi leggono e commentano il *Corpus Juris*, che rappresenta l'antitesi al feudalesimo, fondato sulle consuetudini barbariche.

L'antagonismo fra papato e impero, con la conseguente *lotta per le investiture*, costringe i vescovi-conti a chiedere l'appoggio del popolo. Quando essi, vedendosi esautorati, cercano di imporsi, si trovano di fronte cittadini ormai organizzati e sono costretti ad accettare le nuove strutture istituzionali. Nasce così il Comune, con caratteristiche del tutto particolari in Italia, rispetto a consimili istituti europei, che non riuscirono mai ad assumere vere e proprie forme di entità politicamente autonome e persino indipendenti, come invece accadde nel sistema comunale italiano.

La nascita del Comune - è favorita da una serie di cause concomitanti, e cioè: a) dal frazionamento dei feudi maggiori, in seguito alla *Constitutio de Feudis*, che concedeva l'ereditarietà ai feudatari minori; b) dalla lotta per le investiture, che impegnando papato e impero, rese facile l'emancipazione delle città; c) dalle Crociate, che costrinsero numerosi signori ad abbandonare i loro territori, e che stabilirono un nuovo movimento migratorio dalle campagne verso le città; d) dal fiorire dei commerci e delle attività industriali ridestati dalle Crociate e dall'apertura dei traffici con l'Oriente; e) dal diminuito valore della proprietà fondiaria, per la concorrenza delle nuove attività economiche, fondate sul lavoro e sul capitale; f) dall'Organizzazione dei mercanti ed artigiani in associazioni d'arte (Corporazioni). Il Comune rinnovando in parte le forme politiche degli antichi "municipi romani", rappresenta il trionfo dell'elemento latino, sino ad allora sopraffatto da quello germanico. Si costituisce soprattutto nelle città, particolarmente in quelle favorite dalle grandi vie di comunicazione (Milano, Bologna, Como). È comunque sempre un istituto tipico dell'Italia settentrionale e centrale. Nel Meridione non riesce ad avere mai pieno sviluppo, soffocato com'è dal regime accentratore normanno e successivamente angioino.

Ordinamento politico - Sul piano politico il Comune attraversa varie fasi. Merita soffermarsi sull'ultimo periodo, detto del governo delle Arti.
Il Governo delle Arti nasce come reazione alle consorterie dei nobili e alla tracotanza dei potenti. I popolani (borghesia) danno struttura politica alle Corporazioni e pongono a capo di esse i Priori. Si nomina un capitano del popolo, che protegga il popolo appunto contro le sopraffazioni dell'aristocrazia. Talora nel Comune le due autorità coesistono, dando luogo a veri conflitti civili. La lotta di classe, esasperata attraverso le fazioni, rende molto irrequieta la vita comunale. Spesso la fazione vittoriosa pone al bando gli avversari, costringendoli a lasciare a città. La decadenza del Comune è in atto. L'esigenza di un ritorno alla pace e all'ordine favorisce l'avvento di un principe o di un "signore" che governerà in modo assoluto.

Struttura sociale del Comune - La popolazione comunale ha un'organizzazione chiaramente classista. Generalmente comprende le classi seguenti: 1) i Grandi Magnati. Sono all'inizio i nobili cittadini (milites capitanei). Successivamente si uniscono i feudatari minori inurbatisi. Più avanti anche i ricchi borghesi divengono nobili per privilegi imperiali. 2) il popolo (civitas) comprende tutti coloro che esercitano attività economiche, con diritto a partecipare alla vita politica. Si distingue il *popolo grasso,* composto di banchieri, grossi mercanti, industriali e professionisti (giudici, notai, medici); e il *popolo minuto* (artigiani, maestri d'arte, bottegai; la *plebe*, comprende tutti i dipendenti (servi, operai, salariati) privi di diritti politici.

Commercio ed economia - L'attrezzatura industriale si appoggia ad una organizzazione commerciale che va sempre più consolidandosi. Dopo un primo periodo in cui il commercio è limitato al mercato interno e agli scambi con la campagna attraverso il baratto, ricompare lo scambio monetario; i traffici si estendono a largo raggio, fino ai limiti del mondo conosciuto, tramite i mercanti che si spingono ai più lontani paesi d'Oriente. La tecnica commerciale escogita nuove forme di credito (partita doppia); nascono la cambiale e l'istituto del *cambio*, che si sviluppa fino a diventare attività speculativa specifica. Le principali città (Milano, Firenze) aprono succursali bancarie all'estero. Firenze incetta la lana inglese ed olandese, diffonde il suo fiorino. Milano diventa centro di smistamento e concentrazione dei prodotti francesi, tedeschi, fiamminghi.

LA SOCIETA' E IL POTERE NEL MEDIOEVO
-NORD EUROPA-

Per il commercio di beni di consumo in Paesi lontani (esercitato da gilde sotto protezione règia) esistevano sin dall'epoca franca centri fortificati di dazio o transito (Wik). Con la prosperità economica raggiunta dall'Europa dopo l'XI secolo (aumento della popolazione, incremento del commercio, del lavoro professionale) il castello fortificato diventa città con cittadini (Bürger, bourgeois, dal ted. Burg, castello fortificato). Accanto alle città derivate da insediamenti romani, antiche sedi di principi, nobili e vescovi, sorgono nuovi centri. Decisiva per il sorgere o il fiorire della città è la favorevole posizione economica e commerciale nel punto di intersezione di vie terrestri, marittime e fluviali. Essa infatti, nonostante l'immigrazione di artigiani campagnoli e di rurali, è soprattutto sede di commercianti con mercato permanente per lo scambio delle merci di prima necessità (economia cittadina). Di estrema importanza per il commercio delle gilde (Hansa) sono i grandi mercati (fiere, perlopiù connesse con festività religiose).

I principi che hanno fondato la città ne promuovono il benessere mediante *privilegi*. Rinunciano a prerogative sovrane (i diritti di mercato, di fortificazione, di batter moneta, di percepire dazi) sperando in ricchi introiti. *(ecco forse un esempio di politica economica espansiva, pre-keynesiana)*.

La città diventa la prima fonte di denaro per il signore, rappresentato da un balivo (burgravio, sindaco). Da questi diritti municipali (di mercato, commercio, in seguito anche di fitto, polizia, difesa, finanza, etc.) si sviluppa il reggimento cittadino (tribunale e amministrazione) con giunte municipali sotto alti funzionari (podestà, Bürgermeister, maire, Mayor). I nobili e le famiglie benestanti (patriziato) hanno un ruolo direttivo.
(sembra già di capire che, più diventa complessa e articolata la struttura della società più si accrescono gli obblighi (tributari) dei cittadini, in specie delle classi inferiori, e probabilmente i limiti della loro libertà.)

A partire dal XII secolo si formano corporazioni, associazioni obbligatorie per il controllo, la pianificazione e la direzione della produzione artigianale (qualità, prezzo, smercio, guadagni) e per la formazione, l'occupazione e la previdenza degli artigiani. Le lotte fra corporazioni e patriziato si concludono spesso con la partecipazione delle prime al reggimento della città. Sovente l'autonomia è raggiunta attraverso insurrezioni contro il signore. Le città aspirano a estendere le loro libertà e la loro sfera d'azione. Secondo il loro grado di libertà si dividono in: 1. città politicamente autonome –Comuni e Signorie- in Italia; città consolari nella Provenza; città libere dell'Impero in Germania e città industriali in Fiandra, Artois e Piccardia. 2. città con autonomia limitata: città reali dell'Europa occidentale e orientale; città territoriali in Germania. Importanza: Diritto, economia, cultura, statuto delle città preparano la via allo Stato nazionale o territoriale dell'Evo Moderno, che foggia il tipo di città residenziale come centro del governo e della cultura.

Adriana Zanese Inserra

LE LEGHE DEI MERCANTI
ANTAGONISTE DELLA POLITICA

Dall' XI secolo si formano unioni cooperative di mercanti tedeschi (Osterlinge) all'estero. Si addiviene così (1150-1250) alla creazione di un'area economica dei Paesi Baltici. Le caravelle tedesche, veloci e capaci (stazza ca 100 t), sono superiori alle imbarcazioni a remi scandinave. Nel 1161 si registra la formazione di una Hansa (compagnia commerciale tedesca) a Visby. Al commercio itinerante subentrano sistemi più evoluti: uso della corrispondenza epistolare (ordinazioni) credito (contabilità). Lubecca diventa il centro di smistamento degli scambi fra Est ed Ovest, e il porto di partenza delle merci per Livonia e Prussica. Nel 1259 viene fondata una Lega commerciale fra Lubecca, Amburgo, Wismar e Rostock. Nel 1281 si forma una Hansa di mercanti di Colonia e della Vestfalia a Londra. Queste compagnie si fondono nella Lega Anseatica ("van der dudeschen hanse") allo scopo di assicurarsi vantaggi commerciali: diritto di scalo per le proprie merci, obbligo di scalo (notifica delle merci) per mercanti stranieri, ed altri privilegi. L'arma più efficace è l'esclusione dalla Lega (boicottaggio di un porto o di una regione) sulla base di decisioni prese nelle Diete delle città anseatiche articolate in Quartieri regionali (egemonia del Quartiere dei Vendi con Lubecca).
Ma non esiste una vera e propria costituzione della Lega, i cui membri (oltre 200 città) variano nei diversi periodi. Basi commerciali all'estero sono: Novgorod (Peterhof) Londra (Stalhof) etc.; mercati annuali delle aringhe nella Scania (Falsterbo). Avversaria principale della Lega è la Danimarca. Nella seconda metà del 1300 scoppiano delle guerre per il predominio commerciale. **(1)**

----

(1) *Già nel Medioevo, in un'Europa frammentata politicamente, dopo la caduta dell'impero romano, si vede come l'egemonia dei mercanti influenzi e determini la vita economica e dunque politica dei Paesi). Siamo in un'epoca in cui il potere della ricchezza mercantile (anche i mercanti hanno eserciti, mercenari) sta alla pari con quello dei sovrani. E' la prospettiva, lontana ma non troppo, che ci aspetta in un pianeta* *unificato da un Governo Mondiale, senza più stati nazionali, né politica, o assai differente da come la intendiamo oggi, e dove dei monopoli industriali si contenderanno (anche con guerre lampo combattute da truppe mercenarie) i mercati di questo o quel continente, suddivisi in macro-regioni. Sarà un Medioevo tecnologico, come quello descritto da W. Gibson nei suoi romanzi cyber)*

Con la pace di Stralsunda, l'Hansa si assicura la supremazia politica ed economica nel Nord. I re danesi vengono eletti previo consenso dell'Hansa. (dove si vede che è già il potere economico-finanziario a condizionare quello politico e dinastico). Nel 1468 la Lega appoggia il pretendente inglese Edoardo IV in cambio di privilegi commerciali. Nel 1470 imposizione alla Danimarca di vietare il transito nel Sund agli Olandesi e agli Inglesi.
Tra il XV e il XVI secolo si assiste a una decadenza dell'Ansa, causata dal rafforzamento degli Stati nazionali nordici **(2)** dallo spostamento del commercio verso l'area atlantica, dalla scomparsa dei banchi di aringhe nel Mare del Nord. Vengono chiuse le basi commerciali di Novgorod e Londra.

----

(2) *il che dimostra come lo stato nazionale sia di ostacolo al predominio del Mercato e della Finanza, e spiega la propaganda (da questa organizzata oggi) per la demonizzazione dello stato nazione e di coloro che lo difendono, con la libertà dei cittadini, chiamati con disprezzo sovranisti, anche dai presidenti di repubblica corrotti);*

IL COMMERCIO DEL LEVANTE DI VENEZIA
E GENOVA: LE PRIME BANCHE

Dall'XI secolo il dominio arabo nel Mediterraneo declina per effetto della Riconquista e delle Crociate. Il commercio dell'Occidente diventa appannaggio di Genova, Pisa e Napoli, quello con l'Oriente di Venezia. Ricordiamo appena che tra il VI e il X secolo queste città costiere italiane si erano affrancate gradualmente dal dominio bizantino, dandosi una forma repubblicana, e avevano espanso le loro attività commerciali in tutto il bacino del Mediterraneo orientale, acquistando una notevole potenza politica e militare.

Le merci orientali più richieste sono: seta, broccato, stoffe di damasco e organza, lana, pelo di cammello, avorio, porcellana, sostanze coloranti, spezie, profumi, farmaci, perle, pietre preziose. Esse giungono nel Levante lungo le carovaniere asiatiche ("strada della seta") controllate dagli Arabi o mediante il commercio con l'Oceano Indiano, e vengono scambiate con i panni ed altri prodotti delle regioni industriali europee (Milano, Firenze, Germania Meridionale, Fiandre, Brabante). Le Repubbliche marinare di Venezia e Genova diventano ricche e potenti grazie: a) ai trasporti durante le Crociate; b) al crescente fabbisogno di denaro (istituzione di banche e aperture di crediti); c) all'esperienza commerciale bizantina e araba (corrispondenza regolare, contabilità); d) al tramonto della Sicilia (dopo la caduta della dinastia Hohenstaufen) e alla decadenza di Bisanzio. L'avanzata degli Ottomani danneggia progressivamente sia Genova che Venezia. La loro egemonia svanisce con lo spostarsi del traffico verso l'area atlantica. Genova in particolare, dopo la guerra dei Cent'anni contro Venezia, finirà col dipendere politicamente da Milano e dalla Francia. Nel 1407 viene fondato il Banco di San Giorgio, la prima banca pubblica d'Europa.

Non crediamo di sbagliare se affermiamo che la gran parte delle forze capitaliste nel Medioevo e nel Rinascimento fossero di origine israelita. Illuminante in proposito è la bolla pontificia *Cum nimis absurdum,* con la quale papa Paolo IV istituì il ghetto di Roma, onde tenere sotto controllo i traffici illegali, in particolare l'usura, degli Ebrei. La bolla interessa per i suoi effetti sull'economia dello stato pontificio. Secondo lo studioso Attilio Milano, *Storia degli Ebrei in Italia,* 1992, «... *la potenza dei marrani nel Levante mediterraneo, la loro rete di rapporti internazionali, le buone relazioni con i Turchi favorirono un'azione di rappresaglia con il boicottaggio del porto di Ancona da parte delle principali correnti mercantili levantine.»*

Le Leghe Mercantili, Archetipo delle Multinazionali

Potremmo definire le Leghe dei consorzi commerciali che si arrogavano prerogative politiche per trattare con gli stati nazionali. Questo richiedeva il dotarsi di eserciti propri onde poter competere nei conflitti che nascevano per il predominio economico in questa o quell'area dell'Europa, da ovest ad est. In Italia queste caratteristiche mercantili/politiche erano proprie delle città-stato marinare, Venezia, Genova, Pisa, Napoli, repubbliche di tipo feudale-oligarchico, il cui raggio d'azione era assai più vasto, estendendosi fino all'estremo Oriente. Quel che interessa sottolineare qui è la combinazione di interessi mercantili e di carattere transnazionale. Quest'ultimo è più evidente nella Lega Anseatica, un esempio pre-moderno di Trust Commerciale Multinazionale con effetti di Organismo politico Sovranazionale. E' vero che Leghe simili vi erano già state nella Grecia antica, e che il loro potere fosse innanzitutto economico lo si evince ad esempio nel 261 a.C. quando le città-stato vengono sostituite dalle Leghe, le quali risultano spesso alleate o in conflitto con i re, rappresentanti il potere politico (si vedano la Lega Etolica e la Lega Achea) in ogni modo alternative al potere politico monarchico.

Le Leghe Commerciali (anche in antico) incidevano sugli assetti geopolitici, forti del loro potere finanziario-economico. Ed è interessante ancora notare che esse nel XV-XVI secolo decadono a causa del rafforzamento degli stati nazionali del nord Europa. Il che dimostra due cose: uno, la tendenza del Mercato a farsi istituzione propria, con leggi che servano interessi privatistici; due, che il Mercato si è posto sempre, per ciò, in opposizione con lo stato-nazionale per via delle implicazioni ideali di questo, incentrate sulla tradizione, sulle gesta degli antenati, su un patrimonio spirituale la cui gloria si riverbera dai principi regnanti sui loro popoli, cementandoli in una relazione innanzitutto etica, capace di affrontare qualsiasi nemico esterno. Tutto questo è estraneo al Mercato, che cerca di prevalere aridamente e materialisticamente sui valori della civiltà a tutt'oggi, dissolvendola.

L'ARISTOCRAZIA FINANZIARIA TRA MEDIOEVO E RINASCIMENTO

A partire dalle Crociate, all'economia naturale subentra gradualmente l'economia monetaria che, dall'Italia centrale e settentrionale, attraverso la Germania meridionale, la Francia, e l'Olanda, si estende a tutta l'Europa. Espressione di una concezione mutata, la nuova Economia di mercato dà luogo ad una aristocrazia del denaro, che non si basa più sulla discendenza o sulla condizione sociale, ma sul talento affaristico e sulla capacità organizzativa e amministrativa.

COMMERCIO E INDUSTRIA – GLI APPALTI DI CONIO AI MERCANTI

Per estendere il commercio a lunga distanza il Grande Mercante fonda compagnie commerciali private (per esempio la compagnia commerciale di Ravensburg (1380-1530), con partecipazione di capitali per il finanziamento del trasporto delle merci (costruzioni navali) e di agenzie all'estero (fondaci). Egli conduce l'impresa con l'ausilio di nuovi procedimenti di bilancio e di contabilità e accorda crediti. Il divieto da parte della Chiesa di percepire interessi (usura) viene eluso col sistema delle rendite censitarie. La Chiesa diventa la prima potenza finanziaria europea; così attrae nel suo sistema, per assicurarsi i tributi ecclesiastici, grandi mercanti, anche l'Ordine dei Templari (esperti nella pratica del credito bancario a re e principi) che in cambio dei loro prestiti ottengono rendite (privilegi) in godimento. Il sistema viene imitato dai principi laici, che appaltano i mercanti (perlopiù ebrei) di diritti di dazio, monetazione (conio, emissione) mercato, miniera o suolo.

I BANCHI DEL CREDITO

Banchi sorgono a Genova, Firenze (le famiglie dei Bardi, degli Strozzi, etc.) ad Augusta (i Welser) ad Anversa (probabilmente ebrei). Merita ricordare il metodo truffaldino (la riserva frazionaria) di una pratica, il credito a interesse, che arricchì orafi e mercanti, conducendo alla costruzione dell'attuale sistema bancario. Il banchiere-mercante crea proprie imprese per l'esportazione (tessitura, lavorazione dei metalli) che producono secondo il sistema dell'industria a domicilio. L'imprenditore fornisce a lavoranti a domicilio salariati (una specie di smart-working dell'epoca) materie prime e attrezzature, e poi smercia egli stesso il prodotto finito. Il grande capitalista (commerciante, banchiere e produttore) tende a ottenere monopoli e influsso politico attraverso la gestione in concessione, da parte dello Stato, di un settore economico (miniere) del commercio di esportazione o del credito. Suo concorrente è sovente lo Stato, che pretende dal canto proprio monopoli per diritto di sovranità. Con la scoperta del Nuovo Mondo, dal XVI secolo sorgono in Inghilterra, Olanda e Francia, compagnie commerciali dotate di privilegi, che svolgono la politica coloniale per conto dello Stato.

I MEDICI A FIRENZE

Un esempio celebre del mercante-signore dell'epoca si ha nei Medici a Firenze (XV secolo). Arricchitosi grazie al commercio con l'Oriente e al monopolio dell'allume, concessogli dalla Curia, Giovanni de' Medici fonda la più grande banca e Casa Commerciale europea, che solo nell'industria dei panni impiega 300 ditte con 10.000 operai. Dalla potenza economica a quella politica. Tra il 1464 e il 1492, Lorenzo il Magnifico persegue in Italia una politica di equilibrio ("ago della bilancia") e porta Firenze al massimo splendore. Alla sua corte convergono gli artisti del Rinascimento. Il dispendio per promuovere le arti (come emblema del potere) supera infine la potenza finanziaria della Casa medicea.

Lorenzo de' Medici

I FÜGGER AD AUGUSTA

Questa famiglia di ebrei ascende economicamente nel XV secolo da un'attività modesta di tessitori e possidenti, grazie al commercio e al traffico di valuta; divengono Banchieri degli Asburgo e di numerosi pontefici. Nel 1511 Jacob Fugger il Ricco finanzia l'elezione e le guerre imperiali di Carlo V d'Asburgo (come oggi, nelle liberal democrazie dell'Occidente, la Grande Finanza porta al potere presidenti di repubbliche e governi di destra o di sinistra, in USA e in Europa). Fugger controlla la produzione europea dell'argento, del piombo e del rame, e ottiene il monopolio del mercurio. A lui risale la benefica istituzione della Fuggerei, quartiere popolare di abitazioni (tuttora esistente) per gli indigenti di Augusta. La Casa decade nel 1560 in seguito alla bancarotta dello stato spagnolo asburgico e alle discordie familiari.

LO SFONDO SOCIALE: Economia di Mercato
e circolazione monetaria

L'economia di mercato incrementa la circolazione monetaria nei settori più agiati della società; la superproduzione d'argento (non assorbita dalla domanda, a causa di una sperequata distribuzione della ricchezza) porta ripetutamente a fenomeni d'inflazione. Nelle città si forma un primo tipo di proletariato (lavoro salariato artigianale) che spinge le corporazioni a lottare contro i nobili o "popolo grasso" per il dominio della città. L'acuirsi dei contrasti fra ricchi e poveri, come anche pestilenze ed epidemie, innescano crisi sociali e religiose. Dal 1302 si hanno continue agitazioni degli artigiani in Fiandra; in Francia tra il1357-58 sollevazioni delle corporazioni parigine. Nel 1378, il Tumulto dei Ciompi a Firenze; i Lollardi si ribellano in Inghilterra insieme ai contadini. Tra il XVI e il XVII secolo rivolte di contadini e cosacchi in Polonia e in Russia.

*

Il Signoraggio ceduto ai Banchieri: L'Inghilterra degli Stuart

Ricordiamo come nella storia d'Europa il signoraggio sia stato una fonte di autofinanziamento per i sovrani, onde condurre guerre di conquista territoriale o dinastiche fra le varie monarchie che si contendevano la supremazia del continente. Tra il XVI e il XVII secolo, per far fronte alle sempre crescenti spese di guerra, i principali Stati europei caddero definitivamente nelle spire dei banchieri, già internazionali (tedeschi, olandesi, toscani, genovesi) ciò avvenne con la cessione del signoraggio.

Alla fine del XVII secolo i Banchieri, da secoli prestatori di denaro a signori e re, affermano il proprio chiaro e diremmo, formale dominio in Europa, e poi nel mondo, fondando la Banca Centrale. Questo progetto antico dà le sue avvisaglie in Inghilterra già dopo la conquista di Guglielmo, primo re normanno.

Per compiere la sua impresa bellica, Guglielmo ricevette i finanziamenti dei mercanti ebrei di Normandia, che lo seguirono nel prendere possesso dell'Inghilterra, cosa che fu portata a termine nel 1071. Senza dimenticare il debito di riconoscenza verso i suoi finanziatori ebrei, egli concesse loro la libertà di praticare l'usura, proibita dai suoi predecessori (e dai suoi successori) e cagione di ripetuti bandi a carico degli israeliti.

Quantunque non risulti da fonti certe, è probabile che Guglielmo I abbia concesso a funzionari ebrei (forse commercianti d'oro) la riscossione dei tributi, con relativo aggio. Quest'ufficio si combinò con l'analoga vecchia pratica dell'usura, scaricandosi sul popolo inglese di ogni ceto, con effetti d'impoverimento dell'economia, già gravata dai costi della guerra.

Di fatti i prestatori di denaro solevano imporre ratei di interesse del 33% annuo sui terreni ipotecati dei nobili e del 300% sugli strumenti di mestiere e su tutti i beni impegnati dai lavoratori delle classi meno agiate. L'esito fu che entro due generazioni, un quarto di tutte le terre inglesi cadde in mano agli usurai ebrei.

Come se non bastasse, questa èlite di immigrati, arricchitasi speculando (sul debito pubblico e privato) minava l'etica delle corporazioni non rispettando la legge che stabiliva diverse licenze per i diversi tipi di mercanzie. I commercianti ebrei invece, utilizzando una sola licenza, vendevano indisturbati una gran quantità di merce "sotto

lo stesso tetto". E che in tutto ciò godessero della copertura e della protezione regale, sembra dimostrato dal fatto che ebbero, ad ulteriore segno di fiducia, un ruolo primario nel Signoraggio sull'emissione della moneta di Stato, giacché, controllando la produzione, poterono liberamente limare le monete d'argento fondendo poi la limatura in lingotti e placcando d'argento lo stagno delle monete.
(cfr. Stephen Goodson, *"The secret Origins of the Bank of England"*)

Non si trattava però ancora di una prerogativa sancita da un atto di legge. Per giungere a ciò, bisogna aspettare qualche secolo. Intanto, regnando già Elisabetta I, famiglie di *marrani* (ebrei convertiti) sbarcarono dall'Olanda a Londra. Fra essi molti erano gli orafi, i quali accettavano in custodia oro e argento a fronte di una nota di deposito, che poi usavano per esercitare credito ad usura con le modalità della riserva frazionaria.   Tale pratica creditizia veniva svolta anche nei confronti della Corona e del Tesoro, al costo d'interesse del 8% annuo, che aumentò via via, fino al 20 e al 30%. Malgrado la legge proibisse prestiti con interesse superiore al 6%, gli Inglesi di tutte le fasce sociali si sobbarcavano, spinti dal bisogno, oneri del 33% i mercanti; del 60, 70, 80% gli artigiani e gli operai. Nel suo *"A short Account of the Bank of England"*, lo studioso Michael Godfrey ci offre uno spaccato dell'economia elisabettiana descrivendo una perdita per lo Stato di circa 3 milioni di sterline, dovuta alle numerose bancarotte fraudolente di orafi-banchieri, spariti con la cassa. **(1)**

---

(1) *E' importante precisare che le critiche ascritte agli orafi-banchieri ebrei non debbono coinvolgere il popolo ebreo in quanto tale, il quale diveniva vittima incolpevole di discredito a causa delle pratiche usurarie delle sue èlite mercantili e finanziarie; èlite che hanno sempre strumentalizzato il popolo ebreo per i propri fini;*

Veniamo al XVII secolo e ad Oliver Cromwell. Anch'egli, come Guglielmo I il Normanno, aveva preso il potere, (decapitato re Carlo I Stuart) grazie all'aiuto finanziario di mercanti ebrei, olandesi. La contropartita era stata, anche stavolta, la riammissione delle comunità ebraiche in Inghilterra. E' significativo che, il 18 dicembre 1655, in Whitehall, al momento di approvare la delibera di immigrazione su vasta scala degli ebrei, la maggioranza cromwelliana (preti, legali e mercanti) votò contro, per motivi religiosi, ma anche di difesa economica e sociale. Temevano infatti i rappresentanti del popolo inglese, che il ritorno degli ebrei avrebbe comportato la ripresa di quelle pratiche usurarie dimostratesi così dannose in passato per l'economia della nazione. La volontà degli Inglesi venne tradita dal dittatore Cromwell, che nell'ottobre 1656 riammise i primi contingenti israeliti in Inghilterra.

Oliver Cromwell

Né valse il ritorno degli Stuart a frenare la caduta del popolo inglese verso l'asservimento alla Finanza straniera. In tal senso, la cessione del Signoraggio fa la sua apparizione già sotto Carlo II. Il figlio maggiore del decollato omonimo re, si era impegnato in guerre disastrose per le finanze pubbliche; guerre certo finanziate dai soliti mercanti levantini; cosa che lo ridusse ad appoggiarsi ad un *Ministero della Cabala* (il nome dice tutto) e ad adottare, in politica estera ed interna, misure contrastanti con il piglio protezionista del suo assolutismo; una delle cui espressioni era certamente l'esercizio del Signoraggio, l'emissione sovrana della moneta, ed il controllo sulla circolazione delle valute straniere all'interno del regno. Sorprendono perciò (e fanno pensare ad *influenze occulte*) i due provvedimenti che Carlo II mise in atto tra il 1663 e il 1666. Per prima promulgò una legge volta a favorire il commercio con l'estero, in base alla quale era consentita l'*"esportazione di tutte le monete straniere, lingotti d'oro o d'argento, liberi da interdizione, regolamentazione o imposte di qualsiasi genere"*. Tre anni più tardi con la legge per l'incoraggiamento della coniatura concesse a privati banchieri ed orefici di coniare le monete del regno nella zecca reale e con ciò acquisire i considerevoli benefici del reddito del signoraggio per loro conto privato. Non basta ancora. Per lo stabilimento del Signoraggio quale prerogativa esclusiva dei Banchieri, si dovrà arrivare al 1688, allorché William III d'Orange, Stathouder d'Olanda, detronizza suo suocero, Giacomo II, con un colpo di stato.

Come in passato, decisivo è il tradimento, qui impersonato dal duca di Marlborough, John Churchill (un antenato del noto Winston) che abbandonò improvvisamente Giacomo II dissuadendolo dall'attaccare l'invasore d'Orange, malgrado le truppe inglesi fossero numericamente superiori.

Riporta l'Enciclopedia Ebraica che Churchill ricevette uno stipendio annuale di 6000 sterline dal finanziere ebreo olandese Salomon Medina, a fronte del suo tradimento. Si era infatti ripetuto il noto copione: l'Orange aveva ricevuto i finanziamenti dei banchieri israeliti; le cui pretese erano stavolta ben più nette e ambiziose. Non ci si limitava a domandare l'entrata degli ebrei in Inghilterra e che si desse loro licenza di affaccendarsi in traffici di piccolo cabotaggio; i patti con William d'Orange andavano ben oltre, pretendevano tutto: un'opa sullo Sato e sul reddito degli Inglesi, dai più ricchi ai meno abbienti. In cambio dell'appoggio finanziario ricevuto, lo Stathouder d'Olanda si era impegnato a ciò che poi fece: trasferire le prerogative reali inglesi di emettere la valuta -libera da debito ed interesse- ad un consorzio conosciuto come "Governor and Company of the Bank of England."

Un documento su questo passaggio cruciale della storia politica inglese ci viene da A.N. Field in *"All these Things"*. L'idea base di una Banca Centrale era che la Bank avrebbe creato denaro dal nulla e illimitatamente, guadagnando enormi profitti dagli interessi sui prestiti.

Il 21 giugno 1694, il consorzio Governor and Company of the Bank of England aprì una sottoscrizione per il collocamento di titoli del valore complessivo di 1.200.000. sterline. In pochi giorni la somma venne interamente sottoscritta dagli azionisti.

La Banca nasceva ufficialmente per concedere prestiti di Stato al re William (l'Orange) onde permettergli di proseguire l'esoso conflitto contro il re di Francia (presso il quale si era rifugiato il defenestrato Giacomo II). L'interesse del prestito *illimitato* era stabilito nell'8% annuo, 100 mila sterline versate dalla Corona, più 4 mila sterline da ricavarsi da un'imposta amministrativa. Veniva inoltre riconosciuta alla Banca l'autorizzazione ad emettere 1.200.000 sterline in banconote senza la regolamentare copertura aurea.

(nota – Ribadiamo che la descrizione delle pratiche usurarie degli orafi-finanzieri Ebrei non intende rivolgere una critica al popolo ebreo in quanto tale, ma solamente alle sue èlite, i ricchi mercanti e banchieri che imponevano il potere del proprio denaro alle nazioni, sovente strumentalizzando e danneggiando i propri stessi correligionari)

Cap. IV – Origine Del Sistema Monetario Internazionale

La Banca Centrale e la sua Frode Legalizzata

Come si è detto, la Bank of England costituì nel 1694 il modello di Banca Centrale, che in seguito venne riprodotto in tutte le nazioni del mondo, a cominciare dalle colonie americane, con alterne vicende, sino alla fondazione definitiva della Federal Reserve (1913) voluta e predisposta dai Banchieri di Wall Street (i Banchieri di Wall Street sono, stati sempre non soltanto quelli americani ma, tramite loro agenti, i banchieri europei, cioè i Rothschilds) legge fatta passare dal Congresso americano, col Federal Reserve Act, grazie alla complicità di alcuni politici corrotti.

Cardini della Banca Centrale sono l'esercizio del Signoraggio e la creazione del denaro dal nulla *(moneta fiat)* i due momenti sono *ideologicamente* consustanziali. Per comprendere l'abuso insito nell'esercizio del credito da parte delle banche occorre ricordare che il denaro creato dal nulla ha un valore puramente convenzionale, non materiale, pertanto esso, non solo può essere creato illimitatamente, ma non necessita di alcuna riserva monetaria, e non può essere imprestato ad interesse, perché il prestatore-banca non mi sta cedendo una *fede di deposito* corrispondente a beni in oro depositati, bensì qualcosa di astratto, al quale entrambi conveniamo di attribuire un valore. In realtà, tale valore è dato solamente dal fatto che il simbolo cartaceo viene accettato dalla collettività e può essere scambiato con beni materiali o sentimentali, ovvero con il lavoro.

Scrive Giacinto Auriti: «oggi l'opinione pubblica ha accettato, come fatto del tutto normale e ragionevole, l'istituzionalizzazione dei cosiddetto "oro carta ". (cioè la banconota equiparata all'oro). Per realizzare una valutazione razionale ed obiettiva di questo fenomeno, occorre innanzi tutto precisare che al vertice bancario internazionale è stato possibile sostituire alla moneta merce (oro, argento) il simbolo monetario di costo nullo perché (il vertice bancario) ha compreso un fondamentale principio di filosofia del valore, e cioè che *il valore non è mai una qualità della materia...* perché esso consiste sempre in una previsione, ovverosia in un rapporto tra fasi di tempo, che è una dimensione dello spirito.

Così ad esempio possiamo dire che una, penna ha valore perché prevediamo lo scrivere ». Dunque il valore è dato dal rapporto tra la previsione dello scopo e lo scopo raggiunto mediante il simbolo monetario. Il Banchiere traduce illegittimamente il valore psicologico in valore creditizio, attribuendo un prezzo al sentimento. (Chissà perché viene in mente quel personaggio di Shakespeare, nel Mercante di Venezia, l'usuraio Shylock, il quale per rientrare di un debito propone al debitore di dargli una libbra della propria carne. ndr)

Riconosciuto che il costo reale dell'emissione della banconota fiat si riduce a quello irrisorio di carta ed inchiostro per produrla (mentre il banchiere addebita il valore del simbolo monetario infinitamente maggiorato) con l'emissione di carta moneta strutturata come falsa cambiale, si induce la collettività a dare merce -il frutto del proprio lavoro- che ha un costo, contro carta, che costo non ha, ma che viene abusivamente equiparata all'oro. Si tratta di una vera e propria strategia di dominio basata su un equivoco. Tale equivoco è reso possibile dalla realtà, comunemente accettata come legittima, che chi emette denaro è, per ciò stesso, *debitore*. E' avvenuto, e avviene, che il sistema bancario, arrogandosi il diritto esclusivo di emettere moneta, cioè il suo *simbolo*, se ne appropria di fatto, e prestandola si dichiara debitore, in un procedimento surrettizio e logicamente capzioso. (il banchiere è come quel tale, che piazzandosi davanti al Colosseo, ne venda ai turisti le foto al prezzo del monumento, che egli dichiara di sua proprietà, ndr).
In tal modo il sistema bancario si arricchisce dando ad intendere (tramite il monopolio culturale e dell'informazione) che la moneta gli appartiene, mentre la moneta è di tutti.

Qui entra un dato interessante: Per quanto l'ordinamento statuale di fatto e tacitamente sancisca e riconosca il diritto esclusivo alle Banche Centrali di emettere moneta, per contro non esiste una legge che vieti ad alcuno di fare altrettanto, giacché se esistesse lederebbe la parità di diritti fra i cittadini. Va chiarito che emettere moneta è diverso dal falsificare quella di corso legale, poiché l'emissione (al contrario della riproduzione del simbolo monetario) richiede una procedura scritturale e di registrazione presso la banca centrale della nazione di riferimento).

"E' la manifestazione formale del simbolo che, una volta recepita dalla collettività, ne determina la tipica rilevanza giuridica per la coscienza sociale. " (Auriti).

In effetti, in generale, è l'accettazione collettiva del simbolo di un potere, che conferisce ad esso autorità. Le personalità dello Stato, ad esempio il presidente della repubblica di una democrazia ha autorità non solo perché le forze armate e la magistratura gliela garantiscono giuridicamente, ma perché il popolo l'accetta. Tant'è che il giorno in cui questa accettazione venisse meno, il regime democratico sarebbe costretto a trasformarsi in un regime autoritario e violento. Questo spiega anche perché le dittature si stabiliscono, necessariamente, con il consenso del popolo.

Signoraggio primario e secondario, ovvero come lo creo dal nulla e ti chiedo gli Interessi

Prima di descrivere la tecnica delle operazioni che sono in capo a tutte le Banche Centrali del mondo, riferiamo che, secondo alcune fonti, solamente 9 tra esse appartengono ai loro Stati di riferimento; tutte le altre vengono dichiarate (falsamente all'opinione pubblica) Banche Centrali Nazionali, ma in realtà sono private, perché di proprietà di banche ed enti privati. Invece sono davvero nazionali le seguenti Banche Centrali di: Russia (ma infiltrata dai Rothschilds) Siria, Cuba, Iran, Cina (infiltrata dai Rotschilds) Corea del nord, Ungheria, Venezuela. Non è senza significato che si tratti di stati considerati "canaglia" o non democratici (perché indipendenti) da parte dell'Occidente (Finanza Internazionale) e dei media proni.

Stabilito che in Europa, le principali funzioni delle Banche Centrali, con l' Unione Europea e con l'introduzione della moneta unica, sono state trasferite alla BCE (2002) possiamo affermare che le Banche Centrali praticano il Signoraggio primario, mentre le banche di credito, dalle prime controllate, praticano il signoraggio secondario. **(1)**

---

(1) *va chiarito che rimane alle Banche Centrali Nazionali la prerogativa delle operazioni di cassa, cioè la stampa materiale delle banconote, il cui ammontare viene però deciso dalla BCE; mentre al Ministero del Tesoro resta la* *prerogativa del conio delle monete metalliche, le sole dalle quali lo Stato può incamerare il signoraggio;*

Si tratta di attività che diversi giuristi giudicano, più che illegittime, dei veri reati, le cui vittime sono i popoli; e che la magistratura non se ne occupi più di quanto non faccia la politica, è forse una conferma del fatto che anche il sistema giudiziario come il resto delle istituzioni dello Stato, sia una finzione tesa a mantenere il popolo nell''equivoco di un sistema che si dichiara, surrettiziamente, democratico.

Ed ecco i termini di tale equivoco, nell'operato insindacabile del Sistema Bancario. Cominciando dalla Banca d'Italia. La BDI origina (nel 1893) dalla Banca Nazionale del Regno d'Italia, derivata dalla Banca Nazionale degli Stati Sardi. Già in epoca pre-unitaria, ciascuna banca cercava di ottenere il monopolio dell'emissione della moneta. Nasce da qui la compromissione della politica con la Finanza. La Banca d'Italia riuscì ad ottenere il detto monopolio nel 1926, in regime fascista. (Potremmo chiederci come mai Mussolini, che riempiva i suoi proclami di invettive contro le "plutocrazie" mondiali, intendendo la Grande Finanza padrona del Signoraggio, abbia atteso 10 anni prima di stabilire una banca centrale nazionale, cioè indipendente, in Italia). La cessione del signoraggio da parte dello Stato italiano ai Banchieri comportò il suo incremento sensibile e con esso quello dell'inflazione. Alcuni dati: se prima del 1926 la tassa da signoraggio rappresentava l'1,7% del reddito e la tassa da inflazione lo 0, 4%, dopo il 1926 il signoraggio salì al 5,5% del reddito e la tassa da inflazione al 5,3%.

Con la "legge bancaria" del 1936 (R.D.L. 12 marzo 1936, n⁰ 375 ed altri decreti, convertiti, con modificazioni, in legge 7 marzo 1938, n. 141) la Banca d'Italia diventò istituto di credito di diritto pubblico e di proprietà pubblica, in quanto gli azionisti privati erano stati espropriati e le loro quote assegnate ad enti pubblici. Conseguentemente il titolo della Banca d'Italia fu cancellato dal listino di borsa.
In virtù del Regio Decreto 1067 del 11.6.36, la Banca d'Italia esercita in regime di monopolio l'emissione della carta moneta (rimanendo quella delle monete metalliche di competenza esclusiva del Ministero del Tesoro).

Quanto al diritto pubblico, esso sottende la funzione di pubblica utilità e un regime di controlli da parte dello Stato. Su questi ultimi, si accenta in particolare, ma non solo, l'attenzione dei critici, che sono molti. Analizzatone lo statuto, la BdI si può qualificare così: *"una banca privata, società per azioni, affidataria dell'emissione di moneta da parte dello Stato, i cui controlli si esplicano in pareri non vincolanti."* Vale a dire, gli organi amministrativi e di controllo della Banca d'Italia sono nominati dall'Assemblea Generale dei partecipanti (che sono al 95% enti privati). Il Governo può approvare la nomina, o la revoca, di alcune cariche, ma la sua approvazione o meno non influisce sulla validità delle delibere assunte dall'assemblea. Ed ecco (da brochure) il ruolo del Governatore:

Il governatore della Banca d'Italia ha il compito di rappresentare l'istituto bancario con terzi, di presiedere l'assemblea, e di informare il governo italiano in materia di finanza estera o interna. Fino a prima dell'introduzione dell'Euro si occupava, anche, della politica monetaria nazionale. Tale funzione viene esercitata collegialmente insieme alle altre Banche centrali dell'area Euro.

A maggior chiarimento, va esplicitato ciò che viene sostanzialmente occultato al popolo italiano, sin dalla nascita della Repubblica, persino negli atti del Parlamento, con degli omissis: che la BDI è posseduta da privati (circa 85% banche, 10% assicurazioni, solo il 5% lo Stato attraverso l'Inps). Va inoltre aggiunto che le principali proprietarie (pro quota) che la compongono (Gruppo Intesa San Paolo, Gruppo Unicredit) sono multinazionali partecipate da banche straniere, riconducibili rispettivamente a JP Morgan Chase (dei Rockefeller) e BlackRock (il maggior Fondo d'Investimento al mondo). Che la proprietà della Banca degli Italiani sia in mano alla Finanza Internazionale getta una luce significativa sulla politica monetaria e finanziaria del Governo Italiano (verso il quale la BdI è prodiga di *consigli*; a ciò si aggiunga che la Banca d'Italia partecipa (15%) della Bce, la quale, insieme alla Commissione Europea decide come l'Italia deve gestire e spendere i propri soldi; soldi imprestati da investitori (in Titoli del nostro Debito) non diversi o collegati ai maggiori azionisti della stessa Banca d'Italia. Ci torneremo.

Ma ecco il **Signoraggio Primario**: esso si esercita (o si consuma) da parte delle Banche Centrali, nel creare denaro a un costo di tipografia, o ancora meno, mediante dei click, senza nessuna copertura di riserva aurea. Si tratta di banconote la cui quantità dichiarata non è verificabile in quanto esse recano numeri non progressivi. Il denaro così creato (dal nulla) viene usato per acquistare dagli Stati (ovvero *scontare*) un importo pari in titoli del Debito Pubblico. In questa operazione tipica, che incarna, per così dire la sua ragione sociale *e d'être*, la Banca Centrale perpetra un falso in bilancio alla luce del sole, così evidente che nessuno sembra avvedersene, iscrivendo in passivo il valore nominale delle banconote (o moneta virtuale) create dal nulla, mentre iscrive in attivo i titoli acquistati con quelle banconote; in tal modo facendo figurare un pareggio di bilancio, mentre si tratta in realtà di un *utile*, in quanto la Banca non ha avuto alcun esborso.

Da questa operazione fraudolenta (e legalizzata in sostanza) nasce il Debito Pubblico, in quanto le Banche Centrali addebitano allo Stato quel Passivo apparente, ovvero quell'esborso dilatato. Oltre al falso monumentale, vi è anche l'evasione fiscale, che se calcolata all'aliquota del 50%, ammonta alla metà del denaro creato: una somma in miliardi assai superiore alle tasse che lo Stato imputa al resto della cittadinanza, sempre sospettata di evasione. Ma al danno del Debito Pubblico se ne aggiunge un altro, l'inflazione. In teoria il Signoraggio la produrrebbe, perché i banchieri metterebbero in circolazione (attribuendosela) una quantità di denaro che non corrisponde alla ricchezza della nazione, che è al contrario impoverita dal dover pagare le tasse per pagare il Signoraggio. Questo spiega in parte la politica deflativa della Bce (fino a prima della crisi del Corona virus). Va compreso infatti che quando il denaro lo crea lo Stato (cioè il ministero del Tesoro) non produce inflazione perché lo copre, mettendolo in circolazione sempre a corrispettivo di un qualche bene (beni tra cui anche le prestazioni lavorative, la sanità, il welfare, l'educazione, il benessere sociale ecc), sicché cresceranno insieme sia la ricchezza reale che il denaro. (cfr. *Modern Money Theory* (Alan Parguez, Randall Wray)
Eliminare il Signoraggio bancario risolverebbe i problemi cronici dell'economia, in particolare in Italia, problemi dovuti alla demonetizzazione prodotta ad arte dai Banchieri a scopo di dominio sulle società.

Signoraggio Secondario. E' un'altra pratica disonesta, delle banche di credito (*legalizzata* anch'essa) basata sulla Riserva Frazionaria (inventata o almeno in uso già nel Medioevo) le cui conseguenze sulla vita economica sono forse più depressive del Signoraggio Primario. Sul piano giudiziario si tratta di una *appropriazione indebita* in danno dei correntisti depositanti. Essa è resa possibile dallo Stato, il quale prescrive alle banche di mantenere in cassa una riserva minima del 2%

del capitale totale dichiarato. Questo permette loro di concedere prestiti per un ammontare più volte multiplo del denaro che possiedono. Ad esempio, se voi depositate in banca 100.000 euro, la vostra banca presterà a un altro cliente il 98% di quei 100.000, lucrando sugli interessi, che saranno esponenzialmente moltiplicati ripetendo la stessa modalità con altri depositanti e mutuanti. Interessi che dovrebbero invece essere versati ai legittimi proprietari delle somme prestate, non solo, ma anche allo Stato, come tasse sugli interessi cinquantuplicati. Il che non avviene, perché le banche iscrivono quei prestiti -creati dal nulla- come *perdite*.

Questa situazione d'illegalità si perpetua nell'inerzia della magistratura, e mentre il Fisco prosciuga gli averi dei cittadini con le tasse, che vengono utilizzate, non, come proclama la retorica politica e governativa, per *pagare i servizi forniti alla collettività*, ma in larga misura per comprare denaro dalla Banca Centrale di tutte le Banche Centrali, dal 2002 in Europa la BCE, la quale vende denaro quando acquista i titoli di stato, che poi rivende agli investitori stranieri, solitamente banche, fondi di investimento e simili. Potremmo affermare che la Banca Centrale Europea, in quanto organo indipendente dell'Unione Europea, fu con questa, in qualche modo un prodotto larvale degli accordi di Bretton Woods, nel 1944.

Bisogna tornare un po' indietro, al 14 agosto 1941, quando i padroni del mondo in guerra, gli Usa e la Gran Bretagna (dietro di essi la Grande Finanza Internazionale) decisero il nuovo assetto del pianeta in un incontro al largo dell'isola di Terranova, nell'Atlantico. La nave, un incrociatore, si chiamava *Prince of Wales*, i due uomini, FD Roosvelt e Winston Churchill, firmarono la *Carta Atlantica*.

Roosvelt e Churchill firmano
La Carta Atlantica, sul Prince of Wales

La Carta Atlantica faceva seguito ed ampliava le *Quattro Libertà*, il manifesto per il dopoguerra, enunciato da Roosvelt dinanzi al Congresso qualche mese prima. In esso si prospettava la genesi dell'ONU, nei suoi aspetti e finalità principali, la pace, la democrazia, la libertà di movimento delle persone e delle merci, l'abbattimento delle frontiere per il mercato. Questa linea politica sostanzialmente da *imporre* al mondo, fu recepita nella conferenza di Washington del 1942, con la *Dichiarazione* delle 26 nazioni. In essa gli alleati si definiscono già *Nazioni Unite*. I loro intenti vengono confermati nella conferenza di Dumbarton Oaks, 1944. Finché il 26.6.1945, 50 nazioni fondatrici firmarono la Carta dell'Organizzazione delle Nazioni Unite.(dai 50 stati mancavano l'Italia e la Germania, col Giappone, ovviamente).

Che l'Onu portasse in sé i germi, per così dire, dell'Unione Europea, ovvero del Piano Marshall, lo indica in prospettiva la *Dottrina Truman*. Enunciata davanti al Congresso nel 1947, dal successore di Roosvelt, essa promette a tutti i paesi (in particolare all'Europa) aiuti militari ed economici, per salvaguardare la loro indipendenza contro i tentativi di espansione comunista. (lo stesso regime comunista che gli Usa avevano finanziato con fiumi di denaro durante la guerra, perché li liberasse del nazismo, che avevano finanziato in precedenza contro il comunismo). E' dello stesso anno, estate 1947, la proposta, apparentemente *motu proprio*, di John Catlett Marshall, segretario di

Stato alla Difesa del governo Truman. In realtà il Piano di aiuti per la ricostruzione dell'Europa era stato concepito diversi anni prima, all'interno del club paramassonico CFR (il governo ombra degli Usa) di cui era membro lo stesso Marshall. Il Piano era condizionato di fatto all'impegno degli stati europei a federarsi in una Unione, propedeutica al Governo Unico Mondiale, l'antico progetto della Massoneria Illuminata, di cui l'ONU era un abbozzo.

Tale condizionalità è espressa nel discorso che Truman tenne pochi giorni dopo l'annuncio di Marshall, a Ottawa. Il nuovo presidente Usa (33° del Rito Scozzese, portato alla Casa Bianca dal CFR) auspica il Piano "per rianimare la produzione e sanare l'economia... a condizione che (i governi, ndr) operino con uno spirito di stretta collaborazione, abolendo le assurde barriere che li dividono e li soffocano ". Quanto all'Onu, è opportuno sapere che la sua gestazione data dal 1939 all'interno del Dipartimento di Stato Usa (controllato dal CFR). Il testo della *Dichiarazione delle Nazioni Unite* fu abbozzato alla Casa Bianca il 29 Dicembre 1941 da FD Roosvelt e W. Churchill (in un incontro che faceva seguito alla firma della Carta Atlantica in agosto). Autore e redattore materiale fu Harry Hopkins, che avrebbe fatto parte poi della delegazione americana alla Conferenza di Yalta nel 1945.

Per comprendere il vero ruolo dei governanti delle principali potenze mondiali , in eventi che furono decisivi per l'umanità, basti aggiungere che Hopkins era l'eminenza grigia del presidente degli Stati Uniti. Protetto dal banchiere Bernard Baruch (artefice finanziatore della rivoluzione bolscevica in Russia) Hopkins era membro del CFR, alto grado della massoneria (come Roosvelt). In verità, ben più che un'eminenza grigia, egli era l'alter ego del presidente; scriveva e firmava telegrammi di primaria importanza a capi di stato, ambasciatori ed alti comandi militari, senza consultare Roosvelt. Di lui scriveva Churchill: "quest'uomo straordinario gioca un ruolo decisivo nel corso degli avvenimenti." Divenne segretario di Stato il 27 novembre 1944. (cfr. Epiphanius, *"Massoneria e Sette segrete"*).

Date le premesse, è evidente che gli Accordi stipulati a Bretton Woods nel 1944 (ancor prima della costituzione ufficiale dell'Onu) sottendessero un'Europa Unita innanzitutto economicamente, e governata da una Banca Centrale. Merita riflettere su come la Conferenza di Bretton Woods, sottaciuta o marginalizzata nei libri di storia, sia stata il fulcro dei negoziati internazionali promossi dagli Usa durante e al termine della II Guerra Mondiale. In effetti, se la Conferenza di Yalta fissa gli assetti geopolitici di un Nuovo Ordine del mondo, è a Bretton Woods che si stabiliscono quelli economici e finanziari, determinanti per il futuro dei popoli, in particolare di quelli europei. Ed è a Bretton Woods che si gettano perciò le fondamenta della Globalizzazione.

Stalin, Roosvelt e Churchill
a Yalta

Bretton Woods: o il Monopolio del Denaro per Convenzione

" La strutturazione di un equo sistema monetario internazionale è il presupposto indispensabile per la normalizzazione degli equilibri politici ed economici mondiali.
...se lo strumento monetario impazzisce nelle mani di chi l'adopera, non è più uno strumento al servizio della collettività, ma viceversa una grave minaccia alle stesse libertà fondamentali dei popoli "
(Giacinto Auriti, "Il Sistema Monetario Internazionale" 1885)

*

La Conferenza di Bretton Woods, nota anche col nome di Conferenza Monetaria e Finanziaria delle Nazioni Unite, fu indetta dagli Stati Uniti e, tra l' 1 e il 22 luglio 1944, radunò 730 delegati, da 44 nazioni alleate, al Mount Washington Hotel, di Bretton Woods, nel New Hampshire. Lo scopo era quello di regolamentare   il Sistema Monetario e Finanziario

Internazionale, alla fine della II Guerra Mondiale. Queste le linee generali. Un'occhiata alla delegazione americana ci avverte degli esiti in qualche modo preordinati dei colloqui, che si svolsero attraverso tre commissioni. Presiedeva Henry Morgenthau, Segretario al Tesoro Usa; lo coadiuvavano Dean Acheson, Segretario di Stato, Jr Fred Vinson, ed Harry Dexter White, economista, consigliere di Morgenthau. Tutti membri del CFR; Morgenthau (banchiere israelita) membro anche della Pilgrims e della Round Table (potenti sette massoniche mondialiste). **(2)**

---

(2) *va chiarito qui che con l'aggettivo mondialista od ordinovista si intendono i potentati finanziari/industriali che propugnano lo smantellamento degli stati nazionali e dunque della sovranità dei popoli, e l'avvento di un Governo Unico di stampo Neo-Feudale, basato sui Monopoli del Mercato e la fine dei diritti democratici).*

Alla conclusione della conferenza furono gettate le fondamenta di un Nuovo Ordine Economico mondiale, fondato sulla convertibilità fissa oro-dollaro stabilita in 35 dollari per oncia troy di oro fino. Venne inoltre delineata la costituzione del FMI (una massoneria mondiale dei Banchieri) e la Banca di Ricostruzione e Sviluppo, BRD.
Sul piano tecnico, in questo schema l'oro assumeva una posizione di tutto rilievo e ciò anche in considerazione del fatto che in quel periodo gli U.S.A. erano la nazione con le maggiori disponibilità auree (o così si credeva). Dei due progetti, base dei colloqui, (l'altro era quello dell'inglese John Maynard Keynes) il piano White prevalse e portò alla realizzazione del Fondo Monetario Internazionale. Il Fondo avrebbe funzionato come una Banca, in cui ogni Paese figurava come "correntista" utilizzando divise monetarie tradizionali (oro e rispettiva moneta).

*H. Dexter White e J. Maynard Keynes
a Bretton Woods*

Il progetto presentava dei limiti di incremento della massa monetaria che non poteva essere proporzionata al bisogno di moneta, cioè all'incremento dello sviluppo economico, ma alla quantità di riserva. E' questa un'informazione essenziale per comprendere i problemi economici che scaturiranno da tale concezione monetaria erronea e tuttora vigente, purtroppo. Entrambi i piani, pur antitetici, prevedevano un' istituzione internazionale: un "Fondo" (White) e una "International Clearing Union " (Keynes) allo scopo di pervenire a una comune disciplina valutaria e, condizione necessaria, alle limitazioni delle politiche monetarie dei Paesi membri. Si gettavano implicitamente le basi per la creazione dell'Unione Europea e della moneta unica, cioè la Banca Centrale Europea.

Il Fondo monetario fu strutturato come una Società per Azioni, e l'accordo che istituiva il Fondo entrò in vigore il 17 dicembre 1946. La partecipazione al capitale, rappresentato in quote versate da ogni paese, ed il cui ammontare era stabilito sulla base della potenza economica dei paesi aderenti, era anche la base per la distribuzione dei voti. Diventava operante il principio, comune ad entrambi i progetti, di riconoscere all'oro la funzione di parametro di riferimento per consentire che gli Stati aderenti potessero pagare in oro i loro debiti. Emerge subito che agganciare tutte le monete al dollaro, agganciato a sua volta alle proprie riserve auree, poneva gli Usa in una posizione di vantaggio, ovvero di insindacabilità. Scrive Auriti, "Questo fondamentale difetto del sistema di Bretton Woods non è altro, poi, che il difetto essenziale derivante dall'equivoco iniziale di concepire la moneta come titolo (di credito) rappresentativo del valore della riserva (aurea) e non già come titolo puramente convenzionale, quale effettivamente è (secondo la visione di Keynes)."

A ciò si aggiunga che il dollaro cominciò ad invadere il mercato monetario internazionale con immissione massiccia di dollari (eccedenti le sue riserve d'oro). Si trattava in definitiva di un'invasione della sovranità monetaria altrui.

Il problema fu posto dal presidente francese Charles De Gaulle, il quale chiese di convertire in oro la massa di dollari presenti sul mercato di Francia. Le altre nazioni fecero altrettanto. Si svelò allora l'insostenibilità degli impegni assunti da parte degli Usa, le cui riserve d'oro non riuscivano a coprire l'emissione di dollari in esubero. Fu questa la fine del regime di Bretton Woods.

La fine del regime di Bretton Woods, l'avvento del Dollar Standard, poi del FMI

La fine degli Accordi di Bretton Wood fu sancita dalla dichiarazione unilaterale di Richard Nixon a Camp David (15 agosto 1971). E' interessante la giustificazione data per tale decisione: disse Nixon che la *sospensione* della convertibilità del dollaro in oro era dovuta alla considerazione che essendo stati immessi sui mercati finanziari i DSP (Diritti Speciali di Prelievo, di pertinenza del FMI) privi di riserva aurea, veniva meno la necessità che il dollaro continuasse a rispettare tale vincolo di garanzia.

____

(nota − i DSP, in ingl. SDR. erano e sono la moneta del FMI, concepita come moneta convenzionale, sprovvista di riserva aurea. Se negli anni passati il suo valore fu agganciato al dollar standard, oggi i DSP sono agganciati a un paniere di monete, il dollaro USD, l'euro, lo yuan cinese, la sterlina inglese e lo yen giapponese.)

____

Contrariamente ai timori o alle aspettative, il dollaro non crollò, all'apertura del mercato dei cambi; il che conferma che il valore del denaro è puramente convenzionale ed è dato dal fatto di essere accettato come mezzo di pagamento e come unità di misura del valore dei beni reali. Anche il Dollar Standard, riconosciuto internazionalmente, mise gli Usa in una posizione di vantaggio, perché ora era il dollaro ad essere considerato moneta di riserva. Si passava così dal Gold Exchange al Dollar Standard. Tuttavia nemmeno questo regime poteva durare, perché violava ugualmente gli accordi di Bretton Woods. Fu allora indetta la Conferenza di Rio de Janeiro (settembre 1967) tra le banche centrali dei paesi aderenti al Fondo Monetario Internazionale. L'Assemblea dei Banchieri stabilì come moneta di riserva internazionale i DSP, il cui valore venne fissato sulla base di 1 dollaro, cioè 1/35 di oncia troy di oro fino. Questo nuovo strumento monetario aveva circolazione limitata alle transazioni fra Stati o fra le loro Banche Centrali. E il dato interessante è che da ora in poi il FMI diventava un istituto di emissione. (era in fondo quanto aveva proposto Keynes a Bretton Woods).

L'economista John Maynard Keynes

L'FMI assurgeva in tal modo a regolatore e stabilizzatore delle valute, e implicitamente, a guardiano delle politiche monetarie e dunque economiche delle nazioni aderenti, non più libere di incrementare la propria moneta secondo le peculiari necessità; soprattutto qualora uno stato si trovasse, e si trovi, in difficoltà e necessiti dell'aiuto del FMI. La questione diverrà più evidente con l'istituzione della Banca Centrale Europea, la cui *missione* di regolatrice della stabilità monetaria e dei prezzi è subordinata o comunque *armonizzata* all'azione del FMI, in particolare nello stabilire l'ammontare di riserva monetaria all'interno del quale gli stati possono disporre di liquidità. E' un sistema arbitrario e privo di basi scientifiche, (quello della riserva monetaria) che fa dei Banchieri i Monopolisti insindacabili del Denaro, assisi al di sopra dei governi e dei popoli, ai quali viene fatto credere che l'FMI (una società per azioni, come la Bce) agisca nel loro interesse, mentre li priva della libertà economica e li condanna a una penuria cronica. (si legga l'art. 1 dello statuto del FMI, i cui bei propositi sono smentiti dalla politica messa in atto dallo stesso Fondo)

In conclusione: dal 1694 i popoli sono stati consegnati nelle mani dei Banchieri, emettitori esclusivi di moneta, con la seguente logica giuridica: la banca emette moneta per prestarla; poiché prestare denaro è una prerogativa del proprietario, essa (la Banca) è per legge dichiarata proprietaria del denaro all'atto dell'emissione.
Scrive l'Auriti: " Si è realizzato così il basilare inconveniente (anomalia) dell'attuale sistema monetario, in cui mentre chi crea i valori monetari sono i cittadini, chi se ne appropria è invece il sistema bancario che si avvia ormai a conquistare, tramite la sovranità monetaria, una sovranità sopranazionale, per non dire mondiale. Questo rovesciamento contabile ha realizzato un macroscopico indebitamento di tutti i popoli del mondo verso il sistema bancario, senza contropartita (…) e conclude: "Non a caso tutte le strutture bancarie in tutto il mondo e lo stesso Fondo Monetario Internazionale sono delle società anonime, cioè delle soggettività strumentali…" (G. Auriti, op. cit.).

Infine, Bretton Woods non era solo un regime monetario e bancario, ma ancor prima, mercatorio. E lo stesso presidente della conferenza, il banchiere Morgenthau tenne a sottolinearlo, nel discorso di chiusura: "l'istituzione del FMI e della BRD (Banca per la Ricostruzione e lo Sviluppo, poi nota come BM, Banca Mondiale) ha segnato la fine del nazionalismo economico. " Ciò significava che le nazioni avrebbero mantenuto il proprio interesse nazionale, ma senza utilizzare gli strumenti dei blocchi commerciali e delle sfere d'influenza. **(3)**

----

(3) in realtà questo comandamento sarà regolarmente trasgredito dalle maggiori potenze economiche, a cominciare dagli Usa).

Ma l'idea forte che si imponeva a Bretton Woods (ad opera delle Elite mondialiste ivi rappresentate) era una direzione congiunta del Nuovo Ordine Politico-Economico dell'Occidente; Ordine che si concretava nell'abbattimento delle frontiere al commercio e al movimento di capitali. Un paragrafo all'art. 1 dello statuto del FMI lo ribadisce, come parte della propria *mission*: " facilitare l'espansione e lo sviluppo equilibrato del commercio internazionale, contribuendo con questo mezzo alla promozione ed alla conservazione di elevati livelli di occupazione e di reddito reale, ed allo sviluppo delle risorse produttive di tutti i Paesi membri ". (Fatta salva la retorica, contraddetta dalla realtà, cioè i Monopoli delle Multinazionali dell'Industria e del Commercio e la crisi ormai endemica dell'occupazione, anche nei paesi dell'Occidente).

Per adempiere a tale missione, fu ideato l'ITO, (International Trade Organization) nell'ambito delle Nazioni Unite, in una conferenza tenutasi a Cuba nel 1948. La mancata ratifica dell'atto da parte degli Usa condusse poi al GATT (General Agreement on Tariffs and Trade), che lasciò il posto nel 1995 (Conferenza Gatt dell'Uruguay) a un rinnovato organismo regolatore del Commercio Mondiale, il WTO, che estendeva gli accordi del Gatt.
Tratteremo del WTO e dei suoi abusi rovinosi in un capitolo dedicato.

Cap. V – Dalla Banca D'Italia Alla BCE

Come perdemmo la Sovranità Monetaria e Democratica

La Banca d'Italia nasce da uno Scandalo

La Banca Centrale italiana nacque da due eventi traumatici:

Nel 1863 la crisi del mercato monetario mondiale creò il panico e la corsa agli sportelli a ritirare la moneta metallica in cambio delle banconote. Il Governo italiano rispose nel 1866 introducendo il corso forzoso ed il corso legale della cartamoneta. Questo passo scatenò la reazione dell'opinione pubblica, che accusò il governo di favorire i banchi d'emissione. Ne nacque un lungo dibattito chiamato "questione bancaria" circa l'opportunità di avere uno o più istituti d'emissione.
Lo scandalo della Banca Romana, nel 1892 **(1)** rese necessario il riordino degli istituti di Emissione. Esso fu realizzato con la legge n. 449 del 10 agosto 1893, che istituì la *Banca d'Italia* dalla fusione di quattro banche: la Banca Nazionale nel Regno d'Italia (già Banca Nazionale negli Stati Sardi), la Banca Nazionale Toscana, la Banca Toscana di Credito per le Industrie e il Commercio d'Italia, e quel che rimaneva della liquidata Banca Romana. Artefici dell'operazione furono alcune famiglie di banchieri, Bombrini, Bastogi, Balduino, storiche azioniste.

---

(1) Lo scandalo della Banca Romana è stato un caso politico-finanziario di rilevanza nazionale che fu al centro delle cronache italiane dal 1892 al 1894 e che ebbe come elemento centrale la scoperta delle attività illecite del governatore della Banca Romana nel decennio precedente. Furono coinvolti presidenti del Consiglio, ministri, parlamentari e giornalisti. La banca venne liquidata dalla Banca d'Italia, istituita a seguito dello scandalo per riformare il sistema bancario. Quello in questione fu il primo grave scandalo della storia dell'Italia Unita ed emerse a seguito dello scoppio della bolla immobiliare seguita

all'istituzione di Roma come nuova capitale del regno. La bolla evidenziò la grave crisi di solvibilità della Banca Romana causata dall'aver finanziato l'espansione edilizia e le richieste della classe politica. Venne istruita una commissione parlamentare e un'inchiesta penale che misero sotto giudizio il governo, a partire da Francesco Crispi e Giovanni Giolitti. Il processo si concluse con l'assoluzione di tutti gli imputati e l'erario statale dovette far fronte al buco causato dalla cattiva gestione dei crediti. La vicenda mise in luce la necessità di istituire un'unica Banca Centrale per l'emissione della moneta e col potere di decidere la politica monetaria. Le conseguenze politiche furono minime e già nel dicembre 1893 Crispi tornò ad essere presidente del Consiglio dei ministri per la terza volta. Come si vede, nulla di nuovo sotto il sole, riferendoci agli scandali corruttivi che avrebbero scandito poi il percorso della Repubblica italiana)

Giuridicamente la Banca Centrale era una società per azioni di diritto privato con al vertice un direttore. Condividendo la prerogativa dell'emissione con i Banchi di Napoli e di Sicilia, la Banca fungeva da "Banca delle banche" attraverso il risconto delle cambiali, senza tuttavia poteri di vigilanza sulle altre banche.

Tra il 1900 al 1928 (già sotto il fascismo) la Banca assume (grazie al su direttore Stringher) il ruolo *modernamente* inteso di gestore della politica monetaria italiana e di prestatore di ultima istanza. Con R.D.L 6 maggio 1926 n° 812 la Banca d'Italia ottenne l'esclusiva dell'emissione della moneta. Il successivo R.D.L. 6 novembre 1926 n. 1830 affidò alla Banca d'Italia il compito di vigilanza sulle casse di risparmio. Nel 1928 la Banca viene riorganizzata. Al direttore generale viene affiancato un governatore, dotato di poteri maggiori. La "legge bancaria" R.D.L. 12 marzo 1936, n° 375 (ed altri, convertiti, con modificazioni, in legge 7 marzo 1938, n. 141) stabilì che la Banca d'Italia fosse un istituto di credito di diritto pubblico e di proprietà pubblica. Ciò comportò che gli azionisti privati fossero espropriati e le loro quote assegnate ad enti pubblici. Fu questo un atto rilevante con il quale Mussolini trasformò la Banca Centrale in una Banca di Stato a sovranità monetaria, uno Stato finalmente padrone del Signoraggio.

Con altri decreti dello stesso anno venne affidato alla BDI il compito di vigilanza su tutte le banche italiane e le fu confermato il monopolio di emissione della moneta. La Banca non ebbe più la facoltà di fare credito ai privati ma solo alle altre banche come prestatore di ultima istanza. Infine ebbe il potere di imporre alle altre banche di depositare presso la stessa Banca Centrale una quota delle disponibilità; variando la quota la Banca d'Italia poteva operare strette o dilatazioni del credito. Nel 1933 era intanto nato l'IRI, Istituto per la Ricostruzione Industriale, autonomo dalla Banca d'Italia.

La Banca Centrale sostenne la politica monetaria fascista di difesa della stabilità della lira (nota come "quota 90"), mediante la contrazione degli sconti e delle anticipazioni, e di finanziamento delle enormi spese belliche tramite un'emissione illimitata di moneta (e la "tassa da inflazione", non progressiva col reddito), nel modo in cui operò Hjalmar Schacht, governatore della Reichsbank fino al 1929, poi Ministro delle Finanze di Hitler. Operativamente, il Governo emetteva e vendeva titoli di debito per finanziare la spesa militare, e l'industria militare reinvestiva i suoi profitti governativi nell'acquisto di tali titoli come un anticipo di fatto di futuri ordinativi, alimentando un circuito finanziario chiuso. La guerra poté iniziare con un modesto prelievo fiscale e un'inflazione entro limiti della norma nei primi mesi, prima del mercato nero e delle tessere annonarie.

LA POLITICA INDUSTRIALE DEL FASCISMO TRAMITE BANCA ITALIA – L'IRI

Beneduce, il nuovo governatore,   concepì che una Banca pubblica dovesse assumere il credito a lungo termine delle grandi imprese, finanziato con obbligazioni di pari durata per opere pubbliche, energia, industria. (nota – è più o meno la politica finanziaria messa in atto da FD Roosvelt con il New Deal, per uscire dalla crisi economica del 1929, che si faceva sentire anche in Europa e in Italia).

IL DOPOGUERRA

Il periodo tra il maggio 1946 e il settembre 1947 è caratterizzato in Italia dall'inflazione, causata in parte dalle Am-lire (*Allied Military lira,* la moneta di occupazione angloamericana).

Amlire (Allied military lira)
di occupazione

La circolazione monetaria sale da 395 a 577 miliardi di lire. Il costo della vita cresce di oltre 50 volte rispetto all'anteguerra. Luigi Einaudi, ministro del Bilancio, emana (22.8.1947) misure per la difesa della lira, che mirano a restringere il credito bancario all'industria e al commercio. Un'altra misura fu la riserva **obbligatoria** sui depositi. (nota -   fu applicato in particolare   l'obbligo delle riserve delle banche presso la Banca Centrale, introdotto nel 1926 ma mai davvero rispettato). Nel 1948 venne conferito al governatore il compito di regolare l'offerta di moneta e decidere il **tasso di sconto**. Le banche universali erano quelle che avevano più guadagnato dalla guerra e dall'inflazione, con la maggiore crescita dei depositi. Insieme con la ripresa, si manifestarono le scorte speculative e fuga di capitali all'estero.

I limiti di credito non erano più collegati al patrimonio, perché i dati patrimoniali erano del tutto deformati dall'inflazione. La stretta agli impieghi, la crisi di liquidità e la deflazione einaudiana spinsero gli operatori a finanziarsi mettendo sul **mercato le scorte** e con il rientro di capitali, bloccando in questo modo l'aumento dei prezzi; e ricorrendo all'autofinanziamento.

GLI ANNI DELLA RICOSTRUZIONE

Durante gli anni della Ricostruzione la politica dell'emissione venne operata da Banca d'Italia, governatore Menichella, in modo graduale ed equilibrato, senza manovre espansive per favorire la crescita, ma anche senza strette creditizie. Tale azione fu favorita dal basso **debito pubblico**. Il programma di politica monetaria del governatore era in questa fase la *stabilità per lo sviluppo*.

Una parte del risparmio bancario disponibile era convogliata annualmente al Tesoro per coprire il **disavanzo** di bilancio (nell'anno corrente), mentre durante questo mandato il debito pubblico dello Stato non salì mai oltre l'1% del PIL, fino al 1964.

(nota – potremmo considerarlo un esempio di *morigeratezza* nell'esercizio del signoraggio, che con l'avvento della repubblica, tornò ad essere esercitato nuovamente dai Banchieri privati di Banca d'Italia).

GLI ANNI SESSANTA E L'AUMENTO DEL DEBITO PUBBLICO

Gli anni Sessanta registrano un aumento del debito pubblico e dell'inflazione. Il governatore **Guido Carli** adottò una politica di stretta creditizia per arrestare l'inflazione, in particolare nel **1964**. Altre strette furono attuate fra il 1969 e il 1970 per rispondere alla fuga di capitali all'estero e nel 1974 alla crisi petrolifera.

Il Debito aumentò per più ragioni: 1) il rapporto sperequato col dollaro; era ancora il regime di Bretton Woods, che gli Usa violavano, immettendo flussi enormi di dollari sui mercati finanziari, superiori alle proprie riserve auree; e poiché tutte le valute erano legate al dollaro-oro, subivano un effetto inflativo; *In effetti il dollaro, andando ad invadere aree monetarie di altri paesi, veniva ad esautorarli nella parte più essenziale della sovranità politica, perché si arrogava molte prerogative della sovranità monetaria di tutti i paesi aderenti al Fondo Monetario. ….(G. Auriti, op. cit.).*

Non basta: la richiesta (dal 1958 al 1971) degli altri stati di cambiare in oro questi enormi flussi di dollaro, portò al suo indebolimento, e con lo squilibrio che derivò dall'apprezzamento dell'oro sul sistema monetario, venne meno il principio della stabilità dei cambi consacrato a Bretton Woods. 2) C'era poi il rapporto di dipendenza dell'Italia dal FMI, che prestava denaro ad interesse, creando debito pubblico. 3) C'è infine il fatto che la Banca d'Italia, con l'avvento della Repubblica, era ritornata ad essere una società per azioni a tutti gli effetti (essendo rientrata delle quote versate di 300 milioni di lire, nel 1936) ed aveva ricominciato ad appropriarsi anche del Signoraggio, emettendo banconote per conto dello Stato, gravate di interesse.

Banca d'Italia, pal. Koch
Via Nazionale, Roma

GLI AVVENIMENTI RECENTI: LA SOVRANITA' CEDUTA A BANKITALIA

Nel luglio 1981 venne avviata, per decisione dell'allora Ministro del tesoro Beniamino Andreatta, il *divorzio* fra lo Stato (Ministero del Tesoro) e la sua Banca Centrale. Da quel momento l'istituto non era più tenuto ad acquistare le obbligazioni che il governo non riusciva a piazzare sul mercato, cessando quindi la monetizzazione del debito pubblico italiano che aveva operato dal secondo dopoguerra fino a quel momento. Si trattava di una decisione importante e grave di conseguenze per il futuro della sovranità monetaria dell'Italia, che veniva ceduta (con una semplice lettera al governatore Carlo Azelio Ciampi) alla *privata* Banca Centrale d'Italia.

(nota – è opinione di diversi studiosi che la decisione del ministro del Tesoro rientrasse in un piano di destabilizzazione economica e quindi politica dell'Italia, ordito dalla Massoneria inglese.)

Nel 1992 si preparava il Trattato di Maastricht. Possiamo inquadrare nel *clima Maastricht* la legge n. 82/92 varata pochi giorni prima, il 7 febbraio 1992, su proposta del citato Guido Carli (già governatore di BdI) ed ora Ministro del Tesoro. La legge stabilisce che la decisione sul tasso di sconto è di competenza esclusiva del governatore di Banca Italia e non deve essere più concordata con il ministro del Tesoro. Ovvero, come nel 1981, senza che venga interessato il Parlamento, viene attribuita alla Banca d'Italia la *facoltà di variare autonomamente il tasso ufficiale di sconto.* In tal modo un gruppo di banche private decide per lo Stato italiano il costo del denaro. Interesserà sapere che il CDA di Banca d'Italia, autonomamente eletto (dai soci privati) stabilisce quote di riserva variabili (la quota di denaro depositato che per legge la Banca deve tenere in cassa) che spesso producono utili superiori a quelli versati allo Stato. Si tratta di utili derivanti dagli interessi sul Prestito, che la Banca d'Italia distribuisce tra i suoi soci. Gli utili così distribuiti costituiscono una mancata tassa per lo Stato e vanno a incrementare il Debito Pubblico. (v. cap. IV)

Il 13 giugno 1999 il Senato della Repubblica, nel corso della XIII Legislatura discute il disegno di legge n. 4083 "Norme sulla proprietà della Banca d'Italia e sui criteri di nomina del Consiglio superiore della Banca d'Italia". Tale disegno di legge vorrebbe far acquisire dallo Stato italiano tutte le azioni dell'istituto, ma non viene mai approvato. E' stato un tentativo incerto del Parlamento (di una sua parte) di avocare allo Stato il Signoraggio. Un secondo tentativo viene avanzato nel 2005, ma la delega operata dalla legge 262/2005 viene lasciata scadere, senza che sia stato emanato il regolamento. Il diritto alla titolarità delle quote degli attuali partecipanti è comunque salvaguardato da una norma dello Statuto della Banca; statuto che qualsiasi governo potrebbe cambiare, se volesse.

Nota – La Banca d'Italia in quanto Società per Azioni è una Società anonima. A renderla anonima è il fatto che può essere quotata in Borsa; ed è proprio la quotazione sul mercato a conferirle il carattere di anonimato, avendo essa la capacità di distribuire le proprie azioni al pubblico. In ultimo, la figura del governatore, quale rappresentante dello Stato, si dmostra nel contesto descritto, una facciata, volta a dare l'illusione all'opinione pubblica che lo Stato controlli un istituto privato, che di fatto decide ciò che vuole.

I Trattati Europei: la Sovranità Monetaria ceduta ai Potentati Stranieri

Tralasciando per ragioni di spazio la serie di atti preliminari che a cominciare dal 1950 condussero l'Italia nell'Unione Europea, citiamo i più recenti e decisivi per il tema che ci interessa.

Il 17-28 Febbraio 1986, l'Atto Unico Europeo (che ha già la fisionomia di una costituzione europea) firmato dal ministro degli Esteri Andreotti (governo Craxi).

7 febbraio 1992, Trattato di Maastricht. Firmano per l'Italia Giulio Andreotti, presidente del Consiglio; il ministro degli Esteri Gianni De Michelis e il ministro del Tesoro Guido Carli.

Maastricht decreta la cessione formale della sovranità monetaria delle nazioni europee alla BCE (Banca Centrale Europea); ciò si è tradotto in una sudditanza dei popoli al Sistema Finanziario Internazionale, come lo abbiamo descritto nei capitoli precedenti.

L' Articolo 107 del Trattato di Maastricht mette subito in chiaro l'insindacabilità delle istituzioni monetarie. "(…) Né la BCE né una Banca Centrale nazionale né un membro dei rispettivi organi decisionali possono sollecitare o accettare istruzioni dalle istituzioni o dagli organi comunitari, dai Governi degli Stati membri né da qualsiasi *altro organismo.*

Mentre l'Articolo 105.A traccia il perimetro dell'azione monetaria (e dunque finanziaria/economica) degli stati:

1. La BCE ha *il diritto esclusivo di autorizzare* l'emissione di banconote all'interno della Comunità. La BCE e le Banche centrali nazionali possono emettere banconote. Le banconote emesse dalla BCE e dalle Banche Centrali nazionali costituiscono le uniche banconote aventi corso legale nella Comunità.

2. Gli Stati membri possono coniare monete metalliche con l'approvazione delle BCE per quanto riguarda il volume del conio.

Più che un atto di cessione, è un atto di *sottrazione* di sovranità, il cui tono rimanda a convenzioni retrodatate nei secoli, ad esempio il Trattato del Congresso di Vienna (1814-15) vago antesignano (con altri titoli) dell'Unione Europea, caratterizzato da principi antiliberali e antinazionali; principi contrari all'autodeterminazione dei popoli, in nome della legittimità dinastica; nel Trattato di Maastricht la *legittimità dinastica* è rappresentata dal Grande Dinaste, il Sistema Finanziario Mondiale.

Il 2 maggio 1998 il Consiglio d'Europa introduce l'euro come moneta unica e designa il Comitato direttivo della BCE. Intanto con d.lgs 10 marzo 1998 viene sancita l'appartenenza della Banca d'Italia al SEBC (Sistema Europeo delle Banche Centrali). Da tale data essa non è più sottoposta al controllo del governo nazionale, ma a quello della BCE, che decide la quantità di moneta che può circolare in Italia.

Sull'introduzione dell'euro (e del suo cambio fissato in misura così sfavorevole all'Italia) sarà rivelatrice la dichiarazione di Romano Prodi (presidente allora della Commissione europea) *(R. Prodi affiliato al Bilderberg, alla Trilateral Commission, consigliere della Goldman Sachs)* artefice principale dell' adesione dell'Italia alla moneta unica: *"l'euro è stato fatto per aiutare la Germania. "*.

La Banconota da 50 euro vale meno delle vecchie 50mila lire

Banconota 50 mila lire fronte e retro

In effetti, la Germania si trovava in una profonda crisi economica, dovuta alla caduta del muro di Berlino, e dunque nella necessità di dover ricostruire un unico stato. L'euro fu concepito per permettere alla Germania di riassestare le proprie finanze e diventare la principale potenza europea. L'argomento merita una riflessione e una domanda: come mai periodicamente (almeno dal 1919) la Germania viene aiutata a risollevarsi e a diventare una potenza (Hitler e il nazismo) che poi minaccia l'Europa e il mondo? Ora, è pur vero che i tempi sono mutati e la Germania può solo *minacciare* i suoi alleati nei mercati finanziari e industriali; tuttavia è singolare che a questa nazione venga assegnato il ruolo di asse politico del vecchio continente, come lo era la Prussia nei secoli passati. O, è solo un caso che essa, la Germania, sia la culla degli Illuminati di Baviera? Sui quali torneremo.

LA BANCA CENTRALE EUROPEA

Una società anonima fuori controllo

*Quanto al Mercato Finanziario
Persino l'Establishment non ha difficoltà
ad ammettere che esso non è lo specchio dell'economia reale.
Per cui quando la radio e la tv annunciano trionfalmente che le borse sono
in attivo, questo non significa nulla, a parte il gioco d'azzardo della Finanza.*

*

la BCE a Francoforte

La Bce fissa l'ammontare o quote di emissione delle banconote Euro, che poi le Banche Centrali emettono e producono, provvedendo al ritiro delle banconote deteriorate. La BCE non ha funzione di cassa, non stampa banconote, ma demanda l'operazione alle Banche Centrali. "In

Italia le monete in euro sono coniate dall'Istituto Poligrafico e Zecca dello Stato per conto del Ministero dell'Economia e delle Finanze che, in qualità di ente emittente, provvede alla loro distribuzione sul territorio nazionale avvalendosi delle Filiali della Banca d'Italia."

Quel che il sito della Banca d'Italia non dice è che solo in questo caso il signoraggio può essere incamerato dallo Stato. E non dice nemmeno che le suddette quote di denaro (emesso dal nulla in primis dalla Bce che dà disposizioni) sono fissate in base a criteri non sindacabili e non verificabili dai parlamenti nazionali. Di qui il fenomeno dello *spread* e il suo termine di riferimento con la Germania; spread che viene −autoritativamente stabilito- dalla BCE. (Ciò detto, va ricordato che non esiste una legge che decreti il diritto esclusivo di emissione della Bce e delle Banche Centrali; e non esiste comunque una legge che vieti ad alcuno di emettere euro in forma scritturale, previa comunicazione alla Banca Centrale del proprio Stato.)

Sostengono diversi esperti che la Banca Centrale Europea sia nata per adempiere a un Progetto di marca neoliberista (la dottrina neoliberista è all'origine dell' Unione Europea, sin dalla fine degli anni '40 del '900) progetto concepito dalle Elite Finanziarie/industriali affinché privasse i popoli dei diritti, innanzitutto nel campo del lavoro, fino al loro impoverimento. Per realizzare tale Progetto sarebbe stato necessario innescare crisi finanziarie sui mercati, intese a travolgere le economie dei Paesi membri.

In tale prospettiva, la BCE si sarebbe fatta strumento per il perseguimento di crisi sistemiche convogliate verso talune economie (ad esempio l'Italia) a favore di altre, dominate dai principali Gruppi Finanziari e Industriali Europei (la Germania). Di fatto, l'Europa è sotto la guida di un governo economico-finanziario germanico, servito dalla Banca Centrale Europea. Un segno della preponderanza, in generale, del sistema finanziario rispetto alle economie degli stati, è dato dal fatto che, in frangenti di crisi (ormai strutturale dal 2008) la BCE immette liquidità, non già nelle casse dei ministeri del Tesoro, bensì nelle banche, secondo il principio "prima le banche", poi la cittadinanza, soggetti privati e imprese.

La Federal Reserve americana, al contrario, pur essendo organo indipendente (cioè privato) può stampare moneta e supportare lo Stato nelle sue scelte economiche, facendosi prestatore di ultima istanza, *last resort lender*. Ciò è interdetto alla Banca Centrale Europea, perché i capi di Stato dei Paesi membri della UE, firmando il trattato di Maastricht e relativi protocolli hanno deciso in tal senso. E' un dogma che né la Bce né le Banche nazionali possano aiutare direttamente i loro Stati, i quali sono obbligati a ricorrere ai prestiti degli Investitori sui Titoli del Debito. Niente di più insensato, coercitivo e suicida.

Quel che emerge già è che, nella pratica e per le conseguenze delle sue azioni sugli stati membri, la BCE sia il vero governo dell'Europa: la sua giustificazione formale, e del sistema Sebc, è quella principale (e surrettizia) di *mantenere la stabilità dei prezzi* e svolgere una politica monetaria.

LO STATO GIURIDICO

Il Trattato di Lisbona del 2007 perfeziona il Trattato di Maastricht, cedendo quel che rimaneva delle sovranità nazionali. Secondo tale accordo (firmato da Romano Prodi, allora presidente del Consiglio italiano) la Banca Centrale Europea e il SEBC (Sistema delle Banche Centrali Europee) sono enti dotati di personalità giuridica e indipendenza istituzionale e politica. Ciò significa che (ex art. 107 del *Trattato di Maastricht,*) nessun governo o parlamento può esercitare un controllo politico diretto sull'operato di BCE e Sebc (composti dalle Banche Centrali Nazionali) i quali decidono al di sopra delle costituzioni dei singoli stati.

Un siffatto status giuridico fa della BCE una specie di Stato indipendente, comunque un organismo extraterritoriale rispetto alla stessa Unione Europea. Oltre a ciò, la BCE non è un ente di diritto pubblico, ma di fatto privato, essendo proprietà di banche private, azioniste pro quota, le Banche Centrali degli stati membri, le quali a loro volta sono possedute da banche o istituzioni finanziarie quotate sul mercato. La BCE, è una società anonima, composta da società anonime, cioè per azioni.

I SOCI PRO QUOTA DELLA BCE la cui moneta è l'euro, sono 19; riportiamo i principali:

Germania Deutsche Bundesbank: 17,9973
1.948.208.997,34
Francia   Banque de France :   14,1792
1.534.899.402,41
Italia   Banca d'Italia: 12,3108
1.332.644.970,33
Spagna   Banco de España: 8,8409
957.028.050,02
Paesi Bassi De Nederlandsche Bank: 4,0035
433.379.158,03
Belgio Nationale Bank van België/Banque Nationale de
Belgique: 2,4778
268.222.025,17
Grecia Bank of Greece: 2,0332
220.094.043,74
Austria Oesterreichische Nationalbank: 1,9631
212.505.713,78
Portogallo   Banco de Portugal: 1,7434
188.723.173,25
Finlandia   Suomen Pankki - Finlands Bank: 1,2564
136.005.388,82

Merita sottolineare, che le nazioni, quali la Svezia, la Danimarca, la Polonia, che non hanno l'euro, possono, in virtù delle loro quote, influire sulla politica monetaria della BCE. Quanto ai rimanenti paesi membri della UE, che non hanno l'euro, essi si limitano a partecipare in misura minima alle spese derivanti dalla loro membership nel Sistema Sebc. Nessuno di tali stati partecipa agli utili della Bce.

LA SEGRETEZZA

Le riunioni direttive della Bce si svolgono a porte chiuse, solo al presidente del Consiglio d'Europa e a un membro della Commissione è concesso di presenziare, ma senza diritto di voto né di parere vincolante. Inoltre, nella logica supra legem delle istituzioni sopranazionali (si veda l'Onu, BM, FMI, BIS) anche la Bce e il Sebc sono investiti di privilegi e guarentigie interdette ad amministrazioni e persone in qualsiasi ordinamento giuridico nazionale, in epoca di democrazie liberali. Vale a dire, queste organizzazioni neo-feudali rispondono solo a se stesse, alle proprie regole, spesso infrante, come nei regimi totalitari (forse in una anticipazione di essi).

Il sistema di protezione messo in piedi a favore della struttura BCE impedisce di fatto e di diritto un controllo esterno sull'operato di un qualsiasi organo inserito nella struttura organizzativa "BCE", a qualunque livello gerarchico appartenga, siano essi dipendenti, professionisti e tecnici collaboratori, dirigenti o membri del Board.
Si dà insomma licenza a qualsiasi inadempienza, errore, malversazione, distrazione e azione dovesse un qualsiasi funzionario commettere nell'esercizio del proprio mandato, tale da impedire il perseguimento degli obiettivi comunitari o peggio, da arrecare danno all'Unione Europea o ai singoli Paesi amministrati. La segretezza copre anche il bilancio.
La BCE si sottrae alle verifiche persino della KPMG, la società di revisione esterna alla Ue, alla quale è concesso soltanto di certificare i dati resi noti dalla Bce stessa, senza poter chiedere di più.

IL SIGNORAGGIO DELLA BCE

Va ribadito che la Bce non svolge operazioni di cassa e non stampa banconote, ma emette valuta euro assegnando alle 12 banche centrali aventi l'euro la loro quota di euro-notes da stampare, ed ha la supervisione sul conio delle monete da parte dei Ministeri del Tesoro degli stati membri. In questo processo si esplica il Signoraggio primario:

le Banche Centrali concessionarie della BCE, che stampano le banconote, addebitano ai rispettivi stati il costo delle stesse (materialmente irrisorio) caricandolo del valore del capitale (100%) più gli interessi. Questo debito dei singoli stati si crea principalmente nei confronti della BCE. Se alle Banche Centrali, quali azioniste della BCE, vanno delle somme pro quota, la Bce si annette, cioè incassa, la gran parte del valore del Debito.

Merita notare che la Bce ha creato denaro (e Debito) dal nulla, concedendo un "permesso" di emissione di banconote; soltanto grazie a questo privilegio essa diventa la creditrice di un prestito verso gli stati, a fronte del quale ha un utile netto. Quanto alle Banche Centrali, esse hanno solo la spesa di carta e inchiostro per le banconote; per comprendere la sproporzione basti sapere che ad esempio nel 2017 le banche centrali di Francia, Germania e Italia hanno prodotto 1,7 miliardi di biglietti da €50, caricati a Debito Pubblico sui cittadini contribuenti. E poiché sono banche private (come si è illustrato in precedenza) si può ipotizzare un intento speculativo in danno delle nazioni che esse rappresentano.

L'ammontare del denaro concesso alla stampa da parte della Bce ammonta a un totale di 10,18% del fabbisogno di uno Stato, che non può essere soddisfatto dal denaro contante. Ecco allora i titoli di Stato acquistati dalla Bce, che impone su di essi altro Debito in capitale e interessi. Vi è poi il livello domestico, l'azione delle banche commerciali. Ne abbiamo già trattato, ma vale la pena ritornarvi in un quadro più completo.

La rimanente moneta nella quasi sua globalità è creata proprio dalle banche a valle della BCE, come moneta "virtuale" o, detta in gergo, "scritturale" e detenuta sotto la forma di depositi di vario tipo e conti correnti su cui vengono accreditati i prestiti e tutte le forme creditizie erogate dalle banche. Nella realtà e contravvenendo allo statuto della BCE-SEBC, le Banche Centrali emettono moneta scritturale senza nessuna autorizzazione da parte della Bce. Esse erogano il prestito "a costo zero" e ricavano il valore della moneta scritturale prestata, più gli interessi richiesti al cliente, non inserendo tale valore in bilancio.

Le Banche perciò iscrivono al passivo la moneta creata dal nulla quando in realtà la prima operazione da registrare sarebbe quella di iscrivere la "moneta-fiat" come *attivo* della società. Invece, facendola risultare in *passivo*, giustificano questo come denaro prestato. Al contrario, il risultato dell'intera operazione dovrebbe essere un *pareggio* di bilancio, se non un *attivo* derivante dagli interessi sul prestito. Ma il *passivo* esime le banche dal pagare le tasse relative.

Perché il Debito Pubblico è Inestinguibile

Circa il Debito delle nazioni, va detto che il sistema monetario è scientemente concepito in modo tale che gli Stati non possano mai estinguerlo verso le Banche Centrali, visto che queste ultime emettono e prestano cartamoneta o moneta virtuale, ma non la quota aggiuntiva necessaria per pagare gli interessi. Retorici e ipocriti suonano pertanto gli appelli di capi di governo, presidenti della repubblica e degli organismi sopranazionali, alla *morigeratezza*: tutti i cittadini sono condannati a lavorare per cercare di ripagare un Debito inestinguibile. I Banchieri, che lo hanno creato (dal 1694) lo sanno bene, ma a loro non interessa la copertura del Debito, bensì il fatto che esso rappresenta uno strumento di controllo e di potere, attraverso il ricatto, sulle nazioni indebitate   (si veda il nostro *I Protocolli di Sion e il Nuovo Ordine Mondiale*, 2020).

IL FALSO DEI PASSIVI DELLE BANCHE

Il sistema così costruito "costringe" le banche a capitalizzarsi, pur mancando tale necessità. In alternativa, si vendono i crediti detti Npl (non performing loans) o crediti spazzatura. Dopo aver ricavato somme minime, i banchieri iscrivono in contabilità una perdita pari all'80% del valore nominale del credito. Il dato interessante è che gli investitori finanziari, spesso stranieri, che acquistano dai portafogli delle banche commerciali divengono proprietarie delle garanzie associate a tali crediti (beni mobili o immobili). È qui che entra in gioco la speculazione e la colonizzazione delle nazioni in cronica congiuntura economica; è il caso della Grecia e dell'Italia. Agevolata dall'assetto sopranazionale dell'Europa, la Grande Finanza può realizzare il suo antico disegno di impadronirsi della ricchezza delle nazioni e ridurre i popoli in schiavitù. **(1)**

---

(1) *I Protocolli dei Savi Anziani di Sion*   illustrano bene questa procedura *predatrice, ordita sin dal 1905));*

Ancora con più scandalo va sottolineato il fatto che la BCE (che dovrebbe vigilare e regolare) è al corrente (e partecipe) del principio falsario che fonda la natura stessa delle banche; non solo, ma gli Stati, la politica, collaborano a questa falsità proclamando ai cittadini la necessità di dover coprire i forti passivi degli istituti di credito e giustificare così ulteriori prelievi tributari alla collettività. Si pensi alla direttiva della UE sul *bail in,* il prelievo forzato dai conti correnti privati per sanare i finti passivi e salvare le banche da fallimenti infondati.

TRE SUB-TRATTATI CAPESTRO

Tra il 2010 e il 2012 furono firmati tre sub-trattati che completarono (*ma al male non c'è mai fine*) la sottomissione finanziaria, economica e politica dell'Italia alla UE/Poteri Finanziari Internazionali. Essi sono: il Fiscal Compact (Pareggio di Bilancio) 2 marzo 2012; il MES (Meccanismo di Stabilità Europea) stipulato nel 2010, entrato in vigore il 25 marzo 2011; l'ERF (European Redemption Fund) biblicamente, Fondo di Redenzione o Riscatto. Concentriamoci sul più rischioso, il tanto discusso Mes.

IL MES - UNA SOCIETE' ANONYME SUPRA LEGEM

Meccanismo Europeo di Stabilità. Qui *stabilità* è il dogma che sottende dottrine economiche infondate (la neoliberista/neoclassica) concepite dalle Elite per imporre politiche economiche volte a schiacciare l'interesse dei popoli in favore di quelli capitalistici; denuncia la matrice Alto Finanziaria di questa istituzione, che corona gli scopi statutari della Bce, e integra il Fiscal Compact, quella camicia di Nesso, che obbliga gli stati membri a rispettare il numero cabalistico del 3% massimo del deficit di bilancio rispetto al Pil.

(nota – l'allentamento di questi istituti coercitivi, dovuto al Corona virus, non deve trarre in inganno. Come abbiamo detto e diremo, lo scopo delle misure eccezionali assunte dalla Commissione europea e dalla Bce servono a salvare, non il benessere collettivo, ma la gallina dalle uova d'oro, l'euro, cioè l'ingente Signoraggio da esso ricavato da parte dei Banchieri soci)

L'effetto immediato del MES è stato quello di permettere alle Banche del nord Europa di riprendere i crediti contratti nei Paesi del sud in default a causa degli squilibri economici generati dalla moneta unica; squilibri manifestatisi in modo drammatico nel 2010, sulla scia della bolla finanziaria esplosa nel 2008. Questa realtà è stata occultata all'opinione pubblica (alla gente comune) ed il Mes è stato contrabbandato come un Fondo Salva-Stati, mentre è innanzitutto un fondo salva-banche.

Giuridicamente il Mes figura come Società Anonima (per azioni) di diritto privato (internazionale) il che la sottrae ad ogni controllo da parte degli Stati sottoscrittori delle sue azioni, un paradosso. Come la Bce, anche il direttore del Mes e tutti i funzionari che vi collaborano e lo amministrano sono sottratti alle giurisdizioni nazionali, cioè gli stati che versano nel Mes i denari dei cittadini contribuenti (l'Italia è impegnata per 125 miliardi). D'altra parte, in posizione unilaterale e autoritaria, questa istituzione può attivarsi in giudizio verso soggetti terzi, in specie gli stati membri con essa indebitati, a seguito di prestiti ricevuti. Inoltre, essendo una società di diritto lussemburghese, il Mes, oltre a creare moneta, può operare internazionalmente con attività di speculazione finanziaria, coperte dalla legislazione di uno stato paradiso fiscale (il Lussemburgo) arrischiando il patrimonio degli stati azionisti, in tutta segretezza.

(nota – Mentre scriviamo, in piena e infinita crisi Covid, le misure di intervento della CE, Recovery Fund, Mes, Sur, sono condizionati alle solite "riforme"e sono dilazionati nel tempo (la burocrazia europea). Il Mes rimane comunque la misura più pericolosa, anche se il tasso d'interesse del prestito (37 miliardi) è molto basso; ma con il prestito il MES diventa il creditore privilegiato rispetto a tutti gli altri prestatori coi quali uno stato sia indebitato, con le conseguenze negative che ne derivano: per prendere 37 miliardi perdiamo fette più, consistenti di prestiti. Non solo, ma il MES

creditore privilegiato significa il commissariamento dello stato imprestatario. Quanto agli eurobond, essi saranno lanciati solo come misura temporanea per finanziare il Recovery Fund.)

Ma, si domanda a questo punto il cittadino comune: se il Mes può stampare moneta in misura illimitata, e dal nulla, perché non finanzia direttamente le casse degli stati, senza tutte queste complicazioni? Per la stessa ragione per cui è nato l'euro: depauperare i popoli europei.

CONCLUSIONI – LA COSTITUZIONE TRADITA

La cessione di sovranità monetaria e dunque delle politiche finanziario/economiche ad istituzioni sopranazionali insindacabili e sottratte alla giurisdizione degli Stati, ovvero alla Democrazia, pone gravi quesiti sulla legittimità dei governanti che hanno operato in nome del mandato ricevuto dal popolo. La Costituzione è stata certamente violata e potremmo dire che l'Italia è, da circa 20 anni, parte di un regime autoritario, la Commissione Europea/Bce, che si esprime attraverso dettati di carattere finanziario, i quali condizionano in modo determinante le vite dei cittadini; cittadini il cui benessere è stato visibilmente compromesso, insieme alla loro libertà di decisione. In particolare con riferimento alla Bce, l'Italia ha ceduto sovranità a un ente extraterritoriale, sottratto alle proprie leggi, e in violazione della propria Costituzione in più articoli.

(nota - ricordiamo il rapporto che ci lega alla Bce: l'Italia emette titoli di Stato, i quali vengono acquistati dalla Bce, che ci presta bancanote più interessi, i quali interessi non sono coperti dalla moneta prestata. Il valore complessivo dei titoli è un valore che cresce esponenzialmente nel tempo; Ma l'operazione comporta anche una perdita di potere economico dovuta alla necessità di sottrarre ricchezza al Paese, onde ripagare Debito/interessi).

Citiamo quanto scrive lo studioso monetarista Marco Saba, *"è possibile che non esista un interesse protetto del cittadino a che gli atti compiuti dallo Stato assumano un determinato contenuto? Se lo Stato nell'esplicare le proprie funzioni sovrane viola i diritti dei cittadini... è possibile che questi non possano fare nulla, neanche adire gli organi giudiziari? "*.

Alla luce del Diritto Costituzionale, *"la sovranità popolare implica che tutte le funzioni delegate allo Stato tramite lo strumento costituzionale dell'elezione, devono essere esercitate solo ed esclusivamente nell'interesse del popolo. La rappresentanza, infatti, deve essere connessa all'interesse generale"* (T. Martines, Diritto Costituzionale, Milano, 2000). "La domanda da porci è: cosa succede se lo Stato esercita le sue funzioni delegate non nell'interesse della generalità, ma nell'interesse   contingente di una parte? Esistono limiti a questa rappresentanza? E se si, da chi sono garantiti? " (cfr. *Marco Saba, "O la banca o la vita" (2008)*. La risposta è ovvia, la Costituzione affida al presidente della Repubblica la garanzia della sua osservanza, dopo di lui, alla Corte Costituzionale. Saba analizza gli articoli 1 e 11 della nostra Carta per accertare se la funzione sovrana di politica monetaria sia stata esercitata illecitamente, contro la Costituzione, dallo Stato. Art. 1 *"...la sovranità appartiene al popolo, che la esercita costituzionalmente..."*

Secondo Saba, la violazione di codesto articolo consiste nel fatto che *lo Stato delegato dal popolo ad esercitare funzione di sovranità monetaria l'abbia ceduta a soggetti diversi dallo Stato, la Banca d'Italia e la BCE, soggetto privato sopranazionale, extraterritoriale."* In tale caso poi la violazione investe anche l'art. 11 *"L'Italia ripudia la guerra... consente, in condizioni di parità con gli altri stati, alle limitazioni di sovranità necessarie ad un ordinamento che assicuri la pace e la giustizia fra le nazioni; promuove e favorisce le organizzazioni internazionali rivolte a tale scopo."* (nota – l'accenno alle organizzazioni internazionali si riferisce all'Onu, alla quale tutte le nazioni aderenti sono in qualche modo sottoposte. Un accenno non casuale, *suggerito* nel 1947 dagli alleati americani, se è vero che prima della sua approvazione dall'Assemblea, il testo della Costituzione fu vagliato dall'ambasciata Usa a Roma)

Dunque l'art. 11 consente *limitazioni*, non *cessioni* di sovranità, e solamente in favore di altri Stati, non di istituti finanziari. Quanto alle *condizioni di parità*, esse non sussistono: la BCE è insindacabile e si sottrae alla giurisdizione dello Stato italiano, in una parola detta *la propria legge* al popolo italiano che vi è stato sottomesso, e per fini che nulla hanno a che vedere né con la pace né con la giustizia. E conclude il Saba: "…tutto ciò porta alla conseguenza che tutte le leggi, gli atti in tal senso (inerenti la cessione di sovranità monetaria, ndr) sono *incostituzionali* e perciò inefficaci *ex tunc* "

(nota – E' evidente che la immunità degli organismi sopranazionali, in primis l'Onu e i suoi addendi, rispetto alle giurisdizioni delle nazioni sottende –in prospettiva- la dissoluzione degli stati nazionali. L'Onu e i suoi derivati sono già un Governo Unico Mondiale).

Cap. VI – I Crimini della Banca Mondiale
e del Fondo Monetario Internazionale

*" I Sicari dell'Economia sono professionisti cospicuamente remunerati,
che imbrogliano gli stati in giro per il mondo, per il valore di trilioni di
dollari.*
*Essi travasano denaro dalla Banca Mondiale, dall'Agenzia americana per
lo Sviluppo Internazionale (Usaid) e da altre organizzazioni straniere
di "aiuti" nelle casseforti di grandi corporations*
*e nelle tasche di alcune ricche famiglie che controllano le risorse
naturali del pianeta.*
*I loro strumenti sono: report finanziari fraudolenti, elezioni truccate,
liquidazioni, estorsioni, sesso e omicidio… "*
(John Perkins "Confessioni di un Sicario dell'Economia", 2004)

*

Abbiamo riportato la prefazione di quello che può essere considerato
un manuale segreto dell'operatore economico internazionale, per creare
un clima ed introdurre due istituzioni che, dietro la facciata irreprensibile
degli aiuti umanitari, nascondono un sistema di traffici opachi, sino al
losco. La cosa, come vedremo, è tanto più scandalosa se si considera
che esse vengono finanziate con i denari dei contribuenti dei Paesi
aderenti, i quali, di fronte a organizzazioni sopranazionali, non hanno
sulle stesse nessun potere di controllo politico e democratico. Ma non
è tutto, poiché l'azione di FMI e BM è guidata da Centri di Potere, i cui
scopi nulla hanno a che vedere con quelli dichiarati dai due istituti e
che ne giustificano surrettiziamente *l'esistenza*.

*

Il Fondo Monetario Internazionale (International Monetary Fund, FMI in
italiano, è, insieme al Gruppo della Banca Mondiale, una delle
organizzazioni internazionali dette di Bretton Woods (v. cap. IV).

L' FMI si colloca formalmente come agenzia specializzata delle
Nazioni Unite. Entrambi gli istituti hanno nei loro statuti e nei loro

programmi la finalità benemerita di aiutare i paesi poveri del mondo ad uscire dalle loro condizioni; condizioni (in Asia, Africa, America Latina) prodotte dal colonialismo; un colonialismo che mentre è stato dichiarato concluso tra gli anni '60 e '70 del '900, ha soltanto cambiato modalità, divenendo *democratico* e *umanitario*.

La BM e l'FMI sembrano essere gli strumenti di questo nuovo Colonialismo degli aiuti finanziari. Come scrive Joseph Stiglitz (già capo economista presso la Banca Mondiale) il FMI (ma anche la BM) è un'istituzione manovrata dai poteri economici e politici del cosiddetto Nord del mondo e accusata di peggiorare le condizioni dei paesi poveri anziché adoperarsi per l'interesse generale. (Cfr Joseph Stiglitz, "*La Globalizzazione e i suoi oppositori*" Einaudi, Torino (2002).

Si cominci considerando il sistema di voto, che privilegia i paesi "occidentali" (dei 185 membri) evidentemente iniquo e non democratico, in base al quale si prendono decisioni in maniera poco trasparente. Forte dell'appoggio dei Paesi ricchi, l'FMI impone tali delibere ai governi mutuatari, che si trovano così a perdere, per necessità (e ricatto implicito) la sovranità sulle loro politiche economiche.

Nell'analisi di Stiglitz, la gestione delle crisi finanziarie che si sono susseguite negli anni '90 in Russia, nei paesi del sud-est asiatico e in Argentina, è stata errata e disastrosa da parte del FMI. Le ricette sono state ovunque (senza badare alla specificità delle situazioni) la riduzione della spesa pubblica, una politica monetaria deflazionista e l'apertura dei mercati locali agli investimenti stranieri, le privatizzazioni. Tali misure si rivelavano inefficaci e spesso di ostacolo al superamento delle crisi. Gli errori di FMI sono così sistematicamente ribaditi nei decenni, che è difficile attribuirli a mera incompetenza del suo board di dirigenti (in genere economisti) e non sospettare invece una volontà negativa dietro la sua azione.

Emblematiche di quel che accade, sia pure in tono minore anche in Europa (Grecia), sono le crisi economiche dell'Est asiatico, dell'America Latina, della Russia, dell'India; crisi dovute alla liberalizzazione dei movimenti di capitali. Secondo Stiglitz essa può creare rischi enormi persino in quei paesi che hanno banche forti, borse valori mature. Nonostante i molti fallimenti, il FMI (ma anche la BM) ripropone la sua terapia di liberalizzazione dei capitali, assumendo che questo possa migliorare la stabilità economica. Al contrario, quel che avviene è che i flussi di capitali hanno un andamento prociclico, cioè defluiscono da un determinato paese in tempi di recessione, proprio quando il paese ne ha più bisogno, e affluiscono verso lo stesso paese nel periodi di rapida espansione, esasperando le pressioni inflazionistiche.

Più esplicito è Conn Hallinan, analista di politica estera presso l'istituto di ricerche Foreign Policy, il quale porta il caso più eclatante dell'Argentina. La terza economia dell'America Latina fu fatta deragliare negli anni 90 dalle politiche del Fondo Monetario, a vantaggio di molte banche, sulla pelle del popolo argentino. Banche solo per caso di Wall Street, che va a caccia di capitali esteri onde sostenere i corsi azionari. Riferiamo brevemente, ad esempio degli effetti brutali delle liberalizzazioni e privatizzazioni imposte dall'FMI al governo Argentino. 1) privatizzazione dei capitali: ha aperto le porte ai "Fondi avvoltoio" (sic) i quali acquistarono gran parte del Debito, arricchendosi coi tassi d'interesse elevati. Il fondo Toronto Trust Argentina98 ha avuto un ricavo del 79,25% sui debiti acquistati pari a trenta volte quello che avrebbe realizzato con i Bonds del tesoro statunitensi. 2) le privatizzazione dell'acqua portò in Argentina una società francese, la quale dopo averne acquistato gli acquedotti aumentò le tariffe del 400%.

Emblematico, ma in senso positivo fu invece il caso del Venezuela, che sotto il presidente Hugo Chavez riuscì a liberarsi del debito sia verso l'FMI che verso la BM, e riacquistando la sovranità, concepì il Banco del Sur, una Grande Banca Centrale dei principali paesi dell'America Latina (Venezuela, Equador, Brasile, Argentina, Bolivia, Uruguay). Fondato nel 2007, il Banco adombra, in prospettiva, il progetto di una confederazione politica. La situazione del Venezuela, come ce l'hanno rappresentata i media nei mesi scorsi sembra nuovamente peggiorata; gli Stati Uniti (Wall Street) e i loro media occidentali hanno dato addosso al poi defenestrato presidente Maduro, accusandolo di tenere un regime autoritario e corrotto (le due accuse marciano sempre insieme quando si vuole eliminare un capo di Stato poco compiacente) scatenandogli l'opposizione e la piazza. Ne dobbiamo arguire (al netto di una storia politica ed economica travagliata) che non si perdona al Venezuela il peccato di sovranità. Ricordiamo che esso è uno dei pochi stati al mondo ad avere una Banca Centrale non controllata dai Banchieri Internazionali (che diversi studiosi identificano con i Rothschilds; ci ritorneremo).

Il WASHINGTON CONSENSUS

Le politiche economiche imposte agli stati che si rivolgono a FMI e BM hanno un nome, noto agli esperti di Affari Economici Internazionali: è il Washington Consensus. Forgiato dalle richiamate istituzioni nei primi anni '90, il Washington Consensus ha i suoi punti di forza in politiche di deregolazione e liberalizzazione dei mercati, privatizzazioni e la diminuzione del ruolo dello Stato (in un'ottica neoliberista). Lo stato in difficoltà che voglia accedere ai prestiti deve sottomettersi al seguente decalogo: privatizzare gli asset pubblici, svendendoli alle multinazionali in attesa del colpo gobbo; tagliare la spesa sociale e i servizi assistenziali; deregolare; aprire l'economia ai capitali stranieri, anche se ciò significa la distruzione dell'industria e dell'agricoltura locale, del lavoro, generando disoccupazione.

Tali politiche, impedendo la crescita, portano ad un ulteriore aumento del Debito e del controllo sullo Stato da parte del FMI o BM. Ancora Stiglitz ha osservato che il Washington Consensus ha attribuito troppa importanza all'aumento del Pil e meno al mantenimento della crescita e a migliorare gli standard di vita. Ad esempio gli "aggiustamenti strutturali" in paesi dell'Africa hanno portato a un taglio della spesa statale e all'aumento dei prezzi degli alimenti, dunque a maggiore povertà. Anche il Senato americano ha criticato la BM per aver focalizzato la sua attenzione nell'erogare prestiti, senza badare ai risultati di concreto sviluppo entro un determinato termine. L'ha inoltre esortata a combattere la corruzione (al suo interno).

LA BANCA MONDIALE

Uno sguardo alla lista dei suoi presidenti, dal 1946 (di regola americani, mentre l'FMI nomina presidenti europei) ci svela la loro provenienza dall'Elite Finanziaria Usa. In particolare, sette su dieci sono membri del CFR (Council on Foreign Relations, il governo ombra americano) quattro su dieci sono associati alla Trilateral Commission (ancella del CFR); circa la metà risultano implicati negli interessi finanziari o lobbistici della famiglia Rockefeller, i banchieri che con i Rothschilds hanno determinato gli eventi storici più importanti d'Europa e degli Stati Uniti d'America, da due secoli, all'insegna del profitto e del potere, e con molte istituzioni di beneficenza (esentasse) come vedremo. Non è un caso che anche la BM, come l'FMI, abbia sede a Washington.

Gli Scopi Statutari e La Realtà Sottostante

L'articolo 1 degli "Articles of Agreement" della IBRD (una delle due sub-istituzioni operative nella BM l'altra è l'IDA) elenca i suoi scopi ufficiali. I commi I e II sono particolarmente suggestivi:
I) Assistere nella ricostruzione e nello sviluppo dei territori dei membri, facilitando gli investimenti di capitale per scopi produttivi, inclusi la restaurazione delle economie distrutte o rovinate dalla guerra, la riconversione delle strutture produttive ai bisogni del tempo di pace e l'incoraggiamento dello sviluppo di strutture produttive e di risorse nei Paesi meno sviluppati;
II) promuovere investimenti stranieri privati attraverso garanzie o partecipazioni in prestiti e altri investimenti fatti da investitori privati; quando il capitale privato non è disponibile in termini ragionevoli, sopperire agli investimenti privati fornendo, a condizioni *ragionevoli*, finanziamenti per scopi produttivi attraverso il proprio capitale, i fondi raccolti attraverso questo e altre sue risorse;

Come si legge, le fonti di finanziamento della BM non sono solamente le tasse dei contribuenti dei 188 paesi aderenti, ma la BM coinvolge nella sua attività anche Banche ed altri investitori privati. La presenza di soggetti privati suggerisce quello che John Perkins (ex agente della NSA) ci svela nel suo libro *"Confessions of an economic hit man"*: il business della BM consiste nel concedere prestiti stimolando la domanda nei paesi in via di sviluppo, domanda che ha ad oggetto il commercio su vasta scala (importazione) di beni di consumo e le infrastrutture. E' qui che entrano in scena le grandi multinazionali, e quel che accade viene colto in una sintesi anche da Joseph Stiglitz (ex capo economista della

BM) nel suo noto libro del 2002 (op. cit): «Fin tanto che si parla di questi paesi-clienti, si tratta di una commedia in cui i politici fingono di far qualcosa per rimediare al problema [della povertà] mentre gli interessi finanziari lavorano per mantenere il più possibile la situazione così com'è» onde continuare a sfruttare e indebitare (per ricattarli) quei paesi di solito ricchi di risorse naturali.

L'IMMUNITA' SOVRANA

" I progetti della Banca Mondiale hanno lasciato una scia di espropriazioni, gente sfollata, violenze, assassinii, emissioni di gas fossile e distruzione di terre agricole… Malgrado ciò, essa impone la propria immunità da ogni azione legale, mentre comunità atterrite cercano risarcimento nelle aule di giustizia. "
(Pete Dolack, su Ecologist, 23 marzo 2017)

La Banca Mondiale è da molti anni oggetto di critiche ed accuse di corruzione. Diversi analisti hanno posto in rilievo come sin dagli esordi la BM abbia servito gli interessi delle grandi banche; di più, è stato dimostrato che dietro la facciata edificante della riduzione della povertà, vi è una lunga attività di riciclaggio di parecchi miliardi, distratti dai loro scopi (denaro pubblico) per la distribuzione di tangenti. Il Senato americano ha promosso ripetute indagini sulla sparizione di centinaia di milioni di dollari dalla fine degli anni 40 agli anni 2000, chiamando alle loro responsabilità i vertici dell'Istituto, ma trovandosi dinanzi la sostanziale immunità conferita, dalle nazioni, a tutte le istituzioni sopranazionali, in violazione del principio democratico.
Nel maggio del 2004, il senatore USA Richard Lugar, presidente del Comitato Relazioni Estere, nel quadro di un'indagine sulle banche per lo sviluppo,   chiamò in audizione il presidente del momento, James Wolfensohn, il quale declinò l'invito, in nome della su citata immunità. Tuttavia altri testimoni dichiararono che almeno 100 miliardi di dollari potevano essere stati stornati dai progetti della BM, a causa della corruzione. Non meraviglia perciò lo scandalo che travolse nel 2007 il

suo successore Paul Wolfowitz, costringendolo alle dimissioni.

Possiamo dire che la Banca Mondiale e il Fondo Monetario sono (insieme alla più antica BIS, Banca per i Regolamenti Internazionali) istituzioni che sembrano e furono inventate in funzione di un disegno, quello della Globalizzazione, promossa dalle Elite, per *saccheggiare il pianeta* e impoverire i popoli, fino all'asservimento. (cfr. il nostro *I Protocolli di Sion e il Nuovo Ordine mondiale*, vol.2).

Il senatore Lugar nelle conclusioni della citata Commissione dichiarò: "Ci si potrebbe domandare perché i dirigenti della BM siano stati così poco avveduti e sbadati con i soldi dei contribuenti. Di più, si potrebbe pensare che la corruzione sia una necessità, per raggiungere i veri scopi della BM, ovvero creare falsi e inutili progetti solo per "stimolare" il commercio." Certamente, usare i fondi in modo illecito, gonfiando i costi dei progetti (come ancora oggi accade) significa, oltre che derubare i contribuenti degli stati membri, negare l'assistenza ai poveri del mondo. Difatti, per decenni i soldi elargiti dalla BM sono andati in tangenti a dittatori spesso sostenuti o mandati al potere allo scopo di condurre *affari*, mentre i loro popoli venivano (e sono) lasciati nella miseria e a ripagare i debiti alle banche usuraie.

Una conferma di questa realtà segreta ritroviamo nel citato libro autobiografico di John Perkins, nel quale egli racconta la logica che ispira quello che è un vero sistema di sfruttamento dei paesi in via di sviluppo, da parte di BM, FMI, con la loro costellazione di banche private; un sistema che vede agire nell'ombra anche agenzie quali la Cia e la Nsa. Nel primo capitolo, la sua istruttrice (alla Nsa) gli insegna come incoraggiare i leaders del mondo a divenire parte della vasta rete che promuove gli interessi commerciali USA. Ecco le sue parole: "Alla fine, quei leaders (capi di governo e di Stato) rimarranno invischiati in una tela di ragno, il Debito, che ci assicura la loro lealtà. Possiamo attingere a loro ogni qualvolta lo desideriamo, soddisfare le nostre mire politiche, economiche o militari. Essi, dal canto loro, possono sostenere la propria posizione (la carica politica) costruendo parchi industriali, impianti energetici, e aeroporti ai loro popoli, mentre i proprietari delle società di edilizia e infrastrutture americane diverranno favolosamente ricchi. " Da notare, il fatto che in tale Sistema globale siano coinvolte agenzie famigerate, quali la NSA, ci dice chiaramente come l'aspetto economico-finanziario sia un cardine della politica e della sicurezza della maggiore, ancora oggi, potenza mondiale, e la leva per mantenere la propria supremazia.

Ecco, in sintesi la dinamica delle operazioni di aiuti ai paesi poveri, dopo che un sicario dell'economia ha convinto lo statista di turno ad accettare i prestiti (ai quali partecipa sovente anche l'USAID, United States Agency for International Development) (**1**): la BM e/o l'FMI (previa imposizione delle condizionalità che abbiamo già descritto) assegna i fondi a un dato paese (di solito già indebitato) per opere di infrastrutture. Tali somme non vengono versate direttamente al paese, ma accreditate come "ordini di fornitura" alle imprese (raccomandate dall' USAID) incaricate di eseguire le opere. Le imprese maggiorano i costi (nei quali non di rado sono comprese tangenti ai governanti). Da questo gioco al rialzo deriva un aumento del Debito, più interessi, in favore dei suddetti istituti mondiali e delle banche investitrici, che alla lunga divengono proprietarie degli asset, se ci sono, o delle risorse naturali del paese, al quale, tramite BM ed FMI, possono imporre ogni forma di speculazione e persino di governo. E' questo un vero e proprio neocolonialismo, che, dietro la maschera umanitaria, mantiene i popoli di interi continenti (Africa, Asia, America Latina) in schiavitù.

Quanto ai diritti umani calpestati dai governi beneficiari dei finanziamenti, ecco la testimonianza di un ex funzionario della Banca Mondiale, Navin Rai, che supervisionava la protezione degli indigeni dal 2000 al 2012: "non vi era nessuna intenzione di rispettare le regole (sui diritti dei cittadini) da parte dei governi; né da parte della Banca di farli rispettare. ".

(**1**) – *posto sotto il Dipartimento di Stato (Ministero Esteri) USA, l'agenzia Usaid è uno strumento importante dell'egemonia commerciale Usa nel mondo);*

Altri impiegati rivelano che i dirigenti dentro la BM hanno solo interesse a finanziare il maggior numero di progetti (di *sviluppo*) per avanzare in carriera, e mettono a tacere ogni denuncia di violazione di diritti umani. Molti studiosi, ad esempio Nicholas Stern, professore di economia all'università di Oxford, e già capo economista alla BM, sostengono che pur disponendo essa di uno dei più cospicui budgets e capacità di ricerca nel campo dell'economia dello Sviluppo, questo non si traduce poi in una capacità scientifica da parte della commissione di ricerca. Alice Amsden, una studiosa delle economie dell'East Asia, argomenta che poiché la BM non fa altro che fallire nelle sue strategie per lo Sviluppo, le sue giustificazioni suonano eminentemente politiche ed ideologiche.

Che i popoli condannati a mai uscire dalla miseria siano poi costretti ad emigrare, invadendo la civiltà europea, non va visto come una mera accidentale conseguenza, bensì come parte di un piano articolato, che rientra nel vasto Progetto di Globalizzazione e di disintegrazione del sistema liberal-democratico in Europa, ordito delle Elite. Al colmo di questi delitti, che in molti casi si materializzano in espropriazioni di agricoltori, distruzione di foreste e risorse d'acqua, di cibo -come in anni recenti in Honduras- vi è l'insulto e la beffa più oltraggiosa: l'impotenza dei popoli che, danneggiati dal malaffare o dalla cattiva gestione di BM ed FMI, non possono adire in giudizio, per la nota immunità dei soggetti in discorso, rispetto alle giurisdizioni degli stati nazionali. **(2)** Molte cause vengono ad oggi intentate da associazioni presso i Tribunali, in particolare in Usa, le quali pur ottenendo, raramente, sentenze di condanna non riescono poi a concretizzarle con l'ottenimento di risarcimenti. C'è da chiedersi, come mai nessuna anima bella dei politici di sinistra o di destra, nelle democrazie occidentali, abbia mai proposto la revisione dei trattati che garantiscono alle organizzazioni sopranazionali l'impunità, cioè di porsi al di sopra della democrazia dei popoli, spesso dopo averli rovinati, per profitto. La risposta sarà data più avanti.

---

(2) v. Ecologist, articolo di Pete Dolack, 23 marzo 2017, dove si parla di assassini, stupri, violenze, da parte delle imprese finanziate per realizzare i progetti, in danno della popolazione resistente);

Cap. VII – Neoliberismo: La Dottrina Della Servitù Planetaria

Introduzione al Neoliberismo.

L'ideologia capitalistica, oggi finanz-capitalista, che ha il suo cavallo di battaglia (e di Troia) nella dottrina neoliberista, propugna da decenni la tesi che i mercati sono così efficienti che avrebbero saputo fare a meno dell'intervento regolativo degli Stati. Ma noi sappiamo, dall'epoca delle Leghe mercantili del Medioevo, che il Mercato è stato sempre costituito dagli interessi aggregati dei più potenti Finanzieri e Industriali. In epoca contemporanea sono essi, i mercati, cioè i Mercati Finanziari, che impongono, direttamente o per procura dei governi, le politiche monetarie, finanziarie ed economiche ai popoli, elevandosi al di sopra del diritto democratico.

*

Nel 2017, tre rinomati economisti del FMI hanno pubblicato un documento nel quale ammettevano che sia Il Fondo Monetario Internazionale che la BM hanno un'agenda "neoliberista". Potremmo definire i principi del Neoliberismo in pochi punti essenziali: deregolamentazione delle economie, apertura dei mercati nazionali al libero commercio e alla libera circolazione dei capitali, riduzione dell'intervento dello Stato, privatizzazioni. Gli effetti di tale ricetta, adottata dagli stati occidentali sin dagli anni '80, li abbiamo già descritti, sono (nei casi migliori) la crescita arrancante, cicli di espansione e frenata, la svalutazione del lavoro e dei salari, l'aumento delle diseguaglianze.

Per paradossale che possa sembrare, la teoria neoliberista, elaborata negli anni '30, cominciò a diffondersi negli anni '70, quando i diritti sociali e dei lavoratori avevano raggiunto il loro compimento in Occidente, e l'ideologia marxista era la più forte nel mondo.

CENNI STORICI: L'ECONOMIA NEOCLASSICA

Nata alla fine del XIX secolo come reazione all'avanzare delle idee socialiste, l' Economia neoclassica è una disciplina economica basata sulla determinazione dei prezzi, produzione e reddito attraverso il modello di domanda e offerta. I suoi inizi vengono fissati tra il 1871 e il 1874, quando furono pubblicate le opere di William Stanley Jevons, Carl Menger e Léon Walras.

Diciamo subito che le idee dell'Economia Neoclassica furono concepite o sviluppate dalle Elite, che le promossero e finanziarono sin dagli inizi del '900 tramite istituzioni universitarie, come la London School of Economics **(1)** e vari think tank. Tra i teorici, delle generazioni successive, **Dennis H. Robertson, Gerard Debreu e Kenneth Arrow**, posero al centro della vita economica e sociale (della vita tout court) il Mercato auto-regolamentatore, e alla periferia lo Stato, come complesso ordinamento di regole e di diritti, espressione della Democrazia. Il fine ultimo era lo smantellamento dello Stato e l'instaurazione di un Mercantilismo Neocoloniale, se si vuole, l'instaurazione di quella Oligarchia di Tecnocrati così ben illustrata da George Ball in un meeting del Bilderberg 1968 (v. il mio *Gli Illuminati all'Assalto dell'Europa*, vol.2). L'ispiratore *obliquo* di questo programma fu in particolare David Ricardo (1772-1823) con la sua teoria del risparmio. In breve, lo Stato dove spendere con la parsimonia del buon padre di famiglia, cioè risparmiare, e solo dopo, avrebbe potuto investire. Era una tesi piena di buon senso, ma poco ne aveva equiparare uno Stato a moneta sovrana, in grado di stampare tutto il denaro di cui necessita, con il buon padre di famiglia, il quale può procurarsi denaro solo col lavoro o indebitandosi.

----

(1) *la London School of Economics fu fondata nel 1895 da membri della Fabian Society, una società para-massonica marxista mondialista; ebbe tra i suoi docenti, Friedrich Hayek, uno dei primi teorici del neoliberismo. La LSE ha tuttora molta influenza nella politica e nell'economia britannica);*

A questa teoria, J. Maynard Keynes aveva contrapposto la propria, secondo la quale lo Stato deve invece spendere più di quel che incassi tassando, se vuole arricchire i cittadini, le imprese. Una teoria economica (basata sul concetto di spesa a deficit positiva) che aveva contribuito al New Deal di FD Roosvelt ed era stata vincente per diversi decenni, sino a fine anni '70 del '900. Le falsità neoliberiste furono, come accade con le masse, più convincenti.

Friederick Hayek

Un caposaldo di tali falsificazioni fu il pareggio di bilancio, al quale opporre il nemico Deficit. Sono i dogmi che ritroviamo nelle politiche imposte dalla Commissione Europea (fino almeno all'avvento del Corona virus, una parentesi dagli sviluppi ancora imprevedibili, in una situazione confusa su scala mondiale, e foriera di cambiamenti non piacevoli per l'Umanità) e che anche prima del 2002 (anno dell'introduzione dell'euro) riuscirono a persuadere i governi dell'Occidente a spendere sempre meno (tagliando il welfare, gli investimenti produttivi) già a metà anni '70, predisponendoli alle crisi economiche che sarebbero seguite. Crisi che sarebbero state generate non soltanto dalle condizioni prodotte dalle teorie Neoliberiste, ma anche da attacchi speculativi, sempre *opportuni*, della Finanza Internazionale. Siccome i dogmi sono uni e trini ecco affermarne altri due: frenare l'emissione di denaro serve a controllare l'inflazione **(2)** e mantenere bassi i salari serve ad ottenere la piena occupazione. (sic)

---

(2) in realtà l'inflazione è, al contrario, causata dal signoraggio bancario privato, che genera flussi monetari (interni al sistema bancario) non corrispondenti alla ricchezza reale dello Stato, v. Giacinto Auriti, op. cit. Ma, il Signoraggio avocato allo Stato significherebbe la democrazia realizzata. Stampando moneta propria,

lo Stato può attuare la spesa a Deficit Positiva, senza generare inflazione perché uno Stato che finanzia le imprese e il lavoro, riesce a mantenere un equilibrio tra beni prodotti (offerta) e domanda di beni da parte dei cittadini pienamente occupati. Anche il Debito sarebbe dissolto, perchè uno Stato che produce il proprio denaro non è in debito con nessuno; cfr. Warren Mosler, "Le 7 innocenti frodi mortali della politica Economica");

Gli artefici canonici di questi articoli di fede furono Milton Friedman (Scuola Economica di Chicago) **(3)** e Alan Greenspan (premiato poi dal CFR con la carica di governatore della Fed, la Banca Centrale americana). La seconda concezione (i bassi salari) era un répechage, Cecil Pigou, un economista dei primi del Novecento. Se ne fecero seguaci, oltre ai già citati G. Debreu e Frank Hahn, anché i più noti esponenti della Scuola Austriaca, Ludwig von Mises e Friedrik Hayek; né mancarono gli italiani: Alesina, Mingardi, Savona. Abbassare gli stipendi avrebbe permesso alle aziende di assumere più facilmente i lavoratori; con ciò trascurando il dato che un basso salariato non consuma e se le merci delle aziende restano invendute, esse, nella catena fatale del ciclo economico, ne subiscono una perdita.

---

(3) *Milton Friedman avrebbe ricopiato la sua teoria neoliberista dalla teoria dell'economista Alfred Marshall, (1842–1924) professore di Economia Politica alla Cambridge University, cfr. Eustace Mullins, "The New World Order" (1992);*

IL PIANO NEOLIB PER SPODESTARE LA SOVRANITA' DELLE NAZIONI

Il Colpo di Stato dell'Unione Europea

Tutto cominciò alla fine del secondo conflitto mondiale, con il piano Marshall, offerto alle nazioni europee dissestate con il ricatto/baratto della costituzione di una Federazione europea che poi divenisse alleata degli Usa in un Patto Atlantico. L'operazione fu resa possibile dalla compiacenza dei Tecnocrati dell'epoca, che agirono nell'interesse delle Elite, contro i loro popoli. Questi personaggi sono santificati nella pubblicistica ufficiale e nei libri di storia, come campioni della democrazia, i Padri della Europa Unita. Furono principalmente i francesi Jean Monnet e Robert Schuman. Il primo viene definito "l'uomo dell'Alta finanza anglosassone in Europa, tecnocrate, autorevolissimo portavoce dell'establishment d'oltre Atlantico" (v. Epiphanius, *Massoneria e sette segrete*). Entrambi erano curatori all'epoca degli interessi di un conglomerato industriale franco-germanico (che a tutt'oggi può essere considerato di fatto il padrone dell'Europa, colui che ne determina il destino). Questo conglomerato mirava all'egemonia sulle altre industrie europee. Del resto, già prima del secondo conflitto mondiale, era diffuso tra i grandi capitalisti il progetto di un'Europa confederata (la Paneuropa di Coudenhove Kalergi) priva di dazi e di confini interni dove masse di lavoratori sottopagati potessero spostarsi e governi compiacenti garantissero con leggi la produzione di beni a basso costo, favorendo l'affermazione di un blocco economico forte nelle esportazioni su scala mondiale. Altri artefici dell'Unione Europea, in epoca più recente: Jacques Attali, Jacques Delors, François Mitterand; Valery Giscard D'Estaing, Jean Claude Trichet; dall'Italia, Giuliano Amato, Romano Prodi, Mario Draghi, Carlo Azelio Ciampi, Carlo Scognamiglio, Mario Monti, Tommaso Padoa Schioppa; dalla Germania, Helmut Schmidt, Theo Weigel, Helmut Khol; l'olandese Wim Duisenberg, il lussenburghese Jean Claude Junker. Molti di questi nomi li potete leggere come affiliati nelle liste dei meetings del Bilderberg; quasi tutti sono stati *premiati* con cariche al governo delle repubbliche dei loro Paesi, o mandati nella Commissione Europea, e nella Bce.

L'Europa Unita sarebbe stata governata da funzionari non eletti ed eterodiretta da una rete di lobby finanziarie e industriali. Un organismo con potere esecutivo insindacabile, la Commissione, avrebbe promulgato leggi, (direttive) sopranazionali che si sarebbero sovrapposte al potere legislativo dei parlamenti nazionali e delle Costituzioni degli Stati. Un Parlamento Europeo di eletti, non abilitato a legiferare, ma solamente ad emanare pareri non vincolanti: dunque una istituzione di cartapesta per ingannare la massa disinformata. C'era l'aspetto più importante, quello monetario. Esso sarebbe stato *incarnato* da una moneta unica, prima Ecu, poi Euro, sottratta al controllo dei singoli stati e regolamentata da un'Autorità di fatto, la Banca Centrale europea. Era, come vedremo meglio, l'instaurazione di un regime autoritario, con la maschera della solidarietà, della pace, della fratellanza universale, dei diritti umani, imposti speciosamente al di sopra della democrazia dei popoli. Tale regime si è consolidato, di trattato in trattato, sin dal negoziato sull'Unione Europea (1984) ed ha avuto il suo coronamento con il trattato di Maastricht (1992) rafforzato poi dal trattato di Lisbona (2008).

Basti analizzare tali accordi per verificare come essi siano concepiti per avvantaggiare i potentati industriali e finanziari, ed eludano qualsiasi capitolo sociale che preveda la redistribuzione della ricchezza. Sorprende davvero come nessun partito di sinistra abbia per anni denunciato la cancellazione della sovranità monetaria, con le sue evidenti disastrose implicazioni per le classi povere e medie, ma abbia invece accettato il nuovo status quo con cecità critica, in nome di un preteso Sogno Europeo, che è per tutti i popoli divenuto un incubo. Quanto ai più recenti partiti sovranisti o populisti, sembra evidente che la loro opposizione all' Europa non sappia o non intenda andare oltre la protesta platonica e retorica; il che getta su di loro una luce sospetta. Né è spiegabile l'inerzia della gente, che si limita a sfogare il proprio malessere e dissenso sui social networks, certo inventati come mezzo di "sublimazione" simbolica della rivolta, mentre la Tv serve il proprio compito antico di controllare i pensieri, distraendo e fuorviando le masse.

Tornando al Progetto Europeo, alla sua vera ragione, la privazione della sovranità monetaria delle nazioni, esso aveva dei corollari tecnici e psicologici (psicologia di massa) preordinati: bisognava adottare misure che mantenessero bassa l'inflazione, che deprimessero i consumi, di conseguenza l'occupazione. Il risultato sarebbe stato (ed è stato) generare un permanente stato d'incertezza economica, di precarietà, di "congiuntura", nella quale, inevitabilmente, il Debito Pubblico aumentasse, cosicché gli stati più deboli (cioè inadatti alla moneta unica, come l'Italia) venissero ricattati continuamente, intimiditi dalla onnipotente Commissione, spesso fiancheggiata dal FMI, con il fantasma agitato della Ristrutturazione del Debito (la prospettiva del famigerato Mes) che vuol dire svalutare gli asset, prosciugare il risparmio dei cittadini, appropriarsi della ricchezza di una nazione. Quel che è avvenuto in Grecia. A proposito dell'euro, merita interesse il sapere che esso non nacque dal Trattato di Maastricht, ma assai prima, nel 1943, concepito dall'economista François Perroux, non, come volle la propaganda europeista, per contrastare l'egemonia del dollaro, ma per distruggere il potere economico delle nazioni europee, privandole della capacità di emettere moneta. Sul significato pieno di questa capacità e sulle sue implicazioni, ci illumini la frase tramandata, del capostipite dei padroni del mondo, il banchiere orafo Amschel Mayer Rotschild nel XVIII secolo: " datemi la possibilità di battere moneta, e non m'importerà di chi siano i governanti ". Suona come l'anima profetica del Neoliberismo.

Amschel Meyer Rothschild

La BIS, a Basilea
(ritroviamo qui il richiamo massonico alla
Torre di Babele, come nel palazzo della Bce)

Il Vertice della Piramide Finanziaria Mondiale – la BIS

Premessa e memorandum

Le regole che si scelgono per far funzionare il meccanismo che serve ad immettere denaro nel sistema economico di un paese sono quelle che maggiormente ne determinano il reale andamento dell'economia, più delle politiche fiscali e di sviluppo. Tali regole sono in grado, nel medio e lungo periodo, di aumentare o contrarre il divario tra ricchi e poveri e di favorire il progressivo ed invasivo accaparramento delle strutture economiche da parte di gruppi elitari di potere. Quindi, la domanda è: chi controlla il denaro e chi stabilisce le regole per la sua immissione nel sistema economico degli stati nazionali?

Contrariamente a quanto si crede, nel mondo globalizzato non sono i singoli stati ad emettere la propria moneta, ma un sistema coordinato di Banche Centrali, le quali prestano il denaro ai governi dietro il corrispettivo di un interesse più o meno esoso. Questo significa che le banconote in circolazione non sono dello Stato, ma di proprietà delle Banche Centrali. Quindi, le tasse che noi tutti paghiamo non servono a finanziare "in primis" i servizi pubblici offerti dallo Stato, ma anzitutto a rimborsare il prestito e l'interesse alla Banca Centrale Europea, che a sua volta realizza profitto per dei privati.

Non crediamo di sbagliare nell'affermare che la BIS (Bank of International Settlements) sia una creatura (nel senso frankinstiniano) del Neoliberismo, lo strumento tecnico sovrapposto discretamente, ma fermamente, alla politica, su scala mondiale.

La Banca dei Regolamenti fu concepita verso il 1929, dai Banchieri di Wall Street, nel clima del programma per la ricostruzione della Germania, grande perdente (ma non sconfitta) della Prima Guerra Mondiale. Possiamo dire che il Piano Dawes e il Piano Young furono le officine dove venne elaborata l'idea di una "Banca delle Banche Centrali".

(Nota – il Piano Dawes, poi diventato Piano Young, dai nomi dei presidenti della Commissione per gli aiuti alla Germania, fu voluto dai Banchieri americani, già finanziatori della guerra, e ideato per aiutare la ripresa dell'economia tedesca, con il cavallo di troia di prestiti usurari che avrebbero permesso loro (e agli Usa) di controllare la Germania politicamente e, tramite essa l'Europa ridisegnata dal primo conflitto mondiale; conflitto che aveva portato alla caduta degli imperi centrali, il germanico, l'austro-ungarico e quello russo, come avevano pianificato da tempo gli stessi Banchieri, Cfr. il nostro Gli Illuminati all'Assalto dell'Europa, vol. 2)

Scrive Carrol Quigley: «Il potere del capitalismo finanziario aveva un altro piano ambizioso (dopo quello messo a segno con l'abbattimento degli imperi centrali, ndr) nientemeno che creare un sistema mondiale di controllo, in mani private, in grado di dominare il sistema politico di ciascun Paese e l'economia del mondo nel suo insieme. Questo sistema avrebbe dovuto essere controllato in modo feudalistico dalle Banche Centrali del Pianeta, che avrebbero agito di concerto attraverso accordi segreti raggiunti tramite frequenti incontri e conferenze. Il vertice del sistema sarebbe stato la Banca dei Regolamenti Internazionali (BIS), a Basilea, in Svizzera; una banca privata, posseduta e controllata dalle

Banche Centrali mondiali, che erano esse stesse delle società private.

Ogni Banca Centrale, nelle mani di personaggi come Montagu Norman della Bank of England, Benjamin Strong della New York Federal Reserve Bank, Charles Rist della Banca di Francia e Hjalmar Schacht della Reichsbank **(1)** mirava a dominare il proprio governo tramite la propria abilità nel centellinare i prestiti al Tesoro, nel manipolare i cambi internazionali, nell'influenzare l'attività economica del Paese e i politici che stavano al gioco in cambio di successive ricompense nel mondo degli affari» (C. Quigley *"Tragedy and Hope", 1966).*

La BIS (in ital. BIR, Banca dei Regolamenti Internazionali) fu costituita all'Aia il 20 gennaio 1930 dai rappresentanti della Germania, del Belgio, della Francia, del Regno Unito della Gran Bretagna e dell'Irlanda del Nord, dell'Italia e del Giappone, da una parte, e i rappresentanti della Confederazione Svizzera dall'altra.

La BIS venne formata tramite versamenti effettuati da parte delle Banche Centrali di sei nazioni: Belgio, Francia, Germania, Italia, Giappone, Regno Unito e tre banche private internazionali azioniste della Federal Reserve statunitense. Queste tre insieme detenevano il maggior pacchetto azionario della BIS. Ed ecco gli scopi statutari: "promuovere la cooperazione delle Banche Centrali; fornire strumenti addizionali per le operazioni internazionali, e agire come fiduciari o agenti in merito al regolamento dei conti finanziari internazionali che le sono affidati "
Dietro la facciata neutra, la BIS era, ed è, nient' altro che il vertice della Piramide della Finanza Internazionale, contrapposto all'autorità della politica e dei governi. In quanto istituzione sopranazionale, la Banca delle Banche Centrali inaugura un privilegio, che sarà fatto proprio dalle future organizzazioni nate dal secondo conflitto mondiale (l'Onu, la CE, la BCE,) ossia l'immunità sovrana e l'esenzione da tasse; è in poche parole uno Stato nello Stato elvetico, persino con una propria polizia privata, e non risponde nemmeno alle istituzioni sopranazionali.

---

(1) – *H. Schacht era l'uomo dei Banchieri di Wall Street, mandato in Germania sin dal 1919, per pilotarne l'economia);*

La BIS, che è una società anonima, costituita da una sessantina di Banche Centrali, azioniste pro quota (inclusa la BCE e la Federal Reserve) decide le politiche monetarie del pianeta e di conseguenza determina le politiche economiche di ogni nazione; decisioni capitali per l'economia globale, che vengono prese dai governatori delle Banche Centrali, in consigli di amministrazione riuniti sei volte l'anno, nella totale inconsapevolezza da parte dell'opinione pubblica.

(Nota – il ruolo e la grave responsabilità di questi dirigenti merita una riflessione in ciò: data la portata dei capitali in gioco, va da sé che essi non rendono conto agli Stati nazionali, bensì ai Banchieri azionisti delle Banche Centrali, dei quali i governatori (scelti allo scopo) curano gli interessi sempre, soprattutto nella BIS. Attualmente l'Assemblea generale è composta da tutte le 60 banche centrali aderenti alla BRI. Il diritto di voto nell'Assemblea è proporzionale al numero di azioni emesse nel Paese cui la Banca Centrale appartiene. Le principali decisioni di competenza di quest'organo sono la distribuzione dei dividendi e dei profitti, l'approvazione del rapporto annuale e del bilancio, la revisione delle remunerazioni dei membri del Consiglio di amministrazione e la selezione degli uditori esterni. L'Assemblea si tiene almeno una volta l'anno alla fine di giugno o all'inizio di luglio.)

Un dato interessante e foriero di implicazioni è che la BIS è stata sin dalle origini una *camera di compensazione* segreta (qualcuno potrebbe dire *laundry*) per movimenti di denaro, i cui agenti rimangano occulti, se non anonimi. Fu grazie a questa *camera di compensazione* che i banchieri di Wall Street, negli anni '30 passarono i finanziamenti che permisero l'ascesa di Hitler al potere e il riarmo della Germania. (v. Anthony Sutton, *Wall Street and The Rise of Hitler*, 1976)

Negli ultimi anni la BIS, che dal 2003 ha abbandonato il franco-oro svizzero per i DSP (Diritti Speciali di Prelievo) la valuta di riserva emessa dal FMI **(2)** persegue il progetto di valute regionali o continentali, che preludano a una moneta unica mondiale (in vista del Governo Unico). Possiamo ipotizzare che i vari TTP regionali in Occidente e in Oriente (perlopiù ancora in fase di definizione) servano a predisporre questa svolta. In tale prospettiva, i DSP, come valuta di riserva universale, sono un embrione della futura Moneta Unica.

E' stata la BIS a lanciare l'euro in Europa e attualmente sta proponendo l'Amero per il Canada, il Messico e gli Usa, commercialmente riunite nel Nafta (l'accordo per il libero commercio nord-americano). L'amero dovrebbe sostituire il dollaro (se il popolo americano lo accetterà).

---

(2) *attualmente il valore dei DSP, che vengono usati solo per scambi tra il FMI e le Banche Centrali, viene stabilito sulla base di un paniere di valute che comprende il dollaro Usa, la sterlina inglese, l'euro, lo yen giapponese e lo yuan cinese);*

I Mercati Finanziari e la Speculazione

I Mercati hanno più fiducia in uno Stato che batte moneta sovrana, perché sanno che è solvibile, proprio grazie a questa sua potestà.

*

I Mercati Finanziari sono una realtà per decenni ignorata dall'opinione pubblica, e che cominciò ad acquistare significato con la Globalizzazione, nata principalmente per facilitare, tramite Internet, la circolazione dei capitali da una parte all'altra del globo. In Europa, con l'avvento della moneta unica, i Mercati sono visti dai popoli europei come un moloch da ingraziarsi (assurdamente) per ottenere denaro in prestito, e al quale assoggettarsi, perché da essi dipende il loro benessere, ormai più propriamente, la loro sopravvivenza. I mercati dei capitali sono in genere privati e sono composti da istituti finanziari, fondi pensione, assicurazioni, banche (Gruppi bancari) Fondi di investimento, fondi sovrani stranieri, anche Stati ed individui (vedi Soros) che dettano/impongono il tasso d'interesse a cui comprare i titoli di uno Stato.

Un rapporto siffatto rende proibitiva la spesa a deficit, in una nazione che non batte moneta sovrana. Non solo, ma il corollario è il crearsi di un Debito verso enti privati, che *aumenta di* continuo con gli interessi, in un processo infinito; debito che va ripagato dai cittadini con le tasse e con il taglio ai servizi sociali, cominciando dal welfare. E' questo aspetto che ci illumina sul significato della locuzione (minacciosa) "Debito Pubblico", un debito verso privati, ma caricato "democraticamente" sulle spalle della cittadinanza tutta. Il che non lo esime dall'equivoco, se si considera che il Debito (secondo il Diritto internazionale) non è dello Stato, bensì del governo. Rimane il fatto, che stati non a moneta sovrana sono ricattabili dai loro occulti Creditori, detti esotericamente Mercati, i quali impongono non solo il regime fiscale (ai paesi più indebitati) le politiche sociali ed economiche, ai governi "scelti" da essi, governi che compiaceranno con le tanto richieste "riforme"; ciò che significa privatizzare e svendere gli asset pubblici, pezzo dopo pezzo, erodendo sempre più la sovranità di una nazione. Ma non è tutto. Una nazione senza moneta propria è esposta più di altre alla speculazione (in Italia spread).

"il futuro garantirà la supremazia alle nazioni che imporranno la povertà che genera superprofitti, e quindi accumulo", François Perroux, economista…

La spirale della Deflazione Economica imposta apre la porta agli speculatori (sempre le Elite) che l'hanno predisposta all'uopo. Illustriamo con parole semplici come funziona l'universo avventuroso e *debosciato* della Speculazione finanziaria.

I Derivati. Sono strumenti finanziari il cui valore *deriva* da eventi casuali: l'andamento di titoli, movimenti di azioni, risorse, cambiamenti politici, e persino catastrofi naturali e sanitarie. La loro rischiosità richiede una competenza sicura in campo finanziario e matematico. Credit Default Swaps, Over the Counter contracts, Banner Swapping sono alcuni dei loro nomi fantasiosi. Vanno dette subito due cose; una che i derivati sono una fonte di arricchimento enorme per gli Speculatori di professione, i quali giocano contro la Spirale Deflativa imposta alle nazioni e contro la rovina che ne sortisce; due, il ruolo determinante svolto dalle Agenzie di Rating nelle crisi finanziarie. Non senza svelare che tali agenzie, lungi dall'essere enti neutrali, hanno cointeressenze nelle grandi banche investitrici e speculatrici sul Debito degli Stati, poiché i loro dirigenti siedono nei consigli di amministrazione delle une e delle altre (si veda Luciano Gallino, *Finanzcapitalismo*, 2011). Ecco quel che accade durante le crisi economiche (indotte complicatamente e occultamente):

le Agenzie di Rating cominciano ad emettere i loro verdetti (incontestati dalle istituzioni nazionali e propagandati servilmente dai media) con ciò mettendo in fibrillazione i *Mercati*. Si scatena allora, da parte dei soggetti professionali (Hedge Funds, Fondi d'Investimento e simili) il gioco al massacro delle scommesse contro i Debiti Pubblici più instabili (di solito gli Stati non a moneta sovrana) attaccando proprio i Derivati. Si tratta di scommesse truccate che frutteranno per ciò cospicui guadagni.

I CDS (credit default swaps) sono delle polizze assicurative contro i rischi di investimenti. Si comprano per cautelarsi. Tutte queste scommesse si chiamano in gergo "fare shorting".

Bisogna sapere che gli Speculatori Professionals scommettono su qualcosa che è quasi garantito si verificherà (cioè la spirale Deflativa e il deprezzamento del Debito) mentre i loro amici al Fondo Monetario Internazionale e nelle Agenzie di Rating gli spianano la strada (l'uno col prestito forzoso a condizioni di austerity, le altre deprezzando pubblicamente il Debito). Le dette scommesse sono tacitamente autorizzate (in mancanza di leggi atte alla difesa) dagli Stati, in ogni continente, perché tutte le nazioni nel mondo (i politici) sono sottomesse alla Grande Finanza, che detta la sua legge predatoria, intesa a destabilizzare e rendere suddite le popolazioni. In questa equazione diabolica Deflazione indotta ›Speculazione finanziaria si aggiunge la svendita (resasi necessaria) degli Asset pubblici (svalutati anch'essi) le privatizzazioni per fare cassa. Ecco allora gli avvoltoi dall'estero, le multinazionali come l'indiana Arcelor Mittal, accaparrarsi il settore chiave, ad esempio, dell'economia italiana, la produzione dell'acciaio, con tutto ciò che ne consegue.

L'APOTEOSI DEL NEOLIBERISMO: I GATS

Il General Agreement on Trade in Services (GATS, Accordo Generale sul Commercio di Servizi) è un trattato internazionale dell'Organizzazione Mondiale del Commercio (*World Trade Organization*, WTO) **(1)** organizzazione che dall'inizio del 1995, cioè dopo la conclusione dell'Uruguay Round, ha sostituito il General Agreement on Tariffs and Trade (GATT, Accordo Generale sulle Tariffe e sul Commercio, uscito dalla Conferenza di Bretton Woods del 1944) quale foro mondiale per la liberalizzazione degli scambi.

Un certo numero di termini e di concetti presenti nel GATS sono stati mutuati dal più noto GATT (Accordo Generale sulle Tariffe e sul Commercio) con delle differenze. Innanzitutto la copertura del GATS è molto maggiore. La definizione di commercio di servizi del GATS si estende ben oltre la tradizionale nozione di scambio transfrontaliero, passando per l'inclusione del movimento dei consumatori e dei fattori produttivi (capitali e lavoro) fino ad arrivare alla disciplina dei fornitori di servizi (produttori, commercianti, distributori).

---

(1) *il WTO è un organismo privato, al quale aderiscono 164 nazioni, e che potremmo inquadrare idealmente in ambito ONU);*

Sin qui la descrizione tecnica. Preoccupanti sono le implicazioni leggibili fra le pieghe di questo trattato.

Lo scopo di questi accordi, concepiti dalle Elite, e non ancora firmati fra i Paesi membri, è quello di privare i cittadini (consumatori) dei loro residui diritti di accesso ai servizi essenziali, quelli riconosciuti dalla Carta dei Diritti dell'Uomo delle Nazioni Unite: sanità, acqua, istruzione, pensioni, trasporti pubblici, servizi d'emergenza. Tutti questi beni essenziali dovranno essere privatizzati, in base a tali ipotetici accordi. Significa la dipendenza di milioni di persone, sempre più povere, dalle leggi, ovvero i diktat, del Mercato, leggi che saranno sempre a vantaggio del profitto di pochi, le multinazionali dei servizi, a prezzo del ricatto di una vasta massa di individui che di quei servizi avranno bisogno solamente per vivere. Si prospetta qui il mondo descritto da William Gibson nei suoi romanzi futuristici (*Mona Lisa Cyberpunk* ed altri) con città-bidonville sacche di emarginati costretti a rubare l'energia elettrica nei condomini e privi di assistenza sociale.

LA COMMISSIONE EUROPEA (CE) E I SUOI PADRONI NON OCCULTI

Ricordato che la Commissione Europea (CE) è il vero governo della UE, che essa non è eletta da nessuno, **(1)** che il suo compito principale è vigilare sull'adempimento dei trattati e dei patti stipulati fra gli Stati membri, vale a dire quel complesso di regole diktatorie che, in nome della *competitività* (salari bassi, età pensionabile sempre più avanzata, spesa pubblica austera) **(2)** realizzano i principi del Neoliberismo e del Neomercantilismo, di cui il Patto di Bilancio è l'emblema castratorio, tutto ciò ricordato, veniamo agli enti non occulti che dietro le quinte manovrano la detta Commissione. Si tratta della Business Europe (BE) e della European Round Table of Industrialists (ERT).
Naturalmente ogni riferimento alla omonima setta mondialista Round Table è puramente casuale. Basti dire che i vertici di tali lobby sono affiliati alla para-massonica Trilateral Commission.
Gli inasprimenti delle regole imposti dalla Commissione agli Stati sono stati dettati da queste due lobby. Si parla in particolare dell'*European Semester* e del *Preventing Macroeconomic Imbalances*. Venendo all' *Europact,* la frase "allineare l'età pensionabile alle aspettative di vita" è una velina dell' ERT. Ma ve ne furono molte altre, la svalutazione degli stipendi, determinanti per le politiche economiche degli stati e per le vite immiserite dei loro popoli. Per cui si può dire che non è vero che la Commissione Europea, cioè il governo dell'Europa, sia in mano ai tecnocrati; la realtà è che esso è in mano a delle Corporations private che governano l'Europa per procura data ai tecnocrati della Commissione. Mentre il ruolo dei massmedia è quello di amplificare le menzogne, affinché divengano la verità.

----

(1) il Parlamento Europeo che vota il presidente della Commissione, si limita a ratificare decisioni politiche prese nelle stanze segrete, dai capi di governo degli Stati più forti, la Germania e la Francia, i cui gruppi, il Ppe e i Socialdemocratici, rappresentanti di una finta alternanza, sono di fatto inamovibili egemoni nel Parlamento Ue);
(2) Dobbiamo aspettarci un ritorno di austerità, o morigeratezza, in qualche forma, dopo la crisi del Covid-19, forse nella ventilata istituzione di un Fisco Europeo);

Non solo i media, ma schiere di *esperti* usciti dai think tank finanziati da fondazioni neoliberiste come la Ford e la Rockefeller, (ma anche italiane, di area IAI (Istituto di Affari Internazionali, il CFR italiano) sguinzagliati (sin dagli anni '80) in ogni speak-corner televisivo o tribuna più specializzata, a diffondere i seguenti principi socio-economici generali: che l'evoluzione politico-economica della società in Occidente è il prodotto di una *dialettica della storia*, che si esprime (hegelianamente o hobbesianamente) nella contrapposizione fra diversi gruppi di interessi; **(3)** contrapposizione che viene intercettata più o meno correttamente dalla politica, con esiti alterni; ma che al di sopra di questo processo bisogna mettere in conto l'alea, il Fatum, di eventi internazionali, quali i Mercati Finanziari Globali, generatori di crisi economiche, recessioni ed altra peste (oggi persino le pandemie) sulle quali nulla i governi e i popoli possono. E' questa una visione fatalistica e superstiziosa (oltre che pelosa) se esaminata alla luce di quanto sin qui abbiamo riferito e riferiremo. Giacché la posta in gioco essendo la ricchezza del Pianeta, nulla può essere ragionevolmente lasciato al caso, e il caso (o il Caos) è lo strumento che il denaro e il Potere manovrano da sempre, come gli eventi, in genere cattivi, che vengono fatti ricadere sui popoli, come destino. Chi siano i Signori, gli dèi dispensatori di questo destino tragico lo scopriremo più avanti, insieme al Piano criminoso (perché *divino*) ad esso sotteso.

----

(3) Hegel, notoriamente filosofo per tutte le possibilità, in specie le più contraddittorie, ha ispirato molto del pensiero neoliberista, quanto all'idea di necessità e cogenza. Il pensiero idealista consente infatti di costruire una realtà arbitraria in ciò, che esso riduce la realtà alla sua idea. Per il fatto stesso che io

penso qualcosa, questo qualcosa diventa vero. Principio pericoloso, generatore di autoritarismi, come la storia ci ha mostrato e ci mostra ancora oggi.)

SOCIALISMO VERSUS NEOLIBERISMO ?
NO, IL RISULTATO E' LO STESSO

Se gli estremi si incontrano, potremmo dire che il socialismo incontra il neoliberismo nella subordinazione dell'individuo alle ragioni rispettivamente della cittadinanza impersonata dallo Stato collettivista, e della società sottoposta al governo invisibile (ma potente) del Mercato, entrambi aventi a scopo apparente la redistribuzione della ricchezza fra *eguali*, come definita nello statuto/manifesto del Socialismo, e fra le classi, secondo la meritocrazia, l'intraprendenza dei singoli e dei gruppi nel Neoliberismo. Il risultato è lo stesso: pauperizzazione egualitaria delle classi popolari, sottoposte a una oligarchia dirigenziale, nel regime socialista; depredazione delle stesse classi popolari (e medie) nel regime neoliberista, da parte di gruppi di interesse (l'Elite), con la sola differenza che nel primo sussiste una parvenza di legittimazione per così dire democratica, mentre nel secondo vi è l'autolegittimazione dell'ipso facto.

CLAUDE HENRY SAINT-SIMON
E LA TECNOCRAZIA SOCIALISTICA

L'idea di un' età positiva e scientifica governata da scienziati e industriali (i grandi industriali e banchieri, visti acriticamente come guide naturali dei lavoratori e con essi solidali) in luogo delle classi oziose dei nobili e dei militari, fu sviluppata da Saint-Simon insieme allo storico A. Thierry in *"Della riorganizzazione della società europea"*(1814). In tale opera si patrocina l'unione fra i popoli europei sotto la guida della Francia e dell'Inghilterra e si abbozza una filosofia della Storia, nella quale il progresso è scandito nell'alternanza di epoche organiche (forse nell'accezione platonica di un corpo composto di più parti indipendenti?) come fu nell'antichità e nel Medioevo, e di epoche "critiche", come fu il periodo che dalla Riforma protestante porta alla rivoluzione francese. (ma S.S. non valuta, forse in mancanza di studi, che sia l'Antichità che il Medioevo sono disseminati di periodi "critici", di rivoluzioni che portano da una fase all'altra della storia). Nel 1816 Saint-Simon pubblicò la rivista *L'Industria*, raccogliendo intorno a sé numerosi esponenti del mondo economico, finanziario e scientifico. Nell'incompiuto *"Nuovo cristianesimo"* (1825) SS lasciava ai suoi seguaci un messaggio sociale (incentrato sul "miglioramento della classe più numerosa e più povera) il fine ultimo della riorganizzazione della società, che lo fa annoverare fra i socialisti utopisti. L'aspetto del suo pensiero che ebbe più fortuna fu l'idea di una società fondata sul lavoro industriale nella quale la produzione è centralmente pianificata e i produttori partecipano del prodotto in proporzione alle prestazioni fornite. La sua figura si colloca per la prima fase nell'interessante intreccio fra tardo Illuminismo e nascente Positivismo; per l'ultima fase egli appare come l'iniziatore del filone scientistico e tecnocratico del socialismo.

Ecco dunque la filosofia che ispirerà la Fabian Society, col suo miscuglio di socialismo e imperialismo anglosassone ordinovista. Sul piano politico, cioè della vulgata, tale filosofia è oggi impersonata dalla socialdemocrazia che governa l'Unione Europea Da questo pensiero nascerà, per rivoli eterogenei la Globalizzazione, concepita da società d'Elite para-massoniche quali la Trilateral Commission, il CFR, il club Bilderberg, tutte aventi come obiettivo un Nuovo Ordine Mondiale in cui un Governo Unico di Esperti Tecnocrati e Finanzieri dirigerà una massa globale indifferenziata e obbediente, controllata da presso, tramite una tecnologia sofisticata che avrà nella Rete informatica il suo cavallo di Troia; un sistema dove le app vigileranno la libertà e gli adempimenti fiscali -e sanitari- dei cittadini.

La versione più recente di questa concezione saint-simoniana sembra essere il "capitalismo inclusivo" proposto dal banchiere Evelyn Rothschild. Un annuncio, o balloon d'essai, di questo progetto (il NWO) è già leggibile nel colpo di stato sanitario globale messo a segno (dalla Massoneria dell'OMS) tramite l' architettata pandemia del Coronavirus-19.

Cap. VIII − Globalizzazione, una Partita Truccata

Dove le Banche Centrali riciclano il Signoraggio

La Globalizzazione è stata spacciata come un processo storico portatore di opportunità e di benessere per i popoli, in specie quelli sottosviluppati. Ma abbiamo presto scoperto che essa è il campo da gioco dove giocatori troppo forti e scaltri fanno anche da arbitri, e che istituzioni quali la BM, l'FMI e il WTO, nate per vigilare sulle regole, fanno da camere di compensazione partigiane per investitori disonesti; speculatori internazionali che tengono in ostaggio interi Paesi con strumenti come il Capital Flight. Questi investitori movimentano nel mondo 625000 miliardi di dollari di scommesse finanziarie (38 volte il Pil degli Usa). Si tratta di una vera Mafia Globale legale, che domina di fatto il pianeta, al di sopra di qualsiasi autorità sopranazionale (ONU e annessi) e in merito alla quale l'opinione pubblica è resa inconsapevole dal l'inerzia (complicità) dei governi, dal silenzio della politica tutta, dei sindacati, ormai tali solo di nome.

Una dimostrazione di come la Globalizzazione sia stata concepita dalle Elite allo scopo principale di produrre denaro dal nulla e di farlo circolare, preferibilmente in segreto, nei mercati finanziari onde poterli manipolare, e con essi le economie degli Stati nazionali, è data dalle Camere di Compensazione Internazionali.

LE CAMERE DI COMPENSAZIONE INTERNAZIONALI E
I TRAFFICI ILLEGALI

Conosciamo tutti, o abbiamo sentito parlare delle camere di compensazione bancarie. La compensazione (in inglese *clearing*) è una operazione interbancaria di scambio di titoli di credito (assegni, cambiali ecc.) tratti su una banca o altro istituto finanziario e saldati da un secondo istituto mediante operazioni di accredito o addebito. Il clearing è definito *bilaterale* se tra due operatori finanziari, e *multilaterale* se tra più di due. Tale meccanismo permette alle banche o istituzioni finanziarie membri di una camera di compensazione di regolare tra loro i rapporti di dare e avere generati da transazioni finanziarie effettuate sui mercati o di scambio di assegni o denaro tra banche.

Per la massa di capitali movimentati annualmente, le principali stanze di compensazione sono Clearstream ed Euroclear (e la loro controllata SWIFT), società di diritto privato (non di natura bancaria), con sede legale nel Lussemburgo. A queste si aggiunge per le transazioni in medio-Oriente la Asian Clearing Union, nata nel 1974 a Teheran; e negli Stati Uniti, il CHIPS e la DTC.

La caratteristica principale di queste banche è l'opacità; difatti esse mantengono conti "non pubblicati", ovvero molti conti dei quali è possibile perdere le tracce, soprattutto dei loro cospicui movimenti di denaro. Queste camere di compensazione [in inglese, Internationai *Central Securities Depositories* (ICSD)] possono svolgere, e spesso svolgono (*Euroclear* e *Clearstream*) funzione di stanze di compensazione e al contempo di banche. Queste due stanze sono collegate da una funzione detta bridge, un ponte elettronico che permette ai clienti transattori di passare da un sistema all'altro. Si tratta perlopiù di transazioni anonime, le cui tracce vengono conservate dalle camere ospiti; ma è inutile dire che le condizioni in cui si opera favoriscono, o sono l'ideale per, l'evasione e il riciclaggio di denaro.

Le Camere di Compensazione Internazionale non sono altro che la Piramide dei Creatori di denaro dal nulla. Più precisamente, le ICSD vengono usate dalle Banche Centrali per riciclare i proventi del signoraggio primario (il furto delle tasse dei contribuenti). Ma anche le banche commerciali se ne servono per riciclare il signoraggio secondario (il furto degli interessi sulla riserva frazionaria, v. cap. IV). Non è tutto, perché le Banche Centrali, attraverso la compensazione mobiliare, effettuano operazioni di *mercato aperto* sui loro conti *coperti*, un metodo discreto per trasferire ricchezza anonimamente a qualsiasi destinatario. (nota – se si associano tali operazioni alla segretezza e immunità di organismi quali la BCE, la BM, il FMI e la BIR o BIS, e persino al MES, di cui abbiamo trattato nei precedenti capitoli, molte incongruenze assumono un significato).

Il traffico di capitali internazionali si avvale anche della DTC (*Depository Trust Company*) e del sistema *SWIFT*. La DTC, una filiale della DTCC (*Depository Trust and Clearing Corporation*), con sede a New York, è assimilata a una camera di compensazione nazionale, ma di fatto si tratta di una camera internazionale a causa dell' entità e del valore dei suoi depositi: il suo volume di attivi in valuta estera è pari a oltre due trilioni di dollari; seguono in ordine di grandezza la *Euroclear* e la *Clearstream*, che sono connesse alla prima dal sistema *Bridge*.

Il sistema *SWIFT* (Society for Worldwide Interbank Financial Telecommunication) che ha base operativa a Bruxelles, è una rete interbancaria che permette il trasferimento di valute e l'effettuazione di operazioni su titoli e divise, grazie a un servizio di messaggeria istantanea tra gli operatori del sistema, principalmente le grandi banche e le grandi istituzioni finanziarie mondiali. Va detto che lo SWIFT è stato oggetto di attenzione da parte del Parlamento europeo, dopo l'affair Snowden del 2013, perché permette l'accesso illimitato ai sui codici (milioni di codici identificativi di operatori e transazioni) alla Cia e alla Nsa, ufficialmente per tracciare i fondi del terrorismo e della criminalità internazionale, in realtà a fini di spionaggio industriale e privato. Tuttavia da allora nulla è cambiato. E il sistema di *correspondent banking* continua a operare indisturbato, malgrado anche il Congresso americano e l'OCSE abbiano segnalato come esso sia un veicolo per il trasferimento di finanziamenti nella rete terroristica internazionale. In dettaglio e a titolo esemplificativo il funzionamento del *correspondent banking*:

La banca "A" apre un conto a proprio nome nella banca corrispondente "B", per effettuare delle operazioni finanziarie per conto dei suoi clienti, che saranno coperte da un doppio segreto bancario, a nome della banca "B" scelta, che potrà permettere ai clienti un accesso indiretto ad alcuni organismi di transazioni assicurate, come le camere internazionali di compensazione (ICSD), o ad altri sistemi di transazione. Le ICSD come *Clearstream International* lavorano in modo significativo con delle istituzioni, che hanno base nei paradisi fiscali. La tecnica del *correspondent banking* può così favorire l'entrata di società, o di istituzioni finanziarie che le fanno da schermo, nei circuiti della finanza mondiale. (**1**)

---

(1) *cfr. Marco Saba, "O la Banca o la vita" (2008);*

GLOBALIZZAZIONE O COME
"SACCHEGGIARE IL PIANETA"

È utile ricordare che fenomeni di globalizzazione si sono già verificati nella storia ed hanno avuto ragioni espansionistiche, esplorative e commerciali; nell'antichità, gli Egizi, i Fenici, i Romani; nell'Alto Medioevo i Vikinghi; nel Medioevo la Lega anseatica e le città marinare del Levante italiano coi loro traffici e scambi, anche culturali, con la Cina (v. cap. III); dopo la scoperta del Nuovo Mondo, le spedizioni colonialiste in America di Spagna, Olanda e Francia, Inghilterra. Nel XVI e XVII secolo la pirateria nei mari europei era una forma di globalizzazione. Tra il XVIII e il XIX secolo le compagnie di navigazione olandesi e inglesi che si spingevano in estremo Oriente, nell'America Latina, e in Africa, con un impeto imperialista. La Globalizzazione dei nostri giorni si differenzia dalle precedenti per la velocità dei collegamenti e degli scambi, favoriti dalla tecnologia: mezzi di trasporto celeri e di comunicazione a distanza (telefono, computer, internet) informatizzazione dei dati computerizzati.

A introduzione di questo processo, che diversi studiosi hanno paragonato ad eventi di snodo della civiltà, quali la scoperta dell'America, l'invenzione della stampa e la prima rivoluzione industriale, potremmo esercitarci in una definizione e dire che la Globalizzazione moderna è un'ideologia che identifica un nemico, o *il* nemico, nello stato nazione, ovvero nei confini territoriali e nelle identità storico-culturali dei popoli della Terra. Ne deriva che i Globalizzatori, si sono prefissi uno scopo, demolire dalle fondamenta un ordinamento, lo Stato, che fu concepito e fondato sul diritto e sulle leggi a tutela della maggioranza dei cittadini, da filosofi quali Jean Bodin, Montesquieu, Russeau. Scopo che mira a rovesciare i termini, adducendo il diritto ad una minoranza più forte di ogni legge. In sostanza, quel che sta avvenendo, ed è già avvenuto, è una *privatizzazione del potere* su scala globale, da parte di Gruppi d'interesse, facilmente riconoscibili nell'Elite Finanziaria e Industriale, che si è impadronita di, e manovra le ricchezze del pianeta. Ma come e perché nacque l'idea di una Globalizzazione nel XXI secolo?

Era il **16 aprile del 1968**, quando a Mont Tremblant (Canada) si apriva la

Conferenza del Bilderberg **(1)** che veniva introdotta da una relazione intitolata "Internazionalizzazione degli Affari". L'autore era George Ball, già Sottosegretario di Stato del governo J.F. Kennedy, di Lyndon Johnson, membro del Comitato Direttivo del Bilderberg Group, senior manager della Lehman Brothers e della Kuhn Loeb Inc. Nel documento Ball illustrava all'assemblea la sua proposta per una nuova politica di globalizzazione economica del mondo, guidata dal Gruppo Bilderberg.

L'idea di Ball era quella di promuovere un Ordine economico mondiale di tipo neocolonialista, basato sul concetto di "mercato globale". Il progetto presentava degli ostacoli, che dovevano essere superati. Il primo e più impegnativo ostacolo era costituito dalla *arcaica struttura politica dello Stato-nazione*. Essa doveva essere sostituita da un ritorno al vecchio sistema coloniale, nel quale innestare l'idea di mercato globale. Secondo l'ex Sottosegretario di Stato, gli stati-nazione non erano più in grado di "fornire risposte alle nuove esigenze " (di *modernizzazione*, ndr). La struttura di stato nazionale, spiegava Ball, con l'idea di benessere diffuso e di uno Stato controllato dall'uomo, rappresenta il principale ostacolo da rimuovere per "saccheggiare il Pianeta" (sic).

Il progetto di Ball trova eco in *The Crisis of Democracy*, un pamphlet nato nelle fucine della Trilateral Commission appena fondata (1973) il cui principale autore, Samuel P. Huntington fu poi chiamato a un incarico in un dipartimento del governo Ford.

---

(1) *Si ricorda che il Bilderberg Group è, insieme alla Trilateral Commission, uno dei parlamenti ombra degli Stati Uniti d'America e dell'Unione Europea, nelle cui riunioni si decidono le delibere che verranno prese poi ufficialmente e "autonomamente" dai politici nelle*
assemblee elettive o democraticamente rappresentative. Sulla riunione
Bilderberg di Mont Tremblant si veda Pierre Baudry, "Synarchy Movement of Empire" (2005) ;

Il libro teorizza e annuncia quel che sarebbe avvenuto nei decenni seguenti: la *democrazia*, storicamente intesa, è un ingombro, a va ridimensionata. Con una concezione olistica, si sostiene che se nella società ci sono personalità più consapevoli, più esperte e in grado di risolvere i problemi, che derivano appunto da un eccesso di democrazia (cioè di partecipazione di soggetti plurimi) allora è giusto che siano tali persone ad avocare a sé l'autorità e la decisione. E' la tendenza che troviamo presente oggi nei governi de-sovranizzati (in particolare l'Italia) i quali nei momenti di crisi (cioè sempre) usano mandare avanti gli Esperti, i commissari ad acta. Saranno questi a farsi portavoce delle decisioni del governo, ovvero a decidere per esso, sovrapponendosi ai ministri. Citiamo dal libro di Huntington, "il funzionamento di una democrazia necessita di un livello di apatia da parte di individui e gruppi ". L'apatia, (dal gr. Apàtheia, mancanza di sensibilità) è precisamente l'indifferenza, la "coscienza felice", di cui scriveva Marcuse nel suo celebre *L'Uomo a una dimensione*", dove il filosofo già nel 1968 prevedeva gli effetti dell' ideologia dei consumi sull'individuo unidimensonato e sulle masse estraniate dal proprio destino (col concorso della Tv).

Se questa deriva delle coscienze fu per un decennio controbilanciata o mascherata dalle conquiste sociali dei lavoratori e dalla rivoluzione culturale degli studenti in tutto l'Occidente, ciò che si preparava nelle officine delle Elite, ci suggerisce come fossero, quelle conquiste, un frutto avvelenato della storia. Va da sé che l'indebolimento della democrazia diviene precondizione per quello svuotamento dall'interno dello Stato-nazione, così *ingombrante* nell'assetto neocoloniale proposto da Ball. Queste idee sulla neutralizzazione dello Stato-nazione e della democrazia, attraverso il loro svuotamento dall'interno, gettano le basi per lanciare il processo "neocoloniale" della Globalizzazione, che diverrà il terreno di coltura per diffondere i semi (o i germi) della dissoluzione graduale del principio di sovranità su cui si reggono gli stati nazionali e la libertà dei popoli. Lo strumento principale con il quale viene attuata la Globalizzazione è l'abbattimento delle frontiere, idea contrabbandata come fonte di benessere e di fratellanza universale, mentre si è rivelata l' opposto.

Tornando all'Impero neo-coloniale di George Ball, evidentemente gestito dai Grandi Monopoli, possiamo osservare che esso si è infine realizzato. Dagli anni '60 ad oggi sono state attuate politiche di deregolamentazione nei settori industriali e finanziari, che hanno portato all'apoteosi della globalizzazione del Mercato (suo scopo principale).
E' il trionfo delle Mega-Multinazionali -industrie di armamenti, infrastrutture, farmaceutiche, catene produttive/distribuitive alimentari-

che grazie all'Onu e ai suoi satelliti, BM, FMI, FAO, OMS, WTO, OCSE, prosperano sulle guerre scatenate nel mondo (Africa, Medioriente) e sulle conseguenti carestie ed esodi di massa. Tutto questo non sarebbe stato possibile senza la connivenza dei governanti e dei politici degli stati nazionali, i quali hanno via via rinunciato alle prerogative costituzionali, garanti della Democrazia, consegnando i popoli agli interessi ed al Progetto Finale delle Elite, come vedremo. Una situazione così sintetizzata da L. Joffrin, "Nel connubio tra Finanza e Politica appare essersi definitivamente consumato il divorzio tra democrazia e popolo. Privatizzato sotto la spinta del nuovo capitalismo, il Potere ha lasciato lo Stato sul ciglio della strada… nascondendo la sua nuova miseria sotto gli orpelli della sovranità" (cfr. L. Joffrin, *"Il governo invisibile: nascita di una democrazia senza popolo"*).

Detto che la Globalizzazione è una conseguenza *necessaria* e implicita dell'Organizzazione delle Nazioni Unite, sin dalla sua costituzione, possiamo ravvisare in entrambe la pre-architettura di un Governo Unico, le cui componenti, come i pezzi di un gioco Lego, sono ancora sparse, ma concepite in modo da incastrarsi l'una nell'altra, quando i tempi siano maturi.

Non è mai troppo presto per evocare questo Progetto, concepito (secoli fa) dalla complessa articolata rete che va sotto il nome *Elite*. Un Piano che sta venendo alla luce, senza più infingimenti o negazioni, e che si sta concretizzando per mezzo di una collaudata strategia tentacolare; situando le stesse persone nei consigli direttivi o di amministrazione di corporations industriali, Banche Centrali, importanti istituzioni private e pubbliche, nazionali e sopranazionali, e senza trascurare il variegato impero dei media, nel gioco antico delle porte girevoli. Fondamentali sono, come abbiamo già detto gli istituti di ricerca (sociale, politica, economica) I più famosi: Rand Corporation, Tavistock Institute, Brookings Institution, Stanford Institute, American Enterprise Institute (AEI) Center For Strategic and International Studies (CSIS) I' American Israeli Political Action Committee, AIPAC, e molti altri. Chi coordina la Rete della Pianificazione Geopolitica? Sono club, circoli semi-segreti e di fatto settari, pur non praticando una liturgia di tipo massonico classico: dalle antesignane, Round Table, Fabian Society, Pilgrims, alle loro derivate, CFR, RIIA, Bilderberg Group, Trilateral Commission. Cominceremo ad esaminarli dal prossimo capitolo. Intanto, a conclusione di questo, vorremmo chiarire che esistono due tipi di potere.

Il Potere Formale e Il Potere Sostanziale
Le Paramassonerie

Per cominciare, spiegheremo come funzionano le Organizzazioni paramassoniche, semi-occulte che costituiscono il Governo del Mondo, o se preferite, la Ragnatela dei governi paralleli ai governi delle nazioni.

Ogniqualvolta si concepisca un' iniziativa destinata ad avere un certo impatto su scala globale, si elabora un progetto, vengono mobilitati i think tank, gli uffici studi di quelle Organizzazioni. Ad esempio, se si decide di imprimere una svolta o uno snodo particolare nella globalizzazione, in campo economico-finanziario, calcolando quali nazioni, in quali continenti, debbano godere di pace e di relativa prosperità, e quali dovranno invece subire una opportuna recessione, altre essere sopraffatte da conflitti, con conseguenti carestie ed esodi di massa; quali ancora subire dei colpi di stato, delle turbolenze sociali, quali soffrire di epidemie, etc., in questi casi si mette su una cabina di regia, che orchestri l'azione di diverse personalità, presidenti di stati e i loro governi, le potenze planetarie; inoltre, i servizi segreti (in Usa, Cia, Nsa); la Grande Finanza, i vertici delle maggiori multinazionali, i proprietari dei mezzi d'informazione, i giornalisti, gli scrittori più noti, gli alti ufficiali militari, gli accademici, i capi del Fondo Monetario Internazionale, della Banca Mondiale, del WTO, dell'OMS.

Tutti questi *attori* (in senso shakespeariano) agiranno in modo coordinato, eseguendo molteplici attività, in modo tale che il risultato siano eventi concreti, credibili dall'opinione pubblica del pianeta e irresistibili, ovunque. Questo è quel che accade da circa un secolo, ma, sotto altri nomi, titoli e istituzioni, da molto più tempo. Ne derivano alcune premesse: la prima è che i capi di Stato, i governanti sono tali perché scelti, non dal popolo, ma innanzitutto da quelle Organizzazioni settarie; la seconda che quel che ogni giorno trasmettono i media, cioè i resoconti delle azioni di governi e parlamenti non sono altro che l'esibizione -ad *usum delphini,* cioè della Pubblica Opinione- di un Potere Formale, mero esecutore di atti decisi, o preordinati da un Potere Reale. E' questo Potere invisibile a decidere quel che deve avvenire, quando, dove, chi saranno i protagonisti.

Vi sarete domandati come mai i governanti abbiano sempre tutti una visione di corto respiro e programmino soltanto per il breve periodo. Non è perché siano incapaci di risolvere i problemi sociali, è perché attendono ordini da *Superiori Incogniti*. Sono infatti questi a possedere le strutture adatte a una pianificazione di lungo periodo, perché *non debbono render conto a nessuno*, eccetto ai loro interessi, che sono interessi di gruppi finanziari-industriali, i quali gestiscono la Cosa Pubblica, gli Stati intralcianti, i popoli ingombranti, come in un gioco Monopoli, cercando di fare un affare, a seconda del momento, senza perdere mai di vista però il Disegno complessivo.

Questi *Monopolisti* sono annidati nelle Organizzazioni Sopranazionali, il cui quartier generale ha sede negli USA ed i cui agenti sono assegnati nelle principali nazioni d'Europa, Inghilterra, Francia, Germania, Italia; ma anche in Israele, Medioriente arabo, Paesi latinoamericani. È utile sapere che se il governo formale degli Stati Uniti d'America ha sede a Washington, il suo Potere reale è situato e agisce da New York. Il fatto che a Manhattan, l'isola di pochi chilometri che identifica New York City, sorgano il Financial District, con la più prestigiosa Borsa Valori del mondo, il World Trade Center, l'ONU, dice chiaramente che è qui il motore della Nazione più potente del pianeta, qui il suo vero Potere Politico, dove si prendono le decisioni, perché qui è il suo, e del mondo, Potere Finanziario.

Il segreto del successo di questo Potere ormai meno occulto che latente, risiede nella capacità di programmazione, ma soprattutto nella continuità. Solo grazie alla durata questo Potere si è radicato e governa la Terra, da oltre un secolo. E non è superfluo ricordare che gli Stati Uniti furono fondati dalla Massoneria inglese, e che la sua componente detta *Illuminata* è stata determinante nel gettare in America le basi dell'antico Progetto del Nuovo Ordine Mondiale, concepito nel XVIII secolo dagli Illuminati di Baviera, i quali riparati poi nella nuova Confederazione, riuscirono in pochi decenni a impadronirsi delle sue istituzioni. (v. il nostro *Gli Illuminati all'Assalto dell'Europa, vol.1*).

Come si è detto, il maggiore ed ultimo ostacolo, dei Mondialisti è la democrazia rappresentata dagli Stati nazionali, la funzione (e *finzione*) dei Parlamenti, in particolare in Europa, con il loro processo elettoralistico. Per quanto esautorate, le istituzioni democratiche e con esse le numerose associazioni e gruppi d'interesse che formano il tessuto delle nazioni liberali d'Occidente, possono ancora agire per difendere i popoli dalla pianificazione geoingegneristica del Governo Unico.

In questa situazione falsa, un compito vitale è demandato ai media nell'operare una ulteriore falsificazione, sostenendo e contrabbandando una *correttezza politica,* espressa nel sistema bipolare (il tripolarismo essendo fallito, almeno in Italia) o *democrazia dell'alternanza;* locuzioni che sottintendono una sinistra differente dalla destra (categorie ancora vive o reviviscenti) i conservatori diversi dai progressisti; una differenza ormai affidata quasi esclusivamente alle politiche dell'immigrazione e dell'ordine pubblico; laddove per il resto i due schieramenti sono sovrapponibili, allorché praticano provvedimenti o "riforme" che rispondono all'agenda delle Elite. Detto che il Neomercantilismo/Neoliberismo fu introdotto in Europa dalla Sinistra socialista e socialdemocratica, un esempio e conferma plateale di questa *consustanzialità* politica fra le due fazioni si ha nella risposta data dal socialista Baraque Obama alla crisi di default delle banche *troppo grandi per fallire.*

Mentre i massmedia facevano il loro lavoro, amplificando le menzogne affinché divenissero la verità, in Usa, dopo la bolla finanziaria del 2008, le più grandi banche, le stesse che avevano innescato ad arte la crisi, furono salvate dal governo Obama, il quale versò nelle loro casse 700 miliardi di dollari delle tasse dei contribuenti (quanto nessun governo conservatore aveva mai fatto) aiutando così i miliardari ad arricchirsi ulteriormente, con un rapporto di 793 a 1.011; e intanto grazie a loro, milioni di persone finivano in strada e migliaia si suicidavano. L'America come l'Europa è sotto il tallone spietato di Poteri Globali, detti Sistema Finanziario Internazionale, impropriamente, perché è un Sistema *Criminale* Internazionale.

Cap. IX – La Pianificazione Geopolitica

Il Council on Foreign Relations Governo Occulto del Mondo

" Se l'Establishment ha un' identità sfuggente, esso possiede tuttavia
un volto riconoscibile
nel Consiglio per le Relazioni Estere "
(James E. Jeffries, deputato del Congresso degli Stati Uniti)

*

Che cos' è il CFR, Council on Foreign Relations, e perchè viene reputato il governo ombra degli Stati Uniti (e del mondo)? Secondo molti teorici, il fine ultimo di questa organizzazione sarebbe quello di instaurare un Governo Unico mondiale di tipo socialista, fortemente centralizzato e diretto da una Oligarchia Tecno-Finanziaria. Il CFR ha sede a New York nell' Harold Pratt House, 58 East 68th Street; conta 4500 affiliati, i cui nomi sono resi pubblici sul sito dell'associazione, insieme ai suoi scopi statutari, che sono descritti come segue: "il Council on Foreign Relations è un'associazione no profit, non faziosa, dedicata a migliorare la comprensione della politica estera degli Stati Uniti e gli affari internazionali attraverso lo scambio di idee ".

Spiega nel suo libro *Who's Who of the Elite*, Robert Gaylon Ross, a proposito della cortina di fumo che avvolge l'associazione: "se state facendo qualcosa di illegale, immorale, non etico, impopolare e/o incostituzionale, voi farete tutto ciò che è necessario affinché questo sia tenuto segreto".
Ed Anthony Sutton, "in apparenza un innocente forum di accademici, uomini d'affari e politici, il CFR contiene al suo interno un centro di potere, forse sconosciuto a molti dei suoi membri, un potere che determina la politica estera americana " e aggiunge che i suoi reali ed *eversivi* obiettivi sono: l'acquisizione di potere economico nei mercati… per un ristretto gruppo di grandi multinazionali sotto il monopolio virtuale di alcune società d'investimenti e il controllo di poche famiglie."

L'ex agente FBI Dan Smoot conferma la veste ingannevole del CFR nel suo *Il Governo Invisibile*: "la guida del governo invisibile (del mondo) rimane nelle mani di una sinistra ristretta cerchia. ….Per quanto la maggioranza dei suoi associati siano perlopiù alla ricerca di uno status, e fra essi i più eminenti e potenti possano essere ben intenzionati, rimane il fatto che il loro fine ultimo è la creazione di un sistema socialista totalitario mondiale."

Dato l'enorme potere del CFR (le sue riunioni sono segrete ed è fatto divieto ai suoi affiliati di divulgarne il contenuto) e assodato che esso sia diretto da un *cerchio magico* interno, non meraviglia che negli Stati Uniti l'americano medio ne ignori l'esistenza, né che nessun organo di stampa ne faccia mai menzione, così come della Trilateral Commission, mentre da qualche anno si annunciano invece le riunioni del Bilderberg club, assurto alle cronache mondane dopo la pubblicazione di alcuni libri di denuncia. Infine, nemmeno il Congresso americano, che con la commissione Reece ha cercato di investigare le sue innumerevoli fondazioni per sospetta frode fiscale, è mai riuscito a scalfire il potente CFR, forse perché molti politici eminenti vi sono affiliati.

Il CFR fu concepito, all'esito della Prima Guerra Mondiale, nel corso di una cena a Parigi; il suo promotore fu un personaggio che aveva inciso già nella vita politica degli Usa, convincendo, in qualità di suo consigliere, il presidente Wilson a istituire la Federal Reserve Bank, la Banca Centrale Americana (1913) e di lì a poco l'imposta sul reddito degli Americani: Edward Mandell House. (cfr. *I Protocolli di Sion e il Nuovo Ordine Mondiale*, vol. I, dell'Autrice). Potremmo definirlo l'uomo dei Banchieri di Wall Street, ideatori sia della Fed che della tassazione del reddito (entrambe mirate a impoverire la classe media americana, consentendo ai ricchi di arricchirsi ancora di più col signoraggio sull'emissione della moneta).

Il colonnello House, che dirigeva il Dipartimento di Stato, era anche molto altro; massone (Round Table, Pilgrims Society) di idee socialiste, un socialismo totalitario, espresso nel pamphlet *Philip Dru dominatore del Mondo*. Che egli fosse l'uomo chiave della politica statunitense lo conferma l'ascendente che aveva sul Presidente, al punto da convincerlo (pur dicendosi *pacifista*) a far entrare gli Stati Uniti in guerra dichiarando l' ostilità alla Germania (6 aprile 1917) "perché la nazione americana aveva *una missione da compiere*, salvare il mondo in nome della democrazia." (House).

Edward Mandell House

La Prima Guerra Mondiale (voluta e provocata da manovre occulte dei Banchieri Internazionali, come la Rivoluzione bolscevica) doveva servire ad altri scopi, gettare le basi per istituire una Lega delle Nazioni, onde preparare un Governo Unico del Mondo. In tale prospettiva, Wilson, cioè Mandell House, già nel 1916, costituì un gruppo di lavoro (una task force) composta delle menti più brillanti di quel periodo, circa 150 persone: professori universitari, studiosi, avvocati, economisti, scrittori. Fra essi vi erano nomi che ritroveremo sia nella Conferenza di Pace di Versailles del 1919, sia alla fine della II Guerra Mondiale, come elaboratori del Piano Marshall per l'Europa (ovvero il Progetto dell'Unione Europea) ancora guidati dall'intramontabile colonnello House, divenuto consigliere di FD Roosvelt. I nomi degli esperti più noti: Walter Lippmann (giornalista, autore de *"L'Opinione Pubblica"*, (1922) un manuale capostipite sulla manipolazione del consenso di massa); i fratelli Allen e Foster Dulles (affiliati alla Round Table e alla Pilgrims) che diverranno rispettivamente capo della CIA e Segretario di Stato nel governo Truman. Ma merita dare uno sguardo al primo dopoguerra, perché il suo clima è foriero di quel che avverrà decenni più tardi.

1919
LA CONFERENZA DI VERSAILLES

Woodrow Wilson

In risposta alla "rivoluzione proletaria" dei bolscevichi, in Russia, Wilson formula, l'8.1.1918, i Quattordici Punti (rivoluzione mondiale democratica) che espone più diffusamente nei suoi discorsi di Mount Vernon (4.7.1918) e di New York (27.9.1918). Il punto 14 postula l'istituzione di una Società delle Nazioni per il mantenimento della pace mondiale e per la garanzia dell'integrità territoriale e dell'indipendenza politica di tutti gli Stati. All'equilibrio delle potenze, che dalla Pace di Vestfalia (1648) fino alla I Guerra Mondiale è stato il principio regolatore della politica internazionale in Europa, si vuole sostituire l'azione della Società delle Nazioni, che deve risolvere pacificamente ogni controversia tra gli Stati e punire l'aggressione compiuta da un Paese a danno di un altro. Presupposto fondamentale è l'ipotesi che in avvenire tutte le nazioni rette da governi democratici abbandonino la politica bellicista e imperialista propria degli imperi dinastici. Un anno dopo, 18.1.1919, si apre la Conferenza della Pace nella Sala degli Specchi del castello di Versailles, con la partecipazione di 70 delegati delle 27 nazioni vincitrici, sotto la presidenza del premier francese George Clemenceau. Durante le trattative, in particolare nelle sedute del Consiglio Supremo dei "Dieci Grandi" (Usa: Wilson, Lansing; Inghilterra: Lloyd George, Balfour; Francia: Clemanceau, Pichon; Italia: Orlando, Sonnino) i Quattordici punti - proclamati da Wilson come fondamento dei negoziati- passano in secondo piano, mentre acquistano rilievo sempre maggiore gli obiettivi dei vincitori, fissati nei trattati segreti (egemonia sull'Europa e arginamento di ogni possibile futura iniziativa della Germania).

Non c'è bisogno di dire che al tavolo delle trattative Wilson era munito dei consigli della sua task force (Mandell House e gli esperti sopra citati) ma soprattutto della presenza del banchiere Bernard Baruch, suo consigliere economico (cfr. Eustace Mullins, *Il Nuovo Ordine Mondiale*, 1992) rappresentante degli interessi di Wall Street. Furono questi personaggi, in maggioranza membri delle società segrete Round Table e Pilgrims, a redigere le condizioni di pace per il nuovo assetto dell'Europa e ad elaborare la Carta della futura Società delle Nazioni già nel settembre 1916, in pieno conflitto mondiale. Qualche biografo (forse di Mandell House) si spinge ad affermare che persino i discorsi pronunciati dal presidente americano a Versailles fossero delle veline redatte dal suo mentore House (e dietro le quinte, da Bernard Baruch)

Bernard Baruch
(principale architetto e finanziatore della
rivoluzione bolscevica)

Quanto alla Società (o Lega) delle Nazioni, Wilson e le sue eminenze grigie non avevano fatto conto della democrazia, malgrado tutto, vigente in America, perché, se le nazioni sedute al tavolo delle trattative firmarono senza riserve la Carta della Lega, fu proprio il presidente degli Stati Uniti, che l'aveva proposta, a vederla bocciata dal Senato americano; i cui membri avevano colto in quell'accordo internazionale le premesse di una Confederazione Mondiale, che avrebbe messo in crisi la sovranità degli Usa.

Il CFR di Mandell House nacque proprio da quella delusione. Come si legge negli archivi del CFR, il 30 Maggio 1919 diversi delegati della

Conferenza di Versailles si riunirono per una cena all'Hotel Majestic di Parigi, per discutere la formazione di un gruppo internazionale che avrebbe avuto un compito di consulenza dei rispettivi governi in materia di politica estera. Gli Stati Uniti erano rappresentati dal generale Tasker H. Bliss (Capo di Stato Maggiore dell'esercito US), dal colonnello Edward Mandell House e da altri militari ed accademici. La Gran Bretagna era ufficiosamente rappresentata da Lord Robert Cecil, Lionel Curtis, Lord Eustace Percy e da altri. In questa riunione fu proposto di chiamare una siffatta organizzazione Istituto per gli Affari Internazionali (poi RIIA, Istituto Reale per gli Affari Internazionali). In una successiva riunione (5 giugno) fu deciso di suddividere l'organizzazione in due branche collegate. Nacque così il Council on Foreign Relations (CFR) con sede a New York, il RIIA avrebbe avuto il suo quartier generale a Londra, in Chatham House.

E'interessante sapere ora che dietro la richiamata organizzazione bicefala vi era, per il ramo inglese, il barone Edmond de Rothschild (dei celebri banchieri multinazionali). Dopo aver dominato, a fianco del premier Lloyd George, i negoziati di Pace di Versailles **(1)** il Rothschild si attivò per l'istituzione del RIIA **(2)** e del CFR, quali strumenti formidabili per il conseguimento di quel Nuovo Ordine, di cui il Movimento Sionista (da lui capeggiato in Inghilterra) era la Camera occulta.

----

(1) sul tipo di pace di cui ai Trattati, va detto che si trattava di una pace massonica, ovvero tesa a ridefinire l'assetto di un'Europa posta sotto la tutela della Finanza Internazionale (sionista) per procura dei loro governi fantoccio, gli Usa e la Gran Bretagna);
(2) il RIIA divenne ben presto un organismo riconosciuto dalla Corona inglese, al punto da contemplare fra i suoi membri personalità della famiglia reale. Di fatto, esso è oggi sotto la protezione della regina Elisabetta

----

Non per nulla i fondatori di entrambe le associazioni erano tutti sue pedine. Il presidente onorario del CFR era Elihu Root, avvocato delle banche Morgan e Kuhn, Loeb Co; il RIIA annoverava quattro membri della famiglia Astor, dei quali H.J.J Astor, presidente del Times e direttore della Banca Hambros. Il primo presidente del RIIA fu il luogotenente colonnello RW Leonard, presidente delle Miniere Coniagas. E, fatto significativo, il Lord patrocinatore era sua maestà la Regina. Tutti i ministri e viceré delle colonie, dal 1923, sono stati presidenti onorari del RIIA. Lo stesso principe di Galles accettò l'incarico di Visitatore.

La costituzione giuridica del CFR si ebbe però solo nel 1921. In questa data dobbiamo annoverare altri fondatori: Henry Davison, Thomas Thacher, Harold Swift, W. Averill Harriman, i fratelli John Foster e Allen Dulles, Thomas Lamont, Paul Cravath, architetto della Federal Reserve, Paul Warburg, Mortimer Schiff (figlio di Jacob,), Russell Leffingwell ed altri soci del banchiere Morgan. I primi finanziatori furono infatti Morgan, John D. Rockefeller, Bernard Baruch, Jacob Schiff, Otto Kahn, and Paul Warburg. (il gruppo di ideatori e finanziatori della finta Rivoluzione bolscevica e poi artefici dell'ascesa di Hitler in Germania; (v. Eustace Mullins, op. cit. e Antony Sutton, *"Wall Street and the Rise of Hitler"*);

Negli anni che seguirono, il CFR e il RIIA figliarono associazioni analoghe e con gli stessi scopi, in pressoché tutta Europa. In Francia nacque il Centre d'Etudes de Politique Etrangere; ad Amburgo l' Institut fur Auswartige Politik; in Italia lo IAI (Istituto di Affari Internazionali); tutti di chiaro indirizzo mondialista, e influenti nelle politiche dei rispettivi stati. Durante i suoi primi anni il RIIA fu finanziato in grande misura dai Rothschilds, attraverso intermediari (com'è nello stile di questi banchieri) con circa $ 100,000 per anno. Seguirono i Rockefellers con molti milioni di dollari, erogati attraverso le loro fondazioni e trust (Rockefeller Foundation e Carnegie Corporation). Ad oggi queste due famiglie di finanzieri, direttamente o indirettamente rimangono i finanziatori del RIIA e del CFR. Segnaliamo, tra i molti nomi di singoli e imprese affiliate, E.D. Sassoon Co., una famiglia storicamente legata ai Rothschilds, e che ebbe un ruolo significativo nel colonialismo britannico in Estremo Oriente. Ci torneremo.

IL VERO POTERE DEL CFR

Circa l'estensione del potere del CFR vi sono tesi divergenti. Alcuni studiosi (Dan Smoot) fanno risalire l'influenza del CFR al 1939, dopo lo scoppio della II Guerra Mondiale, quando alcuni membri dell'organizzazione (Hamilton Fish Armstrong and Walter H. Mallory) ottennero un incontro al vertice del Dipartimento di Stato (il Ministero degli Esteri US) per offrire consulenza da parte del Council on Foreign Relations. I vertici del Dipartimento, sotto il governo FD Roosvelt, **(1)** accettarono l'offerta di una collaborazione esterna, priva di un incarico formale e di qualsiasi responsabilità. Fu così che il Council formò dei gruppi di lavoro in vari campi di ricerca –Sicurezza e Armamenti, Economia e Finanza, Interni ed Esteri. La Rockefeller Foundation elargiva denaro, mediante sussidi e borse di studio. **(2)**

----

(1) Roosvelt, massone 33mo grado del Rito Scozzese, se non propriamente affiliato al CFR, gravitava nel suo ambito, poiché la sua elezione alla Casa Bianca fu aiutata dalla potente organizzazione);
(2) non è mai troppo presto per anticipare il ruolo di primissimo piano svolto dai Rockefeller nel CFR; basti qui dire che la Harold Pratt House, tuttora quartier generale dell'associazione, al numero 58 East 68th Street, New York City, fu un loro dono);

Per quanto molti studiosi attribuiscano al CFR la direzione della politica estera, ovvero di tutta la politica americana, definendolo il governo ombra degli Usa, Eustace Mullins (*The World Order, Our Secret Rulers, 1992)* ci informa che non è esattamente così. In realtà il CFR sarebbe soltanto un intermediario, e i suoi vertici, pur eminenti e influenti per conto proprio, non sarebbero che trasmettitori di ordini dalla organizzazione consorella, il RIIA (organo, come si è detto, della famiglia reale inglese) al governo US, alla Federal Reserve, e a molte altre istituzioni governative. Oltre a ciò, il RIIA mantiene un controllo sulle fondazioni legate al CFR, i cui gruppi di studio hanno il compito di elaborare gli indirizzi dell'associazione di Londra in modo che vengano formulati in una politica accettabile per gli Stati Uniti. Si tratta certo di una tesi suggestiva, che riecheggia (o è riecheggiata da) quanto scrive David Icke *(The Guide to Global Conspiracy and how to end it,* 2007) secondo il quale il governo americano liberamente eletto, sia in realtà una *Corporation* (società di capitali) e che gli Stati Uniti dovrebbero chiamarsi più veridicamente *United States Corporation.* Tale Corporation fu creata dietro lo schermo di *Governo Federale* dopo la finta vittoria riportata dalle colonie secessioniste sulla madrepatria britannica, *vittoria* tramite la quale esse si sottomisero ad essa.

Nei fatti, la *Virginia Company,* la società di capitali amministrata dalla Corona Britannica, che controllava le colonie, non fece altro che cambiare denominazione (a partire dal *Virginia Bill of Rights,* la prima carta costituzionale) in *Stati Uniti* ed altri pseudonimi, United States of America, Washingon Dc, District of Columbia; mentre il suo presidente, noto come Presidente degli Stati Uniti, dovrebbe più propriamente chiamarsi, secondo Icke, Presidente della Società di Capitali Americana. Questa realtà (occulta) comporta che ogni qual volta un presidente degli Usa lanci una guerra contro un altro Paese, ad esempio quella contro il terrorismo islamista, (o un embargo, o sanzioni contro l'Iran o la Cina) lo fa in nome e per conto di una privata società e nell'interesse di essa, non già del popolo americano. Questa Corporation non ha nulla a che vedere con l'America o gli Americani, che sono, sul piano giuridico, entità distinte.

Si noti che la bandiera nazionale americana si presenta sempre con una banda dorata quando viene issata su un palazzo pubblico, così come sulle divise militari statunitensi. Senonché, sotto la Legge internazionale delle Bandiere, la banda dorata sta a indicare la giurisdizione della Legge del Commercio, ovvero la Legge marittima Britannica. Non basta, perché anche l'ordinamento giuridico americano è in sostanza quello inglese ed ogni avvocato, magistrato o giurista americano che entri in carriera, o nello svolgimento della sua professione, giura fedeltà al Regno di Gran Bretagna; così pure i professionisti della Giustizia in ogni parte del mondo.

Fra le istituzioni e Banche che risultano affiliate al CFR, almeno dal 1969, oggi anche sotto altri nomi o rappresentanti, figurano la Brookings Institution, la Rand Corporation, la Rockefeller Foundation, la Carnegie e la Ford Foundation, il Fondo Rockefeller Brothers; tutte istituzioni notoriamente mondialiste, in linea con il CFR, nel quale spicca, come si vede, la famiglia Rockefeller. Possiamo dire, senza tema di sbagliare che, se nei primi anni il CFR fu governato dalla famiglia di banchieri Warburg, in seguito esso è stato guidato, se non formalmente, di fatto dal 1927 da John D. Rockefeller, e dagli anni '50 dal nipote, David Rockefeller, sino al 2017, anno della sua morte. Su questa figura, così importante per il progetto NWO torneremo nel capitolo dedicato ai Rockefeller.

Dal sito web del CFR, attualmente (aprile 2021) l'associazione conta 5000 membri, fra individuals e corporates. Figurano tra i fondatori (o rifondatoril: Bank of America, BlackRock (che abbiamo conosciuto come maggiore azionista di BankItalia) Facebook, Google, Goldman Sachs, Moody's (l'agenzia di rating) Morgan Stanley, Nasdaq (la Borsa di New York), JP Morgan Chase (dei Rockefeller, maggior azionista di Bankitalia), Exxon (compagnia petrolifera dei Rockefeller).
Riportiamo inoltre dalla lista delle corporations *affiliate* e finanziatrici, alcune fra le più *suggestive*: The Boeing Company, BP p.l.c.(British Petroleum), American Express, Deutsche Bank AG, Blackstone (BlackRock), Bloomberg Philanthropies, CNA, Eni, First Eagle Investment Management, GardaWorld Federal Services, Fitch Ratings, Johnson & Johnson, Mastercard, PayPal, Microsoft Corporation, Mitsubishi Corporation (Americas) Mitsui & Co. Inc. (U.S.A.), Pfizer Inc., Unipol Gruppo S.p.A., Shell (Royal Dutch Shell della famiglia reale olandese coi Rothschilds) ed altri. Nella lunga lista di affiliati individuals sono riconoscibili giornalisti e personalità accademiche, dell'informazione e della cultura statunitensi.

Ma ritorniamo alla tesi di E. Mullins. In verità, per comprendere i rapporti fra CFR e RIIA, nella prospettiva mondialista, bisogna far riferimento alla Round Table, la setta fondata dallo statista e magnate dei diamanti Cecil Rhodes e dal suo esecutore testamentario Lord Milner agli inizi del '900. Il progetto di Rhodes era quello di un Governo Mondiale guidato dal Regno Unito di Gran Bretagna, previo riassorbimento politico degli Stati Uniti; in alternativa due nazioni confederate, che assumessero la guida del mondo, in nome e in virtù della superiore razza anglosassone; privilegio che includerebbe anche la Germania.
Ora, dopo oltre un secolo, due guerre mondiali, il riassetto e rimescolamento degli equilibri geopolitici sulla Terra, il tramonto (ufficiale) dell'ideologia della super razza ariana, l'invasione migratoria dell'Europa, in particolare l'Inghilterra, da parte di altre razze, è chiaro che il progetto di Rhodes, posto che i mondialisti lo perseguano ancora, va reinterpretato ed adattato alle nuove condizioni createsi. Solo i vertici,

il cerchio magico interno di RIIA e CFR, potrebbero rispondere sulla questione; ed è utile ricordare che la maggioranza degli iscritti ai due club para-settari ignora le vere motivazioni del loro agire, occultate dietro slogans come cooperazione internazionale, migliore comprensione per la pace fra le nazioni… purché questa cooperazione si conchiuda in un Governo Unico, diretto da un'Oligarchia Sopranazionale, previa dissoluzione politica di Europa e Stati Uniti d'America. Nel suo libro *"Fondazioni"* il senatore Rene Wormser, già membro della Commissione Reece (sull'evasione fiscale delle grandi Fondazioni) ha scritto: " Il Consiglio sulle Relazioni Estere è virtualmente un'agenzia del Governo, ed è finanziata sia dalla fondazione Rockefeller che dalla fondazione Carnegie; inoltre esso propaganda il Mondialismo". Wormser intende, con mondialismo, la sovversione dell'ordinamento democratico degli Stati Uniti.

Per conseguire questo particolare obiettivo, il CFR ha presto infiltrato, sin dal 1939, i vertici dell'amministrazione americana, decidendo negli anni le sue politiche, facendo e disfacendo i governi della Casa Bianca, i cui presidenti e vicepresidenti sono sempre stati suoi adepti.
Uno di tali adepti fu (per 20 anni) l'ammiraglio Chester Ward, della Marina militare US, il quale scrive nel suo libro *Kissinger on the Couch*, "una volta che i dirigenti del CFR hanno deciso che il governo degli USA debba adottare una data politica, esso mette al lavoro tutti i suoi esperti per sviluppare argomenti intellettuali ed emozionali per sostenere la nuova politica, e nel contempo discreditando intellettualmente e politicamente qualsiasi opposizione."

Il Senato americano ha più volte espresso inquietudine per l'influenza del CFR negli affari del governo.
Come scrisse il senatore Goldwater: "il CFR ha infiltrato con personale proprio pressoché ogni posizione nell'amministrazione della Casa Bianca, a cominciare dalla presidenza di FD Roosvelt.
Lo scrittore J. Perloff, nel suo *The Shadow of Power*, cita un documento del Congresso datato 15 dicembre 1987, nel quale il senatore Jesse Helms, davanti al Senato, denuncia il ruolo preponderante del CFR nell'Establishment, "oggi il punto di vista dell'Establishment viene chiamato Globalismo. Signor Presidente, nella concezione del Globalismo gli stati-nazione e i confini nazionali non contano per nulla; i principi filosofici e politici divengono relativi. In verità, persino le costituzioni diventano irrilevanti per l'esercizio del potere. "

Un pensiero che viene completato da Gary Allen (*The Rockefeller File*) quando scrive, "il traguardo del CFR è semplicemente di abolire gli Stati Uniti, con le sue garanzie costituzionali di libertà. E non si preoccupano nemmeno più di nasconderlo. ...Oggi l'attività del CFR consiste nel tendere verso il suo traguardo finale: un governo al di sopra del mondo; un governo che sarà controllato dai suoi affiliati ".

Ma è lo stesso CFR, di fatti, a prefigurare il proprio traguardo, già in uno studio pubblicato nel 1959, il 25 novembre, Studio n. 7: "costruire un nuovo ordine internazionale che risponda alle aspirazioni mondiali di pace, di mutamenti economici e sociali. Un ordine che includa "stati che si definiscano come Socialisti ".

Vanno rilevati due punti. Uno, che una siffatta dichiarazione era in linea con la Carta delle Nazioni Unite, nella cui fondazione il CFR ebbe un ruolo chiave, avendolo voluto, come modello perfezionato (rispetto alla fallita Lega delle Nazioni) del futuro Governo Unico. **(3)** Due, che il socialismo di cui al documento del CFR non è né quello del New Deal di Roosvelt né quello riformista della socialdemocrazia che governa attualmente l'Europa. Il sistema di governo concepito dal CFR sarà meglio esplicitato dal suo demiurgòn, David Rockefeller negli anni '90; allorché egli parlerà apertamente di una Elite *destinata a dirigere un Governo Mondiale sopra una umanità controllata tramite un microchip (innestato)*. Il socialismo, consisterà nelle tasse di cui la detta umanità egualitaria sarà gravata da un Fisco-Polizia. Ci torneremo.

---

(3) *l'ONU fu voluta dai soliti Rockefellers, i quali acquistarono e donarono all'Organizzazione il terreno dove essa sarebbe sorta, a New York, nella middle-upper Manhattan);*

Un documento divenuto celebre fra gli storici è la dichiarazione resa da James Warburg (dei Banchieri) membro del CFR, in audizione nella Commissione Affari Esteri del Senato, 17 febbraio 1950: "noi avremo un governo mondiale, che vi piaccia o no, per mezzo di consenso o di forza ". Da come sono andate le cose nel mondo Occidentale, da allora, il deteriorararsi, in particolare negli ultimi tre decenni, della democrazia liberale, ridotta a mera finzione; una democrazia che ha sostituito l'autodeterminazione dei popoli con la maschera della moral suasion, un forma di autoritarismo etico, possiamo indovinare che il Governo Unico sarà conseguito dai Mondialisti col consenso, di una popolazione globale abilmente persuasa ad esempio dalla paura di un nemico invisibile, esterno o, più probabilmente interno, come può essere una pandemia.

A supporto di questa nostra previsione, riportiamo un brano da un articolo del 1974, di Foreign Affairs, l'organo di stampa del CFR: "la casa del nuovo ordine dovrà essere costruita dalla base in su, piuttosto che dall'alto verso il basso. ...un obiettivo perseguito intorno alle sovranità nazionali, da erodere pezzo per pezzo, realizzerà molto più del vecchio e datato assalto frontale. "

(nota − questa enunciazione così foriera dà un fondamento inquietante alla costituzione dell'Unione Europea, della quale il CFR fu il principale artefice, e a tutto ciò che ne è derivato, la perdita della sovranità, della ricchezza dei popoli europei, ed ora, surrettiziamente, della loro libertà, con l'inganno della pandemia da corona virus; un'operazione architettata per accelerare la marcia verso il traguardo del NWO)

La decisiva erosione di cui parla l'articolo, la più difficile, riguarderà gli Stati Uniti. Determinante sarà la potenza di fuoco della ricchezza dei membri CFR, in grado di comprare la politica, manovrarla, minacciarla, allo scopo di stendere il consueto maquillage su una svolta che i più esperti analisti (l'ex agente FBI, Dan Smoot, James Perloff, *The shadows of Power*, 1988) non esitano a prevedere come un Governo Globale Fascista. Già oggi, questa associazione (para-massonica nel suo cuore segreto) con la sua grande influenza decide la politica americana, senza che il pubblico ne sappia nulla. Il fatto che il Congresso tenti invano da anni di investigare sulle *liaisons* tra il governo, nei suoi vari dipartimenti, in particolare il Dipartimento di Stato, e il CFR è indicativo delle alte protezioni di cui esso gode, o più precisamente, indizia una realtà: che chiunque vada a sedersi alla presidenza della Casa Bianca è un membro o un patrocinato del CFR. del resto le prove non mancano; basta scorrere gli archivi della membership del Council. Qui di seguito alcuni candidati, che furono eletti presidenti, o divennero vicepresidenti, scelti dal partito repubblicano o democratico (che per il CFR si equivalgono):

John W. Davis (1924), Herbert Hoover (1928-32), Wendell Wilkie (1940), Thomas Dewey (1944-48), Adlai Stevenson (1952-56), Dwight Eisenhower (1952-56), John F. Kennedy (1961-63), Richard Nixon (1969-74) Hubert Humphrey (1968), George McGovern (1972), Gerald Ford (1974-77), Jimmy Carter (1977-81), John Anderson (1980), George H. W. Bush (1989-93), Walter Mondale (1984), Michael Dukakis (1988), Bill Clinton (1993-2001). Nomi quali Woodrow Wilson e FD Roosvelt pur non risultando formalmente iscritti, erano certamente di area CFR, se si considera che il primo ebbe la campagna elettorale finanziata dai banchieri di Wall Street e il secondo era un socialista. Quanto ai più attuali Baraque Obama e Donald Trump, non abbiamo trovato fonti di una loro affiliazione al CFR, ma, dati i requisiti per accedere alla Casa Bianca, possiamo azzardare un patrocinio. Ci sono poi i direttori della Cia, della Nsa, del FBI; le più alte cariche militari; virtualmente, ogni Consigliere per la Sicurezza e per la Politica Estera degli Stati Uniti è stato un membro del CFR, negli ultimi ottant'anni. uno per tutti, Henry Kissinger. E non si dimentichi la Corte Suprema.

FRA SEGRETEZZA E STRATEGIA COMUNICATIVA

Il Controllo delle Masse

Ancora Gary Allen rileva come questo governo parallelo (CFR) abbia il controllo dei mezzi d'informazione, al punto che persino la sua esistenza venga occultata all'opinione pubblica americana. "nei suoi primi 50 anni di esistenza il CFR non è quasi mai stato menzionato dai mass media. ...quando voi scoprite che i soci del CFR includono i direttori del New York Times, del Washington Post, del Los Angeles Times, la catena del Knight Newspaper, della NBC, CBS, Time, Life, Fortune, Business Week, US News and World Report, e molti altri, potete stare sicuri che l'anonimato di questo club non è casuale". Una parte importante dell'azione dell'associazione riguarda la strategia comunicativa. Il CFR, per promuovere i propri progetti esercita una vera propaganda nei confronti delle istituzioni, il Congresso principalmente. Spesso senza comparire, ma servendosi di sotto-organizzazioni, i CFR provinciali in America, scuole private, chiese ecumeniste, centri culturali affiliati (volentieri di sinistra) il CFR divulga tali progetti in modo che divengano opinione pubblica, tramite gli organi d'informazione, e così il Congresso sia spronato ad attuarli. **(1)** Un aspetto più profondo di questa strategia è l'elaborazione di ricerche, affidate a laboratori specializzati o dipartimenti universitari, concernenti la psicologia delle masse e le pratiche per controllarle. Parliamo di istituti quali il Tavistock, lo Stanford, il Rand.

Sin dai lontani anni '40 le organizzazioni ordinoviste sostenute dall'Alta Finanza, hanno sviluppato e messo a frutto le indicazioni fornite da Walter Lippmann nel suo noto saggio "L'Opinione pubblica" (1922), le cui idee formano ad oggi la base di certe istituzioni di ricerca sociopolitica o di psicologia delle masse in Usa (e in Gran Bretagna). Centro d'irradiazione di questi studi è il Council on Foreign Relations.

---

(1) *è la stessa strategia, come vedremo, operata anche dal Bilderberg club -il parlamento occulto dell'Europa- nei suoi meetings annuali);*

Lo leggiamo in "The Human Dimension: Experiences in Policy Research" (1967) del sociologo e psicologo Hadley Cantrill: «le operazioni psico-politiche fanno parte di campagne di propaganda, pensate per creare uno stato di perpetua tensione e per manipolare differenti gruppi di persone, affinché accettino il particolare panorama imposto dalle opinioni del CFR sul futuro del mondo». E' la vecchia lezione di Lippmann, che insegna alla politica come tradurre la propaganda mediatica in "opinione pubblica", ciò che *deve* pensare la gente, onde ottenere da essa certi comportamenti desiderati. In quest'ottica vanno visti i sondaggi, i quali oltre ad investigare i sentimenti e gli orientamenti delle persone in materie di pubblico interesse, servono spesso ad influenzarli. L'ultimo espediente del secolo, i social network su Internet, reclamizzati come i canali della *democrazia dal basso*, sono il cavallo di Troia donato alla credulità e alle tendenze ludiche, alla solitudine della gente.

I Social sono il parto di laboratori di ricerca innumerevoli, ignorati dai più, dei quali i più noti (agli specialisti) sono: la Rand Corporation, l'Heritage Foundation, il Brookings Institute, lo Stanford Research Institute, il più importante. **(2)**
E' in questi istituti (collegati con agenzie-Grande Fratello come la Nsa) che da molti anni si studia come controllare le menti. Ne parla John Coleman (ex agente della Cia) nel suo *"Il Comitato dei 300"*.

----

(2) *Lo Stanford Research Institute (SRI) è un'appendice della Stanford University, dalla quale si è emancipato giuridcamente nel 1970. La sua sede è a Menlo Park, vicino al campus dell'Università, in California. Il SRI è noto per avere fondato la zona tecnologica della celebre Sylicon Valley, un progetto a lungo termine finanziato dai Rockefellers)*

Fra i suddetti laboratori spicca il Tavistock Institute of Human Relations, un organismo con base in America (una sede anche a Londra) che gestisce 400 filiali, le quali controllano 3000 gruppi di studio ed altre lobby di pressione negli Stati Uniti. I loro programmi sono vari, ma tendono tutti a un solo scopo: aumentare progressivamente il controllo sul popolo americano (che è come dire sul mondo intero). Lo Stanford Institute svolge programmi di sorveglianza e collabora ad operazioni di intelligence per conto della Cia. Secondo Coleman, "è la più grande organizzazione della costa occidentale degli Stati Uniti nel promuovere il controllo della mente e lo studio del comportamento di massa".

Superfluo sottolineare l'ammontare di miliardi di dollari che girano intorno a questi Istituti scientifici, finanziati da grandi Corporations private, (il Tavistock e il Rand dai Rockefeller) ma anche dal governo americano. Il Rand Institute, che studia (come manipolare) i processi mentali degli esseri umani, è definito dall'Elite "la fabbrica del consenso". Ancora Coleman: "il Tavistock e le istituzioni similari negli Stati Uniti hanno un solo obiettivo: spezzare le forze emotive della gente e renderle impotenti di fronte ai dettami del Nuovo Ordine Mondiale". In particolare il Rand è la fucina delle politiche nucleari del governo Usa, dei programmi militari, delle strategie di mercato delle multinazionali e degli esperimenti sempre più sofisticati della Cia per l'alterazione sensoriale e cognitiva tramite stupefacenti.

POLITICAL CORRECTNESS O CORREZIONE PSICOPOLITICA?

Per concludere il capitolo e ad ulteriore illustrazione del potere in capo al Council on Foreign Relations (il governo ombra statunitense) capace di determinare la politica interna ed estera americana (e di qui, quel che accade nel mondo) citiamo un noto analista della politica Usa, Thomas R. Dye. Nel suo *"Who's running America? Institutional Leadership in the United States"* (1976) egli parla dello Special Group, un gruppo del CFR, specializzato nella manipolazione "psicopolitica" dell'opinione pubblica americana. L'operazione e la terminologia rimandano alla psico-correzione politica degli apparati di propaganda staliniana. Ancor più sinistramente, ci riportano la realtà attuale della *political correctness*, che è nella sostanza la stessa cosa: cioè manipolazione mentale. Lo Special Group, un'èlite segreta, coordina una vasta rete di organismi intergovernativi, i Secret Team, le cui appendici toccano i gangli del potere degli Stati Uniti: il Segretariato di Stato (dicastero degli Affari Esteri), il Segretariato della Difesa, il Segretariato del Tesoro e la Direzione della Cia. E' questa cinghia di trasmissione occulta a controllare il sistema dell'Informazione, dell'Intrattenimento e dell'Educazione, e a gestire altre numerose organizzazioni e sotto-organizzazioni sotterranee attraverso fondazioni, circoli culturali, etc.

La tecnica base dell'adulterazione della realtà verte sulla menzogna, sul come propinarla al pubblico. Naturalmente, in questa complessa rete di strutture manipolative, il CFR non appare mai come tale. Questo Ministero Segreto (specie di Ministero della Verità non ancora orwelliano, ma certo huxleyano) concepisce e mette in atto le iniziative psicopolitiche (diremmo di psico-correzione) distorcendo la realtà quanto basta perché l'opinione pubblica ci creda, cosa che richiede il lasciare un certo margine alla verità. L'inganno è realizzabile grazie al fatto che il CFR colloca i suoi agenti nelle posizioni chiave, come si è detto. La manovra riesce quando la gente, cadendo nell'inganno, mostra, coi suoi comportamenti, di credere che le politiche del governo (orchestrate dallo Special Group) facciano davvero il pubblico interesse. Come si è detto, il CFR non appare mai, in modo da avere sempre la possibilità di negare il proprio coinvolgimento, in caso di eventuali azioni giudiziarie, a vario titolo, da parte di singoli cittadini o di associazioni.

Un esempio vistoso del condizionamento dell'opinione pubblica, attraverso i media asserviti, è dato dalla propaganda contro il concetto di nazione e di nazionalismo, categoria che viene rivestita di negatività, distorcendo la storia; un martellamento pressoché quotidiano di cui si fanno megafono le più alte cariche dello Stato, nelle principali nazioni europee, le stesse che mezzo secolo fa sarebbero state accusate di alto tradimento della Costituzione e che oggi si riparano dietro un sistema liberal-democratico, tale ormai solo di nome, perché chi lo rappresenta ha abolito l' inviolabilità e la sovranità della nazione, con le sue implicazioni storiche, la difesa della patria, dei confini, cioè della propria civiltà, dimenticando che una civiltà dura fintantoché un popolo sappia difendere il proprio territorio, i propri confini, altrimenti la prospettiva è solo il declino, la sua dissoluzione.

Meritevole di menzione è il Rand National Defense Research Institute, una società affiliata e finanziata, come si è detto, dal Council on Foreign

Relations. Il Rand è specializzato in questioni di sicurezza nazionale e di studi sulla popolazione, a scopo di controllo, di disinformazione di massa e d' ingegneria demografica. Il suo principio ispiratore è la tattica dell'inganno, il chiasmo orwelliano dei significati, per cui il bianco viene chiamato nero e viceversa. Se si apprende che questa prestigiosa istituzione ha come clienti, cioè compie ricerche per, il Pentagono e la Nsa (National Security Agency) il suo ruolo diventa ancora più inquietante.

La rapidità dell'informazione, (e l'estensione sopranazionale della rete CFR) fa sì che questa evidente (e perciò inavvertita dalla gente) contraffazione della realtà si traduca in comunicazione istituzionale; così ad esempio, le centinaia o migliaia di africani e medioasiatici, che portati dalle navi delle Ong, entrano senza diritto e *de facto* in Italia (e in Europa) ormai da anni, come invasori, non meno dei loro antenati nei secoli passati, anch'essi alla ricerca di spazi vitali ed espansivi, vengono chiamati *profughi* dai media ufficiali. Con la differenza che i conquistatori odierni arrivano disarmati, o meglio, armati del salvacondotto "umanitario" delle direttive dell'Onu (CFR) che in nome di un diritto internazionale, che schiaccia il diritto nazionale e l'autodeterminazione dei popoli invasi, obbliga questi sostanzialmente ad arrendersi e a cedere i loro territori. Quanto alla *disperazione* e alle addotte intenzioni *pacifiche* degli stranieri, repertorio della moral suasion istituzionale e mediatica, bisogna rispondere che il pacifismo dura fintantoché le popolazioni autoctone non oppongono resistenza; giacché in caso contrario, abbiamo potuto constatare che i disperati (donne, incinte e minori *non accompagnati*) sono pronti ad aggredire anche a mani nude, rivelando la verità della loro presenza nei nostri territori. Tutto questo viene occultato e la contrarietà all'immigrazione-invasione bollata come *razzismo* ed egoismo nazionalistico (i vertici dello Stato) ai quali dà manforte il papa Bergoglio (assurto al soglio di Pietro, si direbbe, a questo scopo) scomunicando nelle omelie tutti coloro che non si sottomettano alla nuova dottrina ecumenistica, il nuovo sincretismo religioso, con l'apostasia del Cristianesimo, che il pontefice sembra preparare alacremente. Così gli invasori divengono *clandestini*, o *disperati* (da paesi che le multinazionali, finanziatrici delle Ong continuano a sfruttare, invece di creare in quei paesi le condizioni per lo sviluppo) e i popoli invasi, già gravati dalle loro crisi economiche, ed espropriati della propria sovranità/libertà, divengono *razzisti spargitori di odio*.

(Nota – le Ong (organizzazioni non governative, protette dall'Onu per i loro addotti scopi umanitari, sono in realtà il braccio armato del NWO, che le finanzia (George Soros, e altri) per usare l'invasione africana dell'Europa come strumento di conquista. In altre parole, i cosiddetti "disperati" sui barconi sono l'esercito con il quale il NWO sottometterà definitivamente i popoli europei)

Dietro la propaganda operata dal CFR vi è la convinzione (probabilmente fondata) di poter ottenere un totale controllo del comportamento collettivo, senza il quale non sarebbe possibile il Nuovo Ordine. Giacché l'umanità è troppo numerosa per poterla affrontare con metodi violenti, la tattica dovrà essere quella della persuasione surrettizia e dell'inganno; non escludendo pratiche per sfoltirla cospicuamente, onde poterla meglio governare. (entrano qui in gioco i dettami del Club di Roma, un'associazione para-massonica, cinghia di trasmissione del progetto ordinovista, sulla quale torneremo).

Ecco allora l'applicazione di tecniche ben collaudate nel vecchio regime sovietico, da Lenin in poi; se ne occupano benemerite associazioni, quali l'Associazione per l'Educazione Nazionale (National Educational Association). Le regole seguite sono tre: 1. dare notizie false, ma mantenendo un nucleo di verità, in un discorso abbastanza articolato da rendere la scoperta dei fatti reali pressoché impossibile, e la notizia stessa inconfutabile. 2. Alla base di ciò vi sarà l'occultamento di eventi o circostanze fondamentali per il pubblico. 3. in ogni modo va evitato il gettare discredito sugli avversari (politici, o gruppi d'interesse) la cui collaborazione potrebbe essere negoziabile in qualsiasi momento. (nota – questo punto suggerisce come le contrapposizioni fra i grandi gruppi d'interesse e in particolare nella politica siano una facciata, e che in una società moralmente degradata gli ideali romantici dei filosofi sono stati sostituiti dall'opportunismo, che il denaro o la carriera possono comprare)

Una funzione a parte è quella svolta dai massmedia, nel dare le notizie con una sintassi tale da renderle confuse e alterate nel significato; quando non omettono i fatti o addirittura li fabbricano; ad esempio, in tempi di corona virus, attribuendo il contagio come causa di morte di personaggi noti, i quali, se si indagasse, si scoprirebbe essere stati sofferenti di qualche grave patologia, un tumore, a cui si è aggiunto l'irrilevante virus. Il proposito della mistificazione è diffondere nel pubblico il dogma che il covid sta contagiando tutti, che c'è una pandemia, come dettano quelli che possiamo già chiamare i Signori del Covid; ne tratteremo più avanti.

Secondo Thomas R. Dye, (*Who's running America? Institutional Leadership in the United States*, Prentice-Hall, 1976.) un'altra tecnica di manipolazione delle menti viene operata per procura dei cosiddetti *esperti*. Il CFR arruola allo scopo istituzioni di ricerca accreditate, che finanzia tramite le proprie fondazioni. Gli *Esperti* hanno il compito di influenzare l'opinione pubblica di regola nelle scelte elettorali politiche, ma anche, va da sé, in qualsiasi frangente di crisi sociale, che richieda particolari azioni da parte del governo (dei governi).
Si prenda l'attualità, mentre scriviamo. L'emergenza pandemica del Corona virus (vera o architettata che sia) ha obbligato gli esecutivi del mondo occidentale ad assumere dei provvedimenti apertamente lesivi dei diritti individuali e in genere di ogni libertà, compresa quella economica. Curiosamente e con modalità troppo simili per non far pensare ad un unico copione, un'unica regia, comitati *tecnico-scientifici* sono stati installati (apparentemente *motu proprio*) dai governi d'Italia, Francia, Germania, Spagna, Stati Uniti, onde definire le direttive da imporre alle popolazioni.

Armi Silenziose Per Guerre Tranquille

Come può il Potere lasciare gli eventi al Caso,
quando la posta on gioco è la Ricchezza del Mondo?

*

Nel vasto ambito del Controllo di Massa da parte dell'Aristocrazia Capitalistica, rientra il documento Top Secret che presentiamo, ritrovato in circostanze curiose dentro una fotocopiatrice (sembra) acquistata nel 1986 dalla Boeing (nota agli studiosi di Intelligence per la sua collaborazione con diversi progetti top secret della Nsa). Il documento, datato anni '70, rivela i dettagli di un piano per il controllo delle masse tramite la manipolazione dell'industria, dell'intrattenimento, e la politica; a cui si aggiunga l'innesco di conflitti sociali, mentre il pubblico viene distratto dai fatti reali.

Il documento, intitolato Silent Weapons for Quiet Wars, sembrerebbe, a prima vista, attribuibile a un'agenzia segreta (Cia, Nsa) o ad ambienti collaterali. Il suo preambolo d'altra parte, nell'alludere ad una Elite manovratrice nei confronti del Pubblico o delle Masse, non può che ricondurci col pensiero all'ideologia di quel Council che gli esperti identificano con il governo ombra degli Usa, e perciò del mondo. Non basta, perché il redattore anonimo introduce quasi subito la Rockefeller Foundation come finanziatrice nel 1948 di uno studio commissionato alla Harvard University, che fornirà le basi tecniche e operative per il Progetto Silent Weapons.

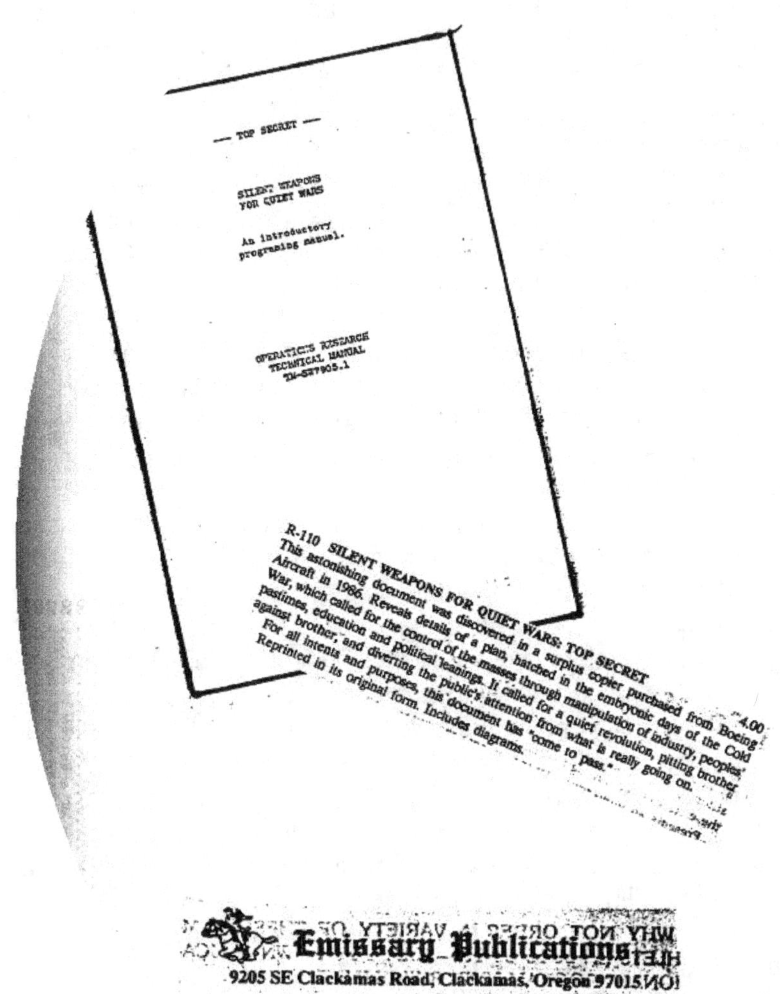

Frontespizio del Manuale Silent Wapons
1979

Lo Studio, che prenderà l'abbrivio nel 1954 (lo stesso anno, guarda caso, della fondazione del Bilderberg Club) nasce dai think tank dei Banchieri Rockefeller (CFR) con gli stessi presupposti che troveremo nel Silent Weapons Projct. Il redattore chiama la suddetta data "inizio della Terza Guerra Mondiale", guerra domestica contro il popolo americano (e transitivamente, contro tutti gli altri popoli). Man mano che si procede nella lettura, il tono del manuale *Silent Weapons* (datato 1979) ci allontana dalla Cia e ci avvicina ai Protocolli dei Savi Anziani di Sion (del 1897 circa) del quale il testo sembra una riedizione perfezionata alla luce delle conoscenze scientifiche della metà del XX secolo. Al tono cospirativo non manca nemmeno la citazione della nota frase attribuita al co-fondatore degli Illuminati di Baviera, il banchiere Amschel Meyer Rothschild (XVIII secolo) inventore del sistema finanziario internazionale, basato sul denaro creato dal nulla, consistente in note di deposito, cioè carta priva di valore reale, con la quale giocare d'azzardo sulle economie e i destini delle nazioni.

Recita l'introduzione al Manuale tecnico, "E' praticamente impossibile discutere di ingegneria sociale, o di automazione della società, su scala mondiale, senza che ciò implichi estesi obiettivi di controllo sociale e di distruzione della vita umana, di schiavitù e di genocidio. Il presente scritto dev'essere secretato rispetto all'attenzione del pubblico, altrimenti esso potrebbe essere riconosciuto come una dichiarazione di guerra domestica. Si aggiunga che, ogniqualvolta una persona o un gruppo di persone in posizione di grande potere, e senza la piena consapevolezza e il consenso del pubblico, adopera tale (segreta) conoscenza e metodologia a scopo di conquista economica, va compreso che uno stato di guerra domestica si instaura tra questa persona o gruppo di persone, e il pubblico."

Il preambolo programmatico rende conto non solo del fatto che il controllo delle masse, da sempre operato dai governi (in specie quelli democratici) per conto delle Elite, implica uno stato di conflitto silenzioso fra i popoli e i governanti (ovvero le Elite manovratrici) ma che tale controllo ha il suo *naturale* coronamento nella distruzione fisica delle masse controllate; obiettivo costante e diluito nel tempo, come cercheremo di dimostrare nel volume II di quest' opera.

Prosegue il Manuale, "la soluzione dei problemi attuali richiede un approccio spietatamente candido, che faccia a meno di valori religiosi, morali, culturali. Essere qualificati per conseguire il presente Progetto richiede la capacità di guardare alla società umana con fredda obiettività e di confrontarsi con altri interlocutori dotati di simili capacità intellettuali, senza discrezione né umiltà. Tali virtù sono da esercitare

nel vostro migliore interesse. Questa pubblicazione segna il 25°
anniversario della Terza Guerra Mondiale, chiamata "guerra tranquilla"
condotta per mezzo di una guerra biologica soggettiva, usando *armi
silenziose*. Questo libro contiene una descrizione introduttiva a tale
guerra, le sue strategie e il suo armamentario. Addì Maggio, 1979 ".

Il primo capitolo informa sulle origini storiche della strategia delle Armi
Silenziose (contro i popoli) e verte sull'enorme importanza strategica
delle informazioni, la loro acquisizione e manipolazione. Il Progetto trae
ispirazione dalle operazioni adottate dal genio militare in Inghiterra
durante la II Guerra mondiale per la difesa aerea e di terra nei confronti
del nemico. Le Aristocrazie Capitaliste intuirono che le stesse strategie
avrebbero potuto funzionare per il controllo della società in tempo di
pace, ma erano necessari strumenti più sofisticati. L'ingegnerizzazione
sociale, cioè l'automatizzazione della società, richiede la capacità di
correlare una gran mole di informazioni economiche, nel loro costante
modificarsi, il che è reso possibile soltanto con sistemi computerizzati in
grado di anticipare i processi sociali e predire la capitolazione della
società. Ai fini di tale conquista, fu finanziata la ricerca nei processori di
calcolo. Tre furono le tappe importanti: l'invenzione del computer
elettronico, 1946, ad opera di Presper Eckert e John W. Mauchly; il
metodo di programmazione lineare, 1947, ad opera del matematico
George Dantzig; e nel 1948, il transistor inventato da Bardeen, Brattain
e Shockley; il quale ridusse lo spazio richiesto e l'energia per il
funzionamento dei computer. Furono queste tre tappe a convincere le
Elite che sarebbe stato possibile controllare il mondo intero premendo
un bottone. Subito entrò in campo, nel 1948, la Rockefeller Foundation
con una sovvenzione di 4 anni all'Università di Harvard per finanziare
una ricerca sulla struttura dell'economia americana. Al programma si unì
l'anno seguente la US Air Force. Nel 1952 la ricerca fu conclusa con gli
esiti sperati dalle Elite Finanziarie, che si riunirono per concordare le fasi
successive della ricerca sociale. Nel 1953 tali risultati pubblicati (*Studi
sulla Struttura dell'Economia Americana*, da Wassily Leontief) diedero la
misura della fattibilità di una *ingegnerizzazione* sociale dell'economia.

La Guerra Tranquilla (e silenziosa) venne dichiarata dal Grande
Capitale in un meeting internazionale tenutosi nel 1954. **(1)**

----

(1) *non può che trattarsi della riunione fondativa del Bilderberg Club, a
Oesterbeck, Olanda, ospite il principe regnante Bernardo, coi membri principali
del CFR, in testa David Rockefeller e col direttore della Cia. Ci torneremo nel*

capitolo dedicato).

Già in questo primo meeting fu subito chiaro che controllare il mondo esigeva impadronirsi delle fonti energetiche. (**2**) L'Energia è riconosciuta, sin dai primordi, come la chiave e la condizione di ogni attività umana. Se le scienze naturali sono lo studio delle risorse e del controllo delle energie naturali, le scienze sociali, concretamente espresse dalla scienza economica, si possono definire come lo studio delle risorse e del controllo dell'energia sociale. Si tratta di sistemi riconducibili alla mera contabilità, la matematica essendo la principale scienza dell'energia. Pertanto, il contabile può porsi al comando delle masse, tenendole all'oscuro della metodologia delle operazioni contabili. (**3**)

Se la conoscenza è un mezzo, il fine è il controllo. Il punto è, chi dev'esserne il beneficiario? Fu l'argomento posto in quel primo meeting internazionale. Messe da parte le *riserve morali,* prevalse il criterio della *selezione naturale,* donde fu condivisa l'opinione che se una nazione o i popoli del mondo non sono intelligenti, essi sono alla stregua degli animali, privi d'intelligenza, pertanto da considerare come bestie da soma o carne da cannone, incapaci di scelta, ma solo di consenso manipolato. Di conseguenza, nell'interesse di un mondo futuro di pace e tranquillità (soprattutto delle Elite) fu deciso di ingaggiare una guerra silenziosa contro i popoli, con l'obiettivo finale di trasferire l'energia naturale e sociale (la ricchezza del mondo) dalle mani indisciplinate, irresponsabili delle masse, a quelle autodisciplinate, responsabili dei pochi meritevoli. (**4**)

Per realizzare tale obiettivo sarebbe stato necessario creare armi segrete e così sofisticate da essere inavvertite al pubblico. Armi silenziose.

(**2**) *Oggi accanto alle energie dobbiamo situare l'intelligenza artificiale e le nuove tecnologie di comunicazione, come il 5G;*
(**3**) *– ciò che fanno tutti i governi, in ogni regime politico);*
(**4**)*– Se l'intonazione evoca i Protocolli dei Savi di Sion, i principi etici che informarono quel primo meeting, e i successivi negli anni, rimandano più indietro al Deuteronomio, dove JHWE descrive il popolo ebreo quasi negli stessi termini, "non c'è intelligenza in loro", suggerendo a Mosè che la guida d'Israele*

dovesse essere assunta da una oligarchia di saggi;

Si introduce ora l'elemento socialistico, descrivendo una società nella quale lo Stato assume il controllo dell'educazione sottraendo i figli ai genitori. Si tratta di una educazione di poco valore, tale da rendere impossibile ai ragazzi delle classi basse competere con quelli delle classi superiori e salire nella scala sociale.

Quanto alla famiglia, essa dovrà essere disintegrata, caricando i ceti poveri di tipi di lavoro che non permettano loro di sollevare la schiena e rendersi conto di quel che accade veramente sopra le loro teste. Il controllo dei mezzi d'informazione farà poi il resto. **(5)**

Non sfugga al lettore che l'obiettivo di disintegrare la famiglia (che ha la sua arma silenziosa e avanzata nella campagna per il Transgendrismo, sostenuta dai governi, (in nome di un malinteso diritto all'uguaglianza, che criminalizza chiunque la pensi diversamente) anche nelle scuole primarie, tale obiettivo contiene in sé implicazioni eugenetiche, rinvianti al filosofo fondatore (due secoli dopo Sparta) dell'eugenetica e del comunismo, cioè del sistema oligarchico/totalitario per eccellenza: "il comunismo è la sola forma di regime giusto; esso richiede non solo l'abolizione della proprietà privata, ma anche la condivisione delle donne e dei bambini e il governo dei filosofi (cioè gli *esperti*, ndr) . Le donne apparterranno agli uomini in comune e i bambini saranno in comune, e non sarà riconosciuta loro una paternità…"(da *La Repubblica*, Platone).

E', con un altro linguaggio, la direzione presa dalle Sinistre in Occidente, in linea con l'Agenda 21 dell'Onu, che eamineremo più avanti.

----

(5) - Si può commentare che oggi, più del lavoro poco qualificato o gratificante assegnato alle classi povere, ormai anche alla classe media, il modo più raffinato per distrarre tutti da quel che accade veramente sopra le loro teste è l'intrattenimento offerto dai massmedia, compreso il cinema, e i social network su Internet: armi silenziose di distrazione di massa);

Ma riprendiamo l'aspetto del controllo economico della gente paragonata a bestiame da tenere a bada, un ufficio del quale vengono incaricati i politici, cani da guardia del gregge, che non si scompigli e non dia fastidio ai Manovratori. Tale controllo si ottiene innanzitutto con le tasse e l'intimidazione costante affinché esse vengano pagate (o estorte) con l'ispezione poliziesca dei conti correnti e delle proprietà. **(6)** Economic shock testing simulano gli effetti della manipolazione dei prezzi delle materie prime sulla popolazione. E così via. Ma arriviamo alla Tavola riassuntiva delle strategie, una sorta di Decalogo dell'Asservimento. Tenere il pubblico nell'ignoranza (per impedire che si organizzi); creare condizioni di preoccupazione generale (per indebolire le difese psicologiche della gente); attaccare l'unità della famiglia (tramite il controllo dell'educazione dei giovani ed oggi anche della salute); togliere il contante (in cambio di credito e sussidi) (nota – si vedano le politiche assistenzialiste oggi in atto, rese necessarie dalla crisi del Covid); favorire il conformismo sociale; far collassare la moneta corrente, per distruggere la fiducia reciproca delle persone. **(7)**

---

(6) – nel Manuale l'efficacia dei sistemi di controllo sul sistema economico, in particolare americano, viene analizzata con formule matematiche, degne di un laboratorio nazista, o forse di una futura civiltà post-cristiana, che abbia abolito la compassione, perché superflua);
(7) – nel 1979 era prematuro, ma oggi, in epoca di informatizzazione, l'anonimo autore avrebbe aggiunto "obbligare il pubblico all'uso della moneta digitale, per privarl di ogni residua libertà economica");

La Strategia della Diversione. Il modo migliore per assicurare un'arma silenziosa e ottenere il controllo sul pubblico, è quello di mantenerlo indisciplinato (cioè a briglia sciolta) e all'oscuro circa il (reale) funzionamento del sistema (dello Stato) da un lato, mentre dall'altro lo si lascia in confusione, disorganizzato e distratto con questioni di non reale importanza. **(8)** Tale scopo può essere ottenuto tenendo occupate le menti della gente (con sciocchezze) sabotando la loro attività mentale con un livello basso di informazione e di contenuti culturali. (tale compito spetta da decenni ormai alla Televisione, ndr) e fornendo un'educazione scadente in materie quali matematica, logica, storia, economia.

Il secondo dettato concerne l'emozionalità della gente; essa va incentivata, insieme all'autoindulgenza e alle attività fisiche (lo sport). Qui vengono chiamati in campo i media, la televisione e il cinema coi loro allettamenti sentimentali, sessuali e gli spettacoli di violenza. Si dia alla gente tutto ciò che desidera, in eccesso, "cibo scadente per la mente", e la si privi di ciò che necessita realmente. Si riscriva la storia e il diritto, e si sottoponga il pubblico a una immaginazione deviante, tale da spostare i loro pensieri dai bisogni personali a bisogni prefabbricati e suggeriti dal mondo esterno. Tutto ciò impedirà loro di accorgersi dell'arma silenziosa dell'automazione sociale. Più confusione c'è, più profitto per noi (i Manovratori) che creiamo i problemi per offrire le nostre soluzioni. **(9)**

---

(8) − *riferendoci ancora alla crisi del Covid, un esempio di tale strategia diversiva è l'insistenza posta dal dibattito politico sul tema delle riaperture e del coprifuoco, mentre si tace sulla questione più grave: la privazione della libertà di spostarsi oltre i confini nazionali e al loro interno, senza la Carta verde, un certificato di avvenuta vaccinazione, che obbliga di fatto i popoli a un trattamento sanitario, contro ogni evidenza scientifica di necessità e contro il codice di Norimberga);*

(9) − *l'espressione automazione sociale è quanto mai appropriata, perché descrive bene la condizione di automatismo in cui vive la gente comune, grazie al costante lavaggio mentale esercitato dalla Tv e dagli altri media. Lavaggio mentale drammaticamente evidente oggi nel conformismo con il quale milioni di persone si sono lasciate soggiogare dalla campagna terroristica Covid, fino al punto di imbavagliarsi);*

L'ARMA SILENZIOSA DELLA TASSAZIONE

Spiega il Manuale che la principale vittoria (per le Elite) è quella del Consenso (inteso come sottomissione, ndr) Essa si ottiene principalmente col sistema dell' imposizione fiscale. Uno strumento formidabile è il data base del Fisco, al quale la gente comunica docilmente tutte le proprie informazioni. L'arma silenziosa è allora quella di accedere a tale data base in modo legale, ma sostanzialmente illegittimo (cioè tramite ricerche condotte da parte di centri studi e università, ndr). L'autore nota come già la compilazione dei moduli da parte dei cittadini contribuenti sia in sé un lavoro da schiavi e un atto di sottomissione, ed assai utile per prendere delle decisioni (ai fini del controllo). "Quando allo Stato è permesso di raccogliere i tributi ed appropriarsi della proprietà privata dei cittadini (il frutto del loro lavoro) senza una giusta contropartita, ciò indica che il pubblico è maturo per la resa e acconsente ad essere schiavizzato e legalmente abusato". **(1)** Si sottolinea come la gente sia incline ad accettare di disporre la propria attività di lavoro all'interno di uno schema gerarchico; da cui deiva la strutturazione della società in classi.

----

(1) – non si può non notare come i partiti di sinistra, i quali da due secoli inoculano nella coscienza dei popoli l'eticità del pagare i tributi, mentono poiché tacciono la verità, cioè che le tasse vanno a finire nella casse dei Banchieri tramite il Signoraggio; in questa grave omissione, la Sinistra svela la propria natura di creatura e Agenzia delle Elite per la sottomissione delle masse);

Il sistema della tassazione è strutturato in modo che ogni classe, nel garantire il proprio livello di reddito, possa controllare la classe immediatamente al di sotto, così da preservare la struttura sociale e da contribuire alla stabilità del governo. Ciò non può evitare che nel tempo, con l'accesso all'educazione e all'informazione, le classi inferiori siano diventate invidiose dello status delle classi superiori, ed abbiano tentato di risalire la scala sociale; cosa che ha costituito una minaccia alla sovranità delle Elite. **(2)**

----

(2) – su questo punto va osservato che si tratta di una minaccia calcolata. La mobilità sociale è, in particolare dal secondo dopoguerra, la valvola di sicurezza concessa dalle Elite, per meglio regolare la misura del controllo sulle masse. Ecco allora, con il boom economico (anni Cinquanta/Sessanta) il mito del successo diffuso dai media (Tv, cinema, rotocalchi per famiglie) inventato per persuadere che chiunque, in democrazia, può salire dal basso verso i gradini alti della società, purché accolga in sé l'ideologia dell'Illusione funzionale alla perpetuazione del sistema di Potere, fondato sullo sfruttamento e la mistificazione della realtà. In altre parole, conseguire il successo popolare (cantanti pop, attori, e simili) significa farsi strumenti del Disegno di Sottomissione dei Padroni del Mondo);

LA FUNZIONE DELLA POLITICA

L'individuo medio ha bisogno di affidarsi a una struttura politica, dal partito all'ordinamento dello Stato, perché ha bisogno di perpetuare la propria condizione di dipendenza infantile. Ciò che guida la gente, sottolinea il Manuale, è l'insicurezza e il bisogno di cercare sicurezza in figure che surroghino, a livello inconscio, l'autorità dei genitori. Di qui la facilità con cui l'individuo comune proietta su persone incarnanti l' autorità (il capo del governo, il presidente della Repubblica, il segretario di un partito politico) le relazioni primarie dell'infanzia, cercando di recuperare la fiducia che ne riceveva. E' un'ingenuità sulla quale il

Potere specula attraverso il welfare state, l'altro strumento di controllo (dopo la tassazione) con cui ricattare un "pubblico disgustoso" (citiamo dal Manuale). Lo stesso pubblico il quale paga le tasse per finanziare un'associazione di *sicari professionisti* (sic!) collettivamente detti *politici,* per poi lamentarsi della corruzione nel governo; un pubblico che ha bisogno di tale sistema, per quanto marcio, perché è incapace di assumersi responsabilità. **(1)**

La politica, dal canto proprio, è condiscendente con la sotto-nazione (il popolo consenziente) finché può assorbirne le sostanze (con le tasse) al punto da crescere in forza e distaccarsene. **(2)**

---

(1) – *questo scenario suggerisce la questione della politica specchio della società e viceversa. Oggi la politica tocca il fondo della corruzione e del cinismo perché espressione di una società corrotta, che guarda alle figure pubbliche (in qualsiasi campo) come a modelli da imitare. La Televisione è il grande palcoscenico per questa pedagogia negativa delle masse);*

(2) - questo è vero solo in parte. In realtà il politico ha bisogno sempre del cittadino elettore, che con il suo consenso espresso prima nelle urne e poi con il pagamento delle tasse, gli permette di vivere da parassita).

E I SOCIAL MEDIA

In appendice e a coronamento del catalogo delle Armi Silenziose vogliamo aggiungere uno strumento di controllo mentale, che l'autore del Manuale avrebbe certo contemplato, se esso fosse stato già inventato nel 1979: i Social Network. Essi rispondono perfettamente allo scopo di "tenere occupate le menti". Si prenda ad esempio Instagram, il social che sfrutta l'inclinazione della gente all'esibizionismo tramite la pubblicazione di foto e video. Su questo dispositivo in particolare (l'altro è Telegram) si obbligano, in chiave ludica, gli utenti a disciplinarsi entro schemi fatti di cuoricini e altri simboli insulsi, con un esito a-significante di grado psichiatrico. Anche i codici di comunicazione sono degni di un asilo d'infanzia per bambini intellettivamente ritardati. Su Telegram, l'architettata articolazione (si veda il menù a scatole cinesi) ha il compito di assorbire totalmente, sino all'alienazione, le facoltà intellettive dell'applicante nel rebus di funzioni, la cui meta è un progetto di irrealtà che sembra ordito da qualche psichiatra di Auschwitz, di quelli sfuggiti ai tribunali di Norimberga e richiamati dalla Cia per collaborare coi laboratori di ricerca sul controllo delle masse, da noi già ampiamente descritti.

Un discorso a parte meritano le icone concettualmente povere e simbolicamente aride, concepite per disintegrare e sostituire i simboli della psiche profonda, costruiti in millenni di civiltà (v. Carl Gustav Jung). Le immagini di persone di razza scura o nera, dominanti nelle schermate, hanno l'intento evidente di imporre un gusto e un orientamento di valore, finalizzato a rimpiazzare, nell'inconscio collettivo occidentale, le imago culturali della civiltà bianca, onde predisporre la gente comune all'instaurazione di una nuova civiltà, non multirazziale, ma monorazziale, nella quale la razza bianca sia stata diluita e dissolta in quelle scure o nere (secondo il noto piano dei Savi di Sion.) Il risultato e il significato ultimo dell'assorbimento mentale operato dai social media è un'auto-telesi (o auto-finalismo) che inceppa ogni facoltà critica, mentre, senza che se ne rendano conto, gli applicanti vengono rinchiusi in un recinto dove tutto è *amore* e *fratellanza*: l'amore e la fratellanza da condividere *obbligatoriamente* entro una massa di prigionieri.

Cap. X – Il Progetto dell' Unione Europea
nel Nuovo Ordine Mondiale

« *Qualcuno ancora pensa che facciamo parte di una setta segreta che agisce contro i principali interessi degli Stati Uniti, dipingendo me e la mia famiglia come "internazionalisti" e accusandoci di cospirare, con altri soggetti sparsi per il mondo, per costruire una struttura politica ed economica più integrata a livello globale; un "mondo unico", se volete. Bene, se questa è l'accusa, mi dichiaro colpevole, e ne sono fiero* »
(David Rockefeller, " Memorie " , 2002)

*

IL CFR E IL BARATTO DELL' EUROPA UNITA

Parlare del progetto dell'Europa Unita significa parlare del Piano Marshall, perché i protagonisti, cioè gli artefici principali sono gli stessi e statunitensi.

In effetti il Piano Marshall fu lo strumento, sfaccettato, per completare l'opera del CFR iniziata con la Carta Atlantica (1941) e perfezionata con gli Accordi di Yalta seguiti dall'istituzione dell'ONU (1945) onde ridefinire l'assetto dell'Europa, e in prospettiva quello mondiale, nel dopo guerra. La sua idea originaria viene fatta risalire ufficialmente a un discorso tenuto da John Cattle Marshall nel 1946 presso l'università di Harvard (ne abbiamo accennato in un precedente capitolo); spunto poi ripreso da Henry Truman in un discorso pubblico, in consonanza con la sua dottrina (la Dottrina Truman verteva sulla promessa di aiuti a quelle nazioni che s'impegnassero a contrastare il Comunismo e perciò ad entrare sotto l'ombrello dell'Alleanza atlantica). Il Generale Marshall (CFR) era stato probabilmente mandato avanti dal Council per saggiare la reazione dell'opinione pubblica americana. In realtà il piano di aiuti all'Europa dissestata dal conflitto più distruttivo della storia (sino a quel momento) era parte di un testo redatto da un gruppo di studio del CFR, guidato da David Rockefeller, intitolato *La Ricostruzione nell'Europa Occidentale* (v. Mike Peters, ,"*The Bilderberg Group and the European Unification project*", Lobster n. 32, dicembre 1996.)

In Tragedy and Hope, Carrol Quigley (massone) professore di storia alla Georgetown University, ci conferma che «l'integrazione dell'Europa Occidentale, cominciata nel 1948, trovava fondamento nel Piano Marshall"... Gli Stati Uniti offrirono gli aiuti del Piano Marshall con la previsione che la ricostruzione dell'Europa si basasse sulla cooperazione (fra gli stati). Il termine *cooperazione* implicava, in un futuro non lontano, la rinuncia alla sovranità da parte delle nazioni europee, un mercato comune (e una moneta unica). Questo emerse dalla "Convenzione per la cooperazione economica europea"... tenutasi nell'aprile del 1948, e dal Congresso dell'Aja per l'Unione Europea del mese successivo. Il Congresso dell'Aja, chiamato per l'Unione Europea, produsse sette risoluzioni sugli aspetti politici dell'Unione. L'ultima statuisce che «la creazione dell'Unione europea deve essere considerata come un passaggio fondamentale per la creazione di una "Unione mondiale". Alla base di tale previsione vi era il più ampio progetto di un Governo Unico Mondiale, concepito da movimenti europeisti in fasi diverse nel XX secolo. Il primo e più noto fu quello dell'aristocratico austriaco Richard Coudenhove Kalergi.

Rappresentante della Sinarchia in Europa (la massoneria francese del MES, Movimento Sinarchico d'Impero, che concepisce un Governo Mondiale a guida della Francia) e fondatore del movimento Paneuropeo (1922) Kalergi concepì un'Unione europea in un più vasto disegno di aggregazione del mondo, una Federazione Mondiale di Nazioni sotto la guida degli Stati Uniti. Non è un caso che il suo movimento trovasse interesse proprio presso gli ambienti finanziari americani; il banchiere tedesco Max Warburg (fratello di Paul, operante a Wall Street) lo sovvenzionò con 60 mila marchi/oro. Se negli anni 20 e 30, l'intellighentzia mitteleuropea e l'establishment capitalistico statunitense sostengono Kalergi, negli anni seguenti il secondo conflitto mondiale, il teorico del Movimento europeista scompare stranamente di scena, o viene relegato in secondo piano. Che il suo posto venga preso e il suo progetto paneuropeista sia assunto e reinterpretato dal Circolo Bilderberg è indicato dalla presenza di quelle nuove personalità americane che promossero e finanziarono il club; personalità del CFR.

(Nota – Su Kalergi va detto che, pur isolato negli anni del primo Bilderberg, al momento di istituire la UE, agli inizi degli anni 90, taluni suoi temi saranno ripresi; l'inno alla gioia di Beethoven, la moneta unica europea (che del resto è già implicita negli accordi di Bretton Woods) ma anche la promozione dell'immigrazione dall'Africa per cancellare l'identità innanzitutto razziale, e culturale dei popoli europei. In tali idee Kalergi dimostra di essere sionista, perché la cancellazione della razza bianca onde imporre la razza ebraica come razza superiore su razze inferiori, i negri e i mediorientali, è un'ispirazione dei Protocolli dei Savi Anziani di Sion; cfr. il nostro " I Protocolli di Sion e il Nuovo Ordine Mondiale, vol.2)

L'analista politico Ambrose Evans-Pritchard mette bene in evidenza il ruolo giocato dagli Stati Uniti nell'unificazione dell'Europa, in un articolo pubblicato sul *The Telegraph* di Londra nel settembre del 2000: " E' l'intelligence degli Stati Uniti la responsabile di una campagna di propaganda negli anni '50 e '60, designata a celebrare la costruzione dell'unione europea, ed a fondare a tal fine il Movimento Federalista Europeo ". Più che fondare qui si trattò di una *rifondazione* in chiave americana del movimento paneuropeo di Coudenhove Kalergi. *L'intelligence* cui allude Evans-Pritchard è naturalmente la CIA e i nomi sono quelli di influenti membri del CFR: il suo direttore fondatore Allen Dulles, e William Donovan, già direttore dell'OSS, poi CIG, poi Cia. Donovan co-fondò il Comitato Americano per l'Europa Unita, dal quale è nato il Movimento Federalista Europeo. Che il Piano Marshall fosse una specie di replica benevola dei famigerati piani di ricostruzione Young e Dawes imposti alla Germania sconfitta dal primo conflitto mondiale, lo si evince dai suoi derivati, la CECA (Comunità del Carbone e dell'Acciaio) **(1)** che nel 1952 impose alla Francia e alla Germania di sottoporre la propria produzione industriale principale, il carbone e l'acciaio, ad un'Autorità sopranazionale.

----

(1) *la proposta della CECA partì dal neoliberista e massone sinarca Robert Schuman, allora ministro degli Esteri di Francia);*

Anche gli altri quattro stati aderenti, tra i quali l'Italia, accettarono di sottomettersi a una regolamentazione delle importazioni/esportazioni, di creare un mercato del lavoro unico e di adottare politiche economiche concordate al fine di *armonizzare* gli standard di vita nei Paesi membri.

Questi principi furono perfezionati nella CEE, Comunità Economica Europea (1957) una forma germinale di governo europeo, inteso ad evitare futuri conflitti (apparentemente).

Da notare subito che i propositi di quelli che passeranno alla storia come *i padri dell'Europa Unita* si dimostreranno fallaci e deleteri per le nazioni del vecchio continente (eccetto la Germania) a causa delle differenti strutture economiche e produttive dei singoli stati. Quanto ai conflitti, essi si sono spostati dal campo militare a quello finanziario. Oggi non sono più i ministri degli esteri, né i capi di stato maggiore a mantenere la pace o a innescare la guerra, bensì i grandi gruppi bancari nei mercati finanziari, col concorso della BCE. Erano quelli compiuti negli anni Cinquanta passi diretti dal CFR dietro le quinte, verso il traguardo ordinovista.

Secondo Ambrose Evans-Pritchard, il coinvolgimento dei membri del CFR trova forti indizi, se non prove, nel rapporto n. 7277 del Dipartimento di Stato Usa e negli *Studi sulla guerra e sulla pace* degli Special Groups del Council, che avrebbero condizionato in modo determinante la politica mondiale. Questioni tutte che, con al centro la realizzazione della Federazione Europea, il CFR trasferì o delegò poi al Bilderberg Group.

L'Europa di Coudenhove Kalergi

Tra Massoneria Sinarchica e Massoneria Palladiana

Coudenhove Kalergi

Sarà opportuno ora dare un'occhiata al contesto massonico nel quale si muovevano i protagonisti del movimento europeista, al di là della facciata economicista e finanziaria rappresentata dal Piano Marshall, manovrato dal CFR. Negli anni Venti, allorché il Movimento Paneuropeo venne fondato e si teneva a Vienna il primo congresso (ottobre 1924) l'Europa intellettuale e politica, ai più alti livelli, era caratterizzata da affiliazione massonica, la cui declinazione si risolveva in linee operative spesso opposte.

Prendiamo ad esempio l'intellighentzia presente al primo congresso europeista di Kalergi: a parte i politici, l'economista Hjalmar Schacht (lo abbiamo già incontrato, sarà l'uomo di Wall Street nella Germania pre-nazista, presidente della Reichsbank, nonché ministro delle Finanze del III Reichstag); il sindaco di Colonia, Konrad Adenauer (fondatore della Democrazia Cristiana tedesca, diverrà cancelliere della Germania post nazista); celebrità della cultura: Paul Valery, Thomas Mann, Rainer Maria Rilke, Albert Einstein, Sigmund Freud -tutti in un modo o nell'altro affiliati ad organizzazioni massoniche- e tra i numerosi altri, Karl Haushofer, il teorico dello spazio vitale di Hitler.

Quando si parla di massoneria deve intendersi il Rosacrucianesimo, base di ogni rito, a cominciare dal Rito Scozzese Antico Accettato, ma anche del Sionismo di ascendenza cabalistica. Indizi della coloritura massonica dell'assise paneuropea (200 delegati in rappresentanza di 24 nazioni) si hanno nei ritratti dei numi tutelari che adornavano i muri del salone viennese: il gran maestro rosacroce Jan Amos Comenius,

Kant, Mazzini (quest'ultimo capo degli Illuminati di Baviera, dopo la morte del fondatore Weishaupt) e Nietzsche. **(1)**

Venendo a Coudenhove Kalergi, tra i facoltosi sostenitori del Comitato di Cooperazione Americana dell'Unione Paneuropea, fondata da Kalergi, emerge il suo principale patron, Nicholas Murray Butler, capo del British Israel, del CFR, della Round Table ed eminenza della Pilgrims: le più potenti associazioni paramassoniche mondialiste di sempre, vicine al Movimento Sionista capeggiato dai Rothschilds in Europa. **(2)**

---

(1) Del resto Kalergi era membro della loggia "Humanitas", che contribuì alla sua celebrità. E la sua appartenenza alla massoneria rosarociana sarà confermata nel 1989 dalla Gran Loggia Svizzera; per approfondire questi aspetti v. Gli Illuminati all'Assalto dell'Europa, vol. 2, dell'Autrice);

(2) Nel suo libro del 1925, Idealismo Pratico, Coudenhove Kalergi dichiara la propria visione di un mondo futuro abitato da un'unica razza "eurasiatica-negroide" (citiamo) che rimpiazzi "la diversità dei popoli e l'attuale diversità delle razze e delle classi con una diversità di individui"; individui cioè senza storia, senza passato, e perciò facilmente manovrabili da una Elite di Gentiluomini, nella concezione (abbastanza confusa) dell' ideologo austriaco;

Ma anche la massoneria propriamente detta teneva d'occhio la Paneuropa di Coudenhove. Fra gli esponenti francesi del movimento, Aristide Briand e il sinarca Jean Monnet. Anzi, è proprio la Massoneria sinarchica ad offrire a Kalergi la sponda più sensibile. Il movimento, nato anch'esso nel 1922, merita interesse per quel che si legge nel suo manifesto, il "Patto sinarchico": «il Movimento Sinarchico d'Impero è nato dal bisogno di definire attraverso il pensiero, l'esperienza e l'azione, il senso dell'attuale Rivoluzione Mondiale ».

Con Rivoluzione Mondiale qui si intende il sommovimento prodotto dalla Prima Guerra Mondiale e dall'affermarsi dei regimi dittatoriali (Unione Sovietica, Dittatura Fascista in Italia) -voluti dalla massoneria internazionale, come precondizione per un Nuovo Ordine-

Ed è sottinteso nel pensiero sinarchico (la cui discendenza è dal rosacroce Comenius, e di qui dagli Illuminati di Baviera) che la I Guerra Mondiale, da poco conclusa, era una tappa, al pari di altre precedenti guerre e rivoluzioni europee, verso un Superiore Ordine Mondiale. Ma anche il Progetto Federalista Europeo era considerato nient'altro che una tappa verso quell'Ordine. Questa l'idealità che permeava e ispirava la Sinarchia, un misto di gnosi, magia rituale e tecnocrazia del denaro.

Per andare più in profondità nel clima del tempo (clima che prepara il Secondo Conflitto mondiale, le istituzioni sopranazionali e il Bilderberg) è utile sapere che gli anni seguenti il Primo Conflitto Mondiale vedevano l'affermazione di due grandi movimenti mondialisti. Uno nel vecchio continente, il citato Movimento Sinarchico d'Impero, si rifaceva all'ordine neomartinista di Victor Blanchard, una reinterpretazione dell'originale martinismo, di matrice rosacrociana, fondato da Luis Claude de Saint Martin nel XVIII secolo; l'altro, negli Usa, il Movimento Palladiano americano (derivato dal Palladismo di Albert Pike) **(3)**. Superfluo specificare che i due movimenti perseguivano gli stessi fini.

Questi fini erano la "pianificazione internazionale" tale che si debba "mettere una catena intorno al mondo" **(4)**. "Si deve avere un piano politico, un piano economico e un piano sociale mondiale. Sarà più facile da realizzare, mediante l'espediente di una dittatura che limiterà la libertà dei consumatori".

Così proclamava un professore sinarca della London School of Economics di Londra, di indirizzo marxista nel 1936. **(5)**

---

(3) Si veda il cap. XII, vol. I de "Gli Illuminati all'Assalto dell'Europa", dell'Autrice);

(4) E' esattamente l'espressione usata nei "Protocolli dei Savi Anziani di Sion";

(5) Cfr. Y. Moncomble, "Du viol des foules à la Synarchie ou le complot permanent" (1983). La London School of Economics era una cinghia di trasmissione del RIIA e del Pep (Political Economic Planning) fondato nel 1931 dall'israelita Moses Israel Sieff, vicepresidente della Federazione Sionista. Ma a proposito di "una dittatura che limiterà la libertà dei consumatori", che cosa meglio di pandemie forgiate, che convincano i cittadini e i popoli ad auto-incatenarsi?;

Conclusa la II Guerra Mondiale, si confrontavano ancora da un lato la Paneuropa di Coudenhove Kalergi (di ascendenza martinista) e propugnatrice, dopo l'alleanza con il Movimento Sinarchico d'Impero, di un'Europa Federale **(6)**; e dall'altro il movimento neopalladiano (a forte componente ebraico-anglosassone).

----

(6) Il Movimento Sinarchico d'Impero progettava una rivoluzione mondiale massonica ponendo la Francia a guida del Governo Unico del Mondo (si veda H. Coston, "Les Technocrates et la Synarchie"(1985). Nel manifesto, o Patto sinarchico, il Governo Unico sarà realizzato da un'èlite di banchieri tecnocrati. La massoneria sinarchica dominò la Repubblica di Francia fino al 1940, sotto il regime nazista, quando venne scoperta e costretta alla clandestinità dalle autorità di Vichy. Dopo la guerra riprese le sue operazioni e la sua influenza, che dura fino ai nostri giorni. Può interessare sapere che negli anni '80 molti esponenti della sinistra francese, del partito socialista, appartenevano alla setta sinarchica, compreso lo stesso presidente della Repubblica, Mitterand.   Nel 1987 è il ministro dell'economia del governo Mitterrand, Edouard Balladur, a rivelare in un saggio, "Je crois en l'homme plus qu'en l'Etat", che la Sinarchia aveva infiltrato pesantemente i gangli della vita pubblica e sociale. Balladur, massone sinarca,   denunciò la collusione fra potere
politico e potere economico a vantaggio di un'èlite tecnocratico-finanziaria. Non si può fare a meno di osservare che se questo era il quadro, il fervore con cui i socialisti francesi e in particolare Mitterand caldeggiarono l'Unione Europea, a cominciare dalle sue istituzioni economiche, acquista un significato particolare.

I Palladiani, vincitori della guerra, promuovevano gli Stati Uniti d'Europa satelliti dell'America. In questo disegno −premessa indispensabile la cessione di sovranità- le nazioni europee appaiono destinate a diventare grandi province americane.

Delineatosi, con la Carta Atlantica e con Yalta, il nuovo ruolo degli Stati Uniti nel mondo, anche l'idea europeista si evolveva mettendo a nudo i contrasti fra le massonerie al di qua e al di là dell'Atlantico. Tali contrasti trovarono un valido interprete in Charles De Gaulle, il quale, fedele al Patto Sinarchico d'Impero, si oppose all'inclusione dell'Inghilterra nell'Unione Europea. Ritorna qui il tema del progetto di Cecil Rhodes (Round Table) di un Governo Unico a guida anglo-americana/anglosassone, contrapposto, come si vede al progetto sinarchico che vede invece il Governo Unico a guida francese.

La sintesi delle due correnti europeiste, continentale e americana, venne trovata dalle massonerie nel 1946, allorché l'Onu promulgava il Piano Hertensteiner, auspicante la creazione di una Federazione Mondiale guidata dalle Nazioni Unite. Ciò che implicava la rinuncia all'autodeterminazione in campo economico, politico, militare, onde pervenire ad un assetto regionale dei blocchi continentali, da inquadrare in un Governo Unico con a capo l'Onu. L'azione delle massonerie sinarchiche (accettando un compromesso) si concretizza in appelli a mobilitazioni ad alto livello. Comincia Winston Churchill (massone 33° del Rito Scozzese Antico Accettato) nel settembre 1946 con un appello all'Unione degli Stati d'Europa, il quale venne raccolto e rilanciato da associazioni numerose e movimenti europeisti costituiti all'uopo e che si riunirono poi in un grande "Coordinamento dei Movimenti per l'Unità Europea" (1947). Il Comitato sarebbe sfociato il 24.10.1948 nel celebre "Movimento Europeo" patrocinato dallo stesso Churchill, da P. Henry Spaak, Leon Blum e Alcide De Gasperi. Significativa fu la nomina a Segretario Generale, di Joseph Retinger, del quale parleremo.

In questo clima di cooperazione (massonica) tra le due sponde dell'Atlantico, nascerà il circolo Bilderberg.

Il Bilderberg Group Creatura del CFR

*" Allen Dulles, il fondatore della CIA, concepì la prima idea di un club
internazionale i cui membri, finanzieri,industriali, politici influenti e
personalità di case regnanti, fossero legati in una rete d'interessenza
globale che travalicasse i confini di nazioni e continenti. Nacquero così
molti accordi sul finire della seconda guerra mondiale tra i governi e le
multinazionali. Ma bisogna tornare indietro,
al XVIII secolo, agli Illuminati di Baviera…"*
(dal romnzo *"Finis Lunae"*, 2019, dell' Autrice)

*

Premessa: il club Bilderberg, costituito nel 1954 dal principe ereditario
dei Paesi Bassi (cuore della massoneria Illuminata in Europa) fu il frutto
di un compromesso tra la massoneria sinarchica europea e la
massoneria palladiana americana. Esso sancì la guida Usa nel progetto
europeista, che venne appaltato all'Elite europea tramite la fondazione
di un circolo o centro di potere, parallelo al CFR. Il Bilderberg sarà
l'ufficio, la camera di compensazione continentale del Mondialismo e
l'officina della Federazione Europea. Le mutate condizioni politico-
diplomatiche rendono conto di come e perché l'ideologo della
Paneuropa, Coudenhove Kalergi –tuttavia presente nella mobilitazione
della propaganda europeista tra la fine anni '40 e gli anni '60- sia stato
relegato in secondo piano rispetto a questo club che, conseguita
l'Europa Unita, ne diverrà il parlamento segreto.

Come ormai si tramanda, la riunione che diede vita al Bilderberg si
tenne a Oesterbeck, Olanda, presso l'hotel Bilderberg, tra il 29 e il 31
maggio del 1954. Il circolo venne costituito su basi di *segretezza*. Se a
presiederlo vi era il padrone di casa, principe Bernhard dei Paesi Bassi
(ex ufficiale delle Reiter-SS negli anni '30, secondo lo scrittore Gyeorgos
C. Hatton, *"Violenza sulla Costituzione. Morte della Libertà"*) la presenza
di preminenti personalità, quali Allen Dulles (direttore della CIA) e David
Rockefeller, tra gli altri, ne conferma la matrice CFR.

Da quella prima riunione e nelle successive, la partecipazione degli americani si segnalerà sempre oltre che per la sua quantità, anche per la sua autorevolezza politica e mediatica. Interessante rilevare che nella sessione del 1958, presieduta ancora dal principe regnante dei Paesi Bassi, il comitato esecutivo contempla Joseph Retinger (cofondatore del Club) e che la delegazione francese era guidata da Guy Mollet (massone, un *padre* dell'Unione Europea) a suggerire che proprio il Bilderberg fu il laboratorio designato alla costruzione della Federazione europea.

Si segnalano inoltre Antoine Pinay (del circolo para-massonico *Pinay*) e quello che sarà per molti decenni l'eminenza del Club, il finanziere David Rockefeller. Diversamente dal CFR, il Bilderberg non ha iscritti, ma invitati, i quali vengono tuttavia definiti "affiliati", in specie se meritevoli di ripetute convocazioni. Com'è noto, da quando il Club è assurto alle cronache mondane dei rotocalchi, le sue assise si tengono due volte l'anno in varie località *protette* del mondo, con dispiegamento di forze dell'ordine e guardie private, che tengono a distanza i giornalisti. Se i media sono invitati, nelle persone di direttori di grandi giornali e reti tv, la loro presenza è ammessa a patto che nulla filtri all'esterno di quanto sarà discusso nel salone delle conferenze. I partecipanti in numero massimo di 150, selezionati dal comitato direttivo fra i rappresentanti della politica (un terzo) anche governativa, perlopiù dal Nord America e dall'Europa, gli altri provengono da svariati campi −finanziario, industriale, militare, giornalistico, culturale, né mancano le organizzazioni non governative. Dietro l'apparente pluralismo delle opinioni e delle posizioni politiche, il requisito imprescindibile per poter accedere ai meetings è la propria fede mondialista ed europeista. Nessun dissenso è ammesso nel Club dei Dominatori del mondo.

Che il Bilderberg sia stato costituito come camera di compensazione per scambi di proposte e coagulo di intenti tra l'Europa e gli Stati Uniti è una tesi sostenuta e documentata anche da Pierre Beaudry, (*The Mennevee Documents on the Synarchy,*) Il fine di tale collaborazione, fatta di accordi politici ed economici (naturalmente segreti per il pubblico) doveva essere, ed è, il governo del pianeta. Un ruolo fondamentale ha avuto sin dall'inizio la Nato, quale strumento di controllo (molti capi di tale organizzazione sono stati *nominati* dal Club) e di manovre nello scacchiere della politica estera statunitense ed europea. E' qui che si sono decisi i conflitti e le tregue in Medioriente, nella ex Jugoslavia, in Libia; è qui che fu deliberato il collasso dell'Unione Sovietica, per mano del bilderberger Gorbaciov. Qui si

182

decidono le politiche monetarie e finanziarie mondiali, o le regole sul Commercio, nelle persone di presidenti e direttori bilderberger della Banca Mondiale, Banca dei Regolamenti, FMI e BCE, del WTO. Qui si definisce l'andamento delle economie dei singoli stati europei e i destini dei loro popoli.

Naturalmente non si tratta di risoluzioni formali, considerato che i politici (ministri e segretari di grandi partiti) non partecipano in veste ufficiale, ma *personale* (una sfumatura ipocrita, che non inganna nessuno). Quel che avviene nella pratica è: a conclusione dei lavori una relazione viene redatta dal comitato direttivo, che riassume i punti discussi negli ordini del giorno e le *raccomandazioni* del Bilderberg intese ad impegnare i partecipanti a diffondere determinate proposte, *come se fossero proprie, nelle loro sfere d'influenza,* sui media, affinché esse attecchiscano nell'opinione pubblica, sino a diventare sollecitazioni per i governi, nazionali e sovranazionali. Questa la strategia mutuata dalla casa madre, il CFR.

E' così che, trascorsi diversi mesi, il cittadino comune europeo ha la sorpresa di apprendere dai giornali o dalla Tv, che il suo governo ha deciso una certo provvedimento nel mercato del lavoro, delle pensioni, o nel commercio, nelle privatizzazioni, o in materia fiscale, ecologica, o militare, magari dipendente da una risoluzione della Commissione europea o dell'Onu. Niente di meno genuino: è il Bilderberg che ha *consigliato* quel provvedimento, non nell'interesse dei popoli, ma di enti privati (gruppi bancari, multinazionali e simili) e i governi hanno eseguito, obbedienti.

L'UOMO DELLE DUE SPONDE: JOSEPH RETINGER

Jozef Retinger

Non si può parlare del Bilderberg senza soffermarsi sul suo vero ideatore ed anche realizzatore politico dell'Unione Europea. Quel che Coudenhove Kalergi aveva concepito come un ideale, l'Europa federata, necessitava di doti pragmatiche e capacità d'intrigo; queste doti erano riunite in Joseph Retinger, il quale divenne noto nei circoli internazionali come eminenza grigia e maneggione; agente del Socialismo Internazionale, frammassone legato al Vaticano; un avventuriero che conosceva tutti quelli che contano, ed in Usa era capace di alzare il telefono e procurarvi un appuntamento con il Presidente.

Vediamone la biografia: polacco, figlio di un ricco israelita, Retinger era agente dei servizi segreti, membro di spicco della massoneria svedese e Superiore Incognito del Martinismo. Nel 1954 trova ispirazione e aiuto finanziario in Nelson Rockefeller per fondare il Bilderberg Group, che diverrà il parlamento ombra dei governi europei ed Usa.   Il suo ruolo di realizzatore dei piani di società segrete come la Pilgrims e la Fabian Society, si preciserà meglio nell'opera svolta presso il Consiglio d'Europa. Questo nasce dal Congresso d'Europa tenutosi all'Aia nel maggio del 1948. Il padrone di casa è qui il principe Bernardo d'Olanda, maggiore azionista della Royal Dutch Shell, controllata dai Rothschilds, e co-fondatore, di lì a qualche anno, con Retinger del Bilderberg. Tra i congressisti merita certo una menzione speciale il tecnocrate Jean Monnet (affiliato alla massoneria sinarchica) ed uomo di fiducia dell'Establishment Finanziario americano.

Dopo essere stato segretario aggiunto della Società delle Nazioni e collaboratore di Churchill nel pianificare, sin dal 1940, la vittoria americana e il dopo-conflitto mondiale, incluso il piano Marshall, Monnet viene incaricato di elaborare il progetto unitario europeo insieme ad un'equipe di esperti.

Certo influenzato dal manifesto la Paneuropa di Coudenhove Kalergi, il giovane Retinger già nel 1924 si interessò del tema federalista europeo. La sua militanza inizia però nel secondo dopoguerra, allorché lancia il Movimento Europeo. Col sostegno e la collaborazione di Paul van Zeeland, ministro per gli Affari Esteri del Belgio, Retinger organizza il primo Congresso d'Europa all'Aia, come si è detto, dal quale scaturirà il Consiglio d'Europa e vari comitati nazionali del Movimento Europeista.

Non bastava, giacché il Movimento aveva bisogno di finanziamenti. Le doti lobbistiche di Retinger si applicano in una missione diplomatica in America, guidata dall'ex primo ministro belga Paul Henri Spaak, da Winston Churchill ed altri. La missione ebbe successo producendo l'istituzione del Comitato Americano per l'Europa Unita, ACUE, **(1)** nel 1949. La presidenza del Comitato venne assunta da William Donovan, che abbiamo già citato quale ex direttore dell'OSS (l'agenzia di Intelligence degli Usa durante la guerra) mentre la vicepresidenza fu assegnata all'ubiquo Allen Dulles, cofondatore del CFR nel 1921, uomo chiave del Piano Marshall e del Bilderberg, che sarà finanziato con i fondi della CIA, come vedremo, da lui stesso fondata nel 1946, col presidente Truman, e poi diretta dal 1953 al 1961.

---

(1) *in realtà si trattava di una ri-costituzione, perché l'Acue aveva già avuto un'anticipazione nel Comitato Americano-Europeo per l'Europa Unita fondato da Koudenhove Kalergi con lo stesso Donovan.*
La presenza assidua di Donovan e di Allen Dulles rende evidente come il progetto di un'Unione Europea -legato, come abbiamo visto al programma di aiuti per la Ricostruzione dell'Europa- sia stato opera dei Servizi Segreti Usa, ovvero del CFR: un passo fondamentale verso il Nuovo Ordine Mondiale.)

In breve, dall'Acue, che aveva sede in America, cominciarono a pervenire finanziamenti nel quartier generale del Movimento Europeo, di cui Retinger era segretario generale. Il fatto che gran parte del denaro provenisse dai fondi segreti del Dipartimento di Stato dice chiaramente come la costruzione della Federazione Europea non solo fosse un progetto degli Stati Uniti (o del suo governo ombra, il CFR) ma che l'Europa Unita era destinata ad essere, per ciò, un'appendice americana, in vista e in funzione del Governo Unico. Secondo Robert Eringer (*The Global Manipulators*, 1982) tra il 1949 e il 1953 gli Usa accreditarono al Movimento Europeo £ 440,000 sterline. Ed è interessante sapere che rientrava negli scopi del Movimento ricostruire la potenza della Germania, politica e certo militare, come guida della futura Europa Unita. In proposito, merita a questo punto riflettere su alcuni dati e domandarsi: come mai lo sfondo dell' edificazione dell'Europa fosse un grumo di paesi, nella parte centro-settentrionale, Belgio, Olanda, luoghi d'irradiazione della Massoneria Illuminata (nelle sue varie declinazioni) e perché questo interesse ricorrente per il risorgere di una Germania, che nei secoli aveva sempre cercato di dominare il vecchio continente? Il risultato oggi è che la UE ha le sue basi operative, ovvero il suo governo, in Belgio e Germania, la Commissione a Bruxelles, e la BCE a Francoforte, cuore della Germania, nel cui vantaggio fu calibrato l'euro. Grazie a questa sua posizione di favore (assegnatale dagli USA) oggi la Germania può dirsi la guida dell'Europa. In tale contesto, che ruolo giochi l'Inghilterra (che non ha mai aderito all'euro) lo si comprende nella sua uscita dalla UE.

Tornando a Retinger, il suo attivismo consegue un altro traguardo, allorché di nuovo un belga, Paul Riikens, lo presenta al principe Bernhatd d'Olanda, nel 1952. L 'incontro è proficuo di un nuovo progetto, e dobbiamo ancora domandarci come mai l'idea di un club, che si ponga a dominus della edificanda Europa, sia stata concepita da un avventuriero polacco e dal regnante di uno stato irrilevante (politicamente e geograficamente) nel continente.

(nota − la Gran Bretagna ha sempre avuto un'attitudine defilata dall'Europa, e la ragione è semplice: il suo legame indissolubile con gli Stati Uniti d'America, in un rapporto ambivalente di dipendenza e latente superiorità)

I due alleati viaggiano fino a Washington e si rivolgono, ancora una volta, alla CIA, nella persona del suo direttore Walter Bedell Smith, e all'assistente per la sicurezza del presidente Eisenhower. L'esito dell'incontro è la decisione di formare un (altro) Comitato Americano; a comporre il quale furono chiamate persone già note e preminenti, David Rockefeller, presidente della Chase Manhattan Bank, e Joseph Johnson, presidente della Carnegie Endowment for International Peace (che ritroveremo nello steering commitee del Bilderberg 1958, con Retinger). Il Comitato Americano tiene la sua prima conferenza a Oesterbeck, una cittadina in Olanda, come abbiamo già riferito, per tre giorni, dal 29 al 31 maggio 1954, 80 personalità del mondo finanziario, industriale, della politica, sotto gli auspici del governo olandese e della CIA (ovvero del CFR).   In conclusione dei lavori viene deciso di costituire il Club Bilderberg, dal nome dell'hotel che li ospita e di nominare Segretario Generale per l'Europa, Joseph Retinger (era il minimo). Significative suonano le parole (forse pronunciate dal presidente della conferenza, principe Bernardt, (capo della compagnia petrolifera Royal Dutch Shell) che riassumevano ed enunciavano come segue i fini del Circolo, per l'avvenire:

"una insufficiente attenzione è stata, sino ad oggi, riservata ad una pianificazione a lungo termine, ed alla evoluzione di un Ordine Internazionale che sappia guardare al di là dell'odierna crisi. Quando il tempo sarà maturo, i nostri principi del mondo degli affari saranno estesi al mondo intero "

Che è proprio quanto si è avverato, in particolare in Europa con la UE, lo strumento *istituzionale* inventato per realizzare quei principi affaristici. Non solo ma, ricalcando lo stile del CFR, anche il Bilderberg si arrogherà il privilegio di *nominare* capi di governo e presidenti di Banche Centrali, o addirittura degli Stati Uniti, quegli uomini politici, sovente degli economisti, o uomini d'affari, che dimostrino fedeltà alla *missione* ordinovista del Club; è accaduto con Bill Clinton, ma anche con accademici, come Henry Kissinger, che diverrà Segretario di Stato nell'amministrazione Nixon, e sarà per decenni eminenza grigia della politica estera americana.

Kissinger (ebreo, originario dell'Europa dell'Est) era un comune professore all'Università di Harvard quando frequentava assiduamente le conferenze del Club diventando membro del comitato direttivo. **(1)**

---

(1) – il comitato direttivo (steering board) non va confuso con il cerchio interno del Bilderberg, formato da poche persone stabili, i veri decisori, tra i quali ci sentiremmo di annoverare David Rockefeller, dal 1954 fino alla morte, nel 2017);

Ma ci sono anche i francesi, Giscard d'Estaing, gli inglesi, Margareth Thatcher, Tony Blair, e gli italiani, Romano Prodi, economista, accademico, una lunga carriera nell'amministrazione pubblica (l'IRI, ministro dell'Industria) Mario Monti, già commissario europeo, poi capo del governo italiano (dopo il colpo di stato del 2011); Mario Draghi, già governatore della Banca d'Italia, ex presidente BCE, attuale primo ministro italiano e in predicato per il Quirinale, fra circa un anno…(?)
E' ormai una boutade mondana: quando leggete il nome di un Tale o del Tal altro due volte nelle liste degli invitati alle conferenze del Bilderberg (che ora vengono pubblicate sul sito del Club) potete stare certi che di li a pochi mesi, o qualche anno, lo vedrete al vertice di qualche importante ente, privato o pubblico.

ANCORA SULLA SEGRETEZZA DEI MEETINGS

Quello che è più inquietante nella segretezza di queste conferenze, non è che si riuniscano Chief executive e amministratori delegati di multinazionali delle telecomunicazioni o delle materie prime con presidenti di grandi banche, editori di importanti giornali e reti televisive, guru dell'informatizzazione come Bill Gates; ma è la partecipazione compiacente e zelante di politici di primo piano, ministri, capi di governi democratici, leader di partiti di sinistra, sindacalisti, segretari generali di Ong ed altre fondazioni umanitarie (esentasse) che dovrebbero rappresentare e difendere le istanze dei popoli, cioè i poveri, contro quei gruppi bancari e quelle multinazionali le quali sfruttano da sempre le popolazioni del sud del mondo, espropriandole delle risorse, gravandole col debito pubblico, privandole dei loro diritti nel lavoro, come fanno ormai anche nel nord sviluppato, dove gli europei sono stati derubati della sovranità monetaria, con il signoraggio bancario, tabù di ogni secolo.

Il Bilderberg raduna spesso presidenti e direttori di banche centrali, l'FMI, la Banca Mondiale, la BIS, di cui abbiamo trattato, persone che stabiliscono i tassi d'interesse, i livelli di emissione della moneta, il costo del denaro e quello dell'oro, se e quanto erogare in prestiti al Paese in deficit di turno. Manipolando l'emissione del denaro e gestendo la rete degli affari mondiali, essi creano per il proprio profitto, e della loro galassia di banche, guadagni in miliardi di dollari (anche, in particolare, in epoca di pandemia, quando le Case Farmaceutiche dettano la linea ai governi per conto dei Gruppi Bancari loro proprietari, come vedremo).

Se si consultano le liste dei partecipanti a queste riunioni *settarie*, ci si rende conto che i membri del Club costituiscono una specie di compagnia di giro, i cui attori spostandosi da un consesso internazionale all'altro si esibiscono di volta in volta negli arenghi dei G8, dei G20, nel WEF (World Economic Forum) di Davos, nel WTO, per poi esprimersi nel FMI e nell'OSCE (così prodighi di esortazioni) nel Consiglio d'Europa, e nel comitato direttivo della Bce; sapendo in ogni modo che le relazioni che vengono presentate da governanti e ministri in tali sedi sono perlopiù il precipitato o l'eco di proposte ventilate −in tutta segretezza- nel corso dei Bilderberg e dei CFR che li hanno preceduti; decisioni che se anche non vengono annunciate all'esito di G8 o G20, o di riunioni della Commissione Europea (dove la stampa non è ammessa, se non per raccogliere i comunicati finali) tali decisioni saranno però applicate dopo molti mesi, od anche qualche anno, quando l'opinione pubblica non serberà ricordo dei temi oggetto di quei summit. Ed è proprio in questa perdita di memoria, in questa *distrazione di massa*, complice la politica (anche l'opposizione) lo spazio in cui si esercita il dominio del Governo Unico già in atto, pur inavvertito.

Come si è detto, un tassello fondamentale verso questo Governo Unico dveva essere, ed è stata, l'Europa Unita, prodotto delle officine del Bilderberg come concepito da Joseph Retinger.
Che il Governo Unico sia l'obiettivo principale del Bilderberg è un fatto che i suoi dirigenti non hanno mai negato, così come hanno ammesso che le conclusioni dei meeting forniscono i "suggerimenti" consegnati a

politici e persone influenti affinché vengano, opportunamente propagandati, messi in opera dai rispettivi governi.

La chiave di tutto è predisporre gli stati, i governanti, a recepire quelle direttive che, passo dopo passo, in maniera inavvertita e *naturale* (com'è inavvertita e naturale la disgrazia) conducano al Governo Unico. Quanto ai fortunati che, senza essere membri (cioè appartenenti al Gotha internazionale) riescono a farsi invitare a un meeting del club, questo privilegio li qualifica senz'altro come adepti della religione mondialista; giacchè è questo il requisito imprescindibile, insieme alla fede *socialista-tecnocratica* Tutte queste fedi sono ricomponibili in un'unica formula: "controllo della società", cioè delle persone che la compongono. E quale forma di governo è più adatta, a questo controllo, del Governo Totale?

Senonchè, come rileva Erich Fromm ("*La Rivoluzione della Felicità*") più è numerosa una società, più grande è una nazione, più sarà necessario, inevitabile adottare misure di restrizione delle libertà individuali; questo è il "controllo" che i mondialisti del club ci preparano.

CHI PARTECIPA AI MEETING: GLI STATI CONSULTATI

Un massimo di 150 persone vengono invitate alle conferenze del Bilderberg. I partecipanti accuratamente selezionati, se per due terzi sono espressione dell'industria, della finanza, dell'accademia e dei media, per un terzo sono all'interno di delegazioni di governi. Questo dato non è solamente protocollare, ma implica delle sfumature che merita cogliere. Se il Bilderberg interpella direttamente gli Stati per le sue conferenze, chiedendo la presenza di delegazioni, non lo fa per mera cortesia, ma per significare che le decisioni che verranno prese all'esito della tre giorni, avranno il tacito imprimatur di quei governi presenti, un modo per indicare loro quali sono le *direttive* da recepire e da applicare nel prossimo futuro.

Dal canto loro, i governi che accettano di presenziare alle conferenze tramite un loro ministro od altra personalità governativa, sanno che ciò equivale a un assenso preventivo, o almeno a una disponibilità, circa le linee guida che il Bilderberg emanerà. Anche perché, come accade nella diplomazia, gli argomenti trattati nelle sessioni sono stati anticipati molti giorni prima via fax ed email alle cancellerie, per dar modo ai relatori di prepararsi. Difatti, come si legge in comunicati non ufficiali, gli inviti annuali vengono inviati solo a «importanti e rispettate personalità che, grazie alle loro conoscenze, ai loro contatti personali e alla loro *influenza* nei circoli nazionali e internazionali, possono diffondere e ampliare gli obiettivi e le risorse del "Bilderberg Group"». Il che non vuol dire che i vari ospiti, da diverse nazioni, non possano trovarsi in disaccordo su questioni di carattere internazionale, che trovano nell'arengo del Bilderberg un campo di confronto decisivo.

GLI HABITUÈES

Tra gli habituèes merita una menzione, oltre al patron David Rockefeller (finché era vivo) il suo amico Henry Kissinger. Questo intramontabile politico, anche se da anni si occupa di affari (Kissinger & Associati) è stato il perno di molti intrighi internazionali. E' curioso come, malgrado vada e venga dall'Italia, per le conferenze del Bilderberg e forse non solo, nessun procuratore della repubblica italiana sia mai riuscito a portarlo in tribunale, nemmeno come teste, in uno dei processi sul caso Moro. Eppure la vedova dello statista lo aveva indicato più volte quale mandante dell'assassinio del marito.

Henry Kissinger

SEMBRANO DELLE COSI' BRAVE PERSONE

Se guardate le foto (perlopiù rubate) dei partecipanti ai meeting del Bilderberg, ripresi in giardino, intenti a sorseggiare un vino, a mangiare una tartina al salmone, a parlare sul cellulare, vedrete delle persone qualsiasi, in apparenza, spesso vestite male, goffe, trasandate, specialmente gli uomini; alcuni con facce da pescecane (i presidenti dei Gruppi Finanziari o industriali) le donne hanno l'aspetto di signore borghesi a una festa di matrimonio. Queste persone banali e vane lavorano (forse non tutte consapevolmente) a un progetto di radicale cambiamento della vita sulla Terra; un cambiamento che prevede la cancellazione delle civiltà attuali, la occidentale e le orientali. L'umanità sradicata da ogni storia (sfoltita da epidemie forgiate e da una pianificazione demografica eugenetica) questa umanità sarà trasferita in un Feudalesimo Tecnologico; società degradate, megalopoli cosparse di sbandati sorvegliati da telecamere ad ogni angolo di strada; lo stato non c'è più, sostituito da un Consorzio di Multinazionali che governano zone continentali (**1**) in base all'estensione dei loro affari sul mercato; mercato costituito da consumatori-sudditi, i cui punti di riferimento e interlocutori saranno poteri intermedi, l'Ufficio del Lavoro, dell'Assistenza sociale e sanitaria, l'Ufficio di Controllo, cioè la polizia privata della città-quartiere dove si risiede; uffici che non si sa bene da chi dipendano, ma ai quali bisogna obbedire, se si vuole ottenere qualcosa. Quanto all'aspetto *politico*, ci saranno gli *influencer*, attori nerboruti di saghe stellari o maghi dei talk show Tv, da seguire e imitare. E' la società prossima ventura preconizzata da John Philip Dick nei suoi romanzi cyber già negli anni Sessanta /Settanta del Novecento.

(**1**) *Il Consorzio di Multinazionali si spartirà macro regioni commerciali di cui il NAFTA, l'Asean, e nel suo ambito il recente accordo di libero scambio commerciale RCEP, tra i paesi dell'area del Pacifico, sono un preannuncio);*

Per concludere il capitolo, riportiamo un estratto della lista dei partecipanti al primo Bilderberg, Conferenza del 29 –31 maggio 1954, Oesterbeck, Olanda.

<u>Presidente</u>: Principe Bernhard dei Paesi Bassi
Vice-presidenti: John Coleman* e Paul van Zealand

<u>Relatori:</u>
George Ball** (Usa)
Etienne de la Vallee Poussin, Belgio
Barry Bingham, U.S.A.
H. M. Hirschfield, Netherlands
Hugh Gaitskell, U.K.
David Rockefeller, U.S.A.
Paul Nitze, U.S.A.
J. D. Zellerbach, U.S.A.

<u>Participanti:</u>
Robert Andre, Francia
Ralph Assheton, U.K.
Giovanni Malagodi, Italia
Alberto Pirelli, Italia
Vittorio Valletta, Italia

Note – * John Coleman è probabilmente l'autore di *"Conspirators' Hierarchy: The story of the Committee of 300 "* (1991) un saggio antesignano degli studi sulla Cospirazione globale. Per quanto soprendente, la sua presenza nel Bilderberg si spiega con la sua attività di funzionario dell'Intelligence britannica (MI6) all'epoca;
** George Ball, lo abbiamo già incontrato nei capitoli precedenti, era un teorico precoce della Globalizzazione, strumento per un nuovo colonialismo, come espose nella sua relazione al Bilderberg del 1968.

Parte Seconda

Cap. XI – I Trilaterals e il Resetting dell' Occidente

" They call themselves simply ... the Trilateral Commission. (Chills run up spine.) ...this 19-year-old organization is anti-American, anti-democratic, anti-Christian or anti-worker,
and is scheming ultimately to abolish the sovereignty of nations and establish One World Government! "
(The Washington Post, April 25, 1992)

(" Essi si fanno chiamare semplicemente la Commissione Trilaterale (brividi lungo la schiena) ...questa organizzazione che ha 19 anni, è antiamericana, antidemocratica, anti-Cristiana o anti-classe lavoratrice, e pianifica in definitiva di abolire le sovranità nazionali e di stabilire un Governo Unico Mondiale ")

*

L'ideatore principale della Trilateral Commission fu Zbigniew Brzezinski, nel 1971 professore a New York, presso la Columbia University, capo del dipartimento per gli Studi Russi. La sua principale preoccupazione, come intellettuale immigrato da una nazione, la Polonia, oppressa dal comunismo, era l'Unione Sovietica e studiava da sempre il modo di frenarne l'espansionismo, eventualmente favorirne la dissoluzione. In quegli anni la politica estera americana di Nixon, era guidata dalla strategia della distensione. Henry Kissinger, Segretario di Stato, viaggiava tra Mosca e Pechino impegnato in bilaterali tesi a stringere relazioni di cooperazione con le due potenze comuniste. Settori dell'Establishment accademico e finanziario interessati agli affari internazionali, il Brookings Institute, David Rockefeller della Chase Manhattan Bank, condivisero il pensiero di Brzezinski circa il pericolo che un avvicinamento all'Unione Sovietica e alla Cina rossa potesse compromettere i rapporti degli Usa con gli alleati europei. Perciò accolsero con calore la proposta di fondare una organizzazione (sorta di club analogo al Bilderberg) che riunisse gli Stati Uniti, l'Europa e il Giappone, baluardi dell'atlantismo, con le seguenti motivazioni, espresse dallo stesso Brzezinski nel suo libro *Between Two Ages* (1970): "una comunità di Nazioni Sviluppate, capaci di frenare le tendenze globali al caos... se il mondo deve rispondere in maniera efficace alla grave crisi che minaccia in vari modi il mondo avanzato e quello in via di sviluppo. Da un punto di vista americano i cambiamenti più importanti e promettenti negli anni a venire dovranno coinvolgere Europa e Giappone."

In verità, come accade, spesso in politica e in diplomazia, le parti in campo avevano obiettivi diversi, sia pure convergenti nello strumento per conseguirli. Se Brzezinski voleva una Trilateral Commission in funzione anticomunista (cioè antisovietica) David Rockefeller (CFR) doveva essere di altro avviso, considerato che, ce ne documenta Dan Smoot (*"The Invisibile Government"*) il Council on Foreign Relations perseguiva da sempre un avvicinamento degli Usa ai paesi comunisti, nella prospettiva di una socialistizzazione dell'America, da dissolvere poi in un Governo Unico Globale di tipo oligarchico/sovietico. Ne fanno fede la politica estera di Eisenhower, il quale riceve a Washington Kruschev nel 1956, e quella di Kennedy che apre la diplomazia alla Cina di Chu En Lai e Mao Tse Dong. Di più: la politica estera degli Stati Uniti, che sarà sempre ambivalente, era stata, almeno sin dalla presidenza Wilson, protesa verso la Russia, dove i banchieri di Wall Street, e lo stesso governo americano, avevano aiutato i bolscevichi ad instaurare il comunismo. (ne abbiamo parlato nei capitoli precedenti. Per approfondimenti, cfr. Il nostro *I Protocolli di Sion e il Nuovo Ordine Mondiale*, vol. 1).

Non solo, ma dopo la II Guerra Mondiale, sin dalle conferenze di pace, 1944/45, nei negoziati condotti da Roosvelt (sulle veline del CFR) si era concesso molto a Stalin (di prendersi l'Europa orientale) di più, si erano versati fiumi di denaro per armarlo contro Hitler, affinché li aiutasse (i banchieri americani) a sbarazzarsi del dittatore tedesco, dopo averlo aiutato a salire al potere col suo nazismo e ad armarsi per la guerra.

(Nota – i negoziati di pace registrarono una folta presenza di membri CFR, a San Francisco e a Yalta c'era anche Nelson Rockefeller).

Perciò, in ultima analisi, David Rockefeller, da uomo d'affari sagace e diplomatico lungimirante, concepì la Trilateral Commission non alternativa, ma complementare al progetto filocomunista del CFR, ed anche come un nuovo circolo internazionale tramite il quale riprendere quel controllo sugli affari europei, che il Council aveva in qualche modo demandato al Bilderberg Group, dal 1954. Rockefeller conosceva bene il valore degli scambi di opinione nei forum internazionali, nei quali, per dirla con Brzezinski, "i migliori cervelli del mondo (banchieri, industriali, accademici e politici) dalle tre sfere, Nord America, Europa e Giappone, mettessero in comune e sintetizzassero la conoscenza che permettesse alle nuove generazioni di ricostruire la cornice concettuale della politica interna ed estera "; in sostanza, un consorzio delle menti con il proposito specifico di influenzare le politiche estere ed economiche del mondo, onde *resettarlo*, cominciando dall'Occidente.

Se la Brookings Institution finanziò l'intrapresa, fu David Rockefeller a lanciarla sul mercato, per così dire, nella conferenza Bilderberg dell'aprile 1972, in Belgio, riscuotendo il successo sperato.

Il fatto che Rockefeller porti il progetto Trilateral sul tavolo del Bilderberg, conferma la nostra intuizione che il nuovo club atlantista sarebbe stato un concorrente del Bilderberg nella gestione degli affari atlantici; che i partecipanti alla Trilateral (la quale diversamente dal Bilderberg e al pari del CFR contempla un'affiliazione di iscritti) sarebbero stati gli stessi che frequentavano il Bilderberg, ciò che avrebbe costituito una garanzia di controllo, (nel retropensiero e previsione di Rockefeller) giacché la Trilateral avrebbe avuto sede in Europa, oltre che a New York.

La conferenza inaugurale della Trilateral Commission si tenne il primo luglio 1973 (New York) e radunò circa 80 persone dalle tre sfere continentali. Segnaliamo Jimmy Carter, allora governatore della Georgia (fu presentato da Brzezinski) e Gianni Agnelli, presidente della Fiat. Già in quella occasione o nella seguente, riservata ai membri del Nord America, David Rockefeller dichiarò che dei *privati cittadini* avrebbero saputo agire con più flessibilità di quanto sappiano i governi, nella cooperazione internazionale.

In questa frase, si preannuncia lo spirito che avrebbe animato la neonata Trilateral, sorella del Bilderberg, e figlia del CFR; uno spirito che tende a sostituire l'azione dei governi, cioè la democrazia, con un potere privato fondato sul denaro e su una sorta di diritto *dinastico* finanziario. Quel che rileva qui è che, pur presentandosi come un'associazione privata, la Trilateral Commission ha sempre agito in modo da interferire nella sfera pubblica, orientando coi suoi *triangle papers* la politica delle nazioni.

Gli scopi programmatici della Trilateral saranno teorizzati formalmente in uno studio elaborato da alcuni suoi membri, e il cui principale autore era Samuel Huntington. Il libro, *La crisi della Democrazia* (pubblicato nel 1975) avanza la tesi secondo cui l'Occidente aveva (ha bisogno) di un più alto grado di *moderazione* nella democrazia. A riprova di quanto penetranti e lungimiranti sappiano essere i suggerimenti della Trilateral, basti citare come il tema della limitazione della democrazia sia stato recepito in questi anni da diversi politici, che si situano ancora a sinistra in Europa (e in Italia); quella socialdemocrazia internazionalista, mondialista che governa le istituzioni europee e sopranazionali in genere, cioè la galassia dell' Onu. A questo punto è interessante individuare i principi sottesi alle proposte di Huddington. E' evidente che in una società a basso quoziente di democrazia la guida della Cosa Pubblica dovrà essere appannaggio di pochi non eletti, ma *esperti* i quali, per il solo fatto di avere conoscenze tecniche ed altre abilità che la maggioranza non possiede, sono adatti ed hanno il *diritto* a comandare.

Un saggio di questa concezione l'abbiamo avuto in Italia con i governi *tecnici* seguiti al colpo di stato mascherato del 2011. Governi installati dalla Commissione europea, per badare a che gli Italiani *facessero i compiti a casa*. Anche l'attuale governo presieduto da Mario Draghi potrebbe definirsi politicamente (e moralmente) un governo tecnico, in quanto sembra *capitare* in una congiuntura di emergenza, il Covid-19, che richiede (dal punto di vista della Commissione) che il comando dell'Italia venga assunto da una persona di *fiducia*, nelle cui mani mettere i cospicui finanziamenti del Recovery Plan. Restando in questa congiuntura *emergenziale*, un altro esempio di come sia facile *moderare* il tasso di democrazia l'abbiamo da molti mesi coi comitati *tecnico-scientifici*, i quali (chiamati o legittimati da non si sa chi) si sono installati in alcuni governi europei e in Usa, convincendo i governi e i parlamenti, sulla base di previsioni e curve statistiche opinabili, che i popoli debbano essere privati della loro libertà di movimento e forzati a portare un bavaglio, nonché costretti a distanziarsi dai loro simili, anche in famiglia nelle loro case, onde evitare un presunto contagio da corona virus; tutto ciò in un quadro tutt'altro che scientifico, e con dati sulla presunta pandemia gravati da ombre di contraffazione. Ci torneremo nel capitolo dedicato, del volume secondo.

Al pari del Bilderberg e del CFR, la Trilateral viene definita un governo o parlamento ombra, dell'Occidente. Non è un caso che molti capi di stato e di governo americani ed europei siano stati affiliati all'una o all'altra delle associazioni, o a tutte e tre; a tale affiliazione essi debbono le loro carriere politiche; carriere che in definitiva sono state, e sono, quelle di pedine che si lasciano manovrare. Un esempio illustre, Jimmy Carter. Eletto alla Casa Bianca nel 1976 grazie all'appoggio della Trilateral, assegnò quasi tutte le cariche della sua amministrazione a suoi consoci, tanto da allestire un'amministrazione-Trilateral. Segnaliamo le cariche più importanti: il vicepresidente Walter Mondale, il Segretario di Stato Cyrus Vance, il Consigliere per la Sicurezza Nazionale Zbigniew Brzezinski, ed altri minori, tra cui il su citato Samuel Huntington, che divenne presidente della Federal Reserve System, e Richard Gardner, ambasciatore in Italia.

Il Sigillo Massonico della Trilateral Commission

ZBIGNIEW BRZEZINSKI, L'IDEOLOGO DEL NWO

Zbigniew Brzezinski

Se, come chiarisce lo storico Anthony Sutton ("*Trilaterals over America*") l'uomo chiave di quella che abbiamo chiamato la Trimurti, è stato David Rockefeller -presidente emerito del CFR, più volte componente del Comitato direttivo del Bilderberg e della Trilateral, finanziatore e coordinatore di tutte e tre le sue creature, della Trilateral tramite la Third Century Corporation, fondata allo scopo- un altro uomo chiave nella Trilateral Commission fu Zbignew Brzezinski, che Noam Chomsky ha definito "il signore del Nuovo Ordine Mondiale" e che Sutton identifica senza riserve come il preminente artefice del progetto *Nuovo Ordine Mondiale*, del quale Brzezinski può essere infatti considerato l'ideologo. Le basi teoriche del NWO (New World Order), che si inserisce nell'azione tanto del CFR quanto del Bilderberg, sono esposte nel citato libro "*Between Two ages: America's Role in the Technetronic Era*". In questo saggio, che contiene echi dell'assai più vasto e profondo "*Il Tramonto dell'Occidente*" di Oswald Spengler, ma anche dell'altro famoso (e *scabroso*) saggio storico "*Il Mito del XX secolo*", di Alfred Rosenberg, Brzezinski non fa professione di europeismo, piuttosto vi appare un paladino dell'Occidente esteso egemonicamente all'Eurasia, cosa che implica il crollo dell'impero russo, sotto qualsiasi forma politica. In proposito, interessa sottolineare la consonanza del sentimento/pensiero di Brzezinsky verso il popolo russo (decifrabile dalla sua azione politica) con quanto scrive Rosenberg nel suo libro: "il carattere russo, che è in contrasto con i popoli germanizzati della

Finlandia, Estonia e Lituania. ...In Russia una quantità di popolazioni orientali lotta contro le forme tradizionali dello stato germanico".

Senza arrivare a dire che Brzezinsky fosse un pangermanista in funzione antirussa, qui importa cogliere lo spirito di un tempo, che ha lasciato strascichi, dopo la sconfitta del nazismo.

Nella sua Era Tecnotronica, Brzezinski racconta di un' umanità che sarebbe passata attraverso tre stadi di evoluzione e che si troverebbe ora (nel 1970) a metà della quarta ed ultima fase. Sutton crede di ravvisare l'ispiratore di Brzezinski nel saggio *The Mayan Factor*, di Josè Arguelles, un calendario mistico del mondo suddiviso in vari periodi, dei quali l'ultimo sarebbe iniziato negli anni Settanta del Novecento; uno stadio di dissoluzione che culminando nel 2012, avrebbe poi trasferito l'umanità in un più alto grado di coscienza.

Non si possono non cogliere i fermenti di quella che sarebbe passata alla storia dei fenomeni culturali di massa come Era dell'Acquario, una rilancio moderno delle dottrine gnostiche, al quale avrebbero contribuito la Società Teosofica e una serie di pubblicazioni letterarie e manifestazioni di costume giovanile, intese a rivisitare e portare in Occidente la complessa filosofia induista (alcuni esempi di questa fenomenologia: Siddharta, di H. Hesse, i figli dei Fiori, il Buddismo, il Taoismo, le droghe psichedeliche per i viaggi astrali della mente, etc.)

Ma soffermiamoci sul più alto grado di coscienza preconizzato da Brzezinski nella sua era tecnotronica (e psicotronica), un'era dominata dalla cibernetica e dall'informatica, strumenti gestiti da una classe dirigente di tecnocrati, industriali, banchieri, scienziati di saint-simoniana memoria, in un sistema politico ibrido, socialista/capitalistico, con al centro una Banca Centrale che presieda alla pianificazione delle attività produttive. Quel che si decifra nella filigrana del libro è la ricerca di una giustificazione all'avvento/instaurazione di un regime post-democratico. L'ispirazione sembra quella di Spengler; nel cui Occidente tramontante la religione viene sostituita dal socialismo (per Brzezinski tecnotronico) come irreligione, l'economia non è più diretta dalla politica, mentre il denaro è diventato il punto di riferimento per ogni realizzazione. Intanto la vita si concentra in poche metropoli e la rivolta delle masse, e dei popoli di colore, compresi "i popoli dell'Europa meridionale e orientale" trasforma la tecnica in bruta strumentalità.

Alla civiltà occidentale, ancora secondo Spengler (che scrive nel 1917-22) dovrà pertanto succedere una civiltà russa. Ed è utile notare che nella cultura occidentale degli anni '20 del Novecento, il popolo russo veniva considerato tuttora ignorante oltrechè economicamente sottosviluppato, essendo passato dal regime feudale degli czar a quello neo-feudale dittatoriale del Comunismo.

Ma prima della ricaduta nella barbarie deve ancora venire la fase del cesarismo. E' evidente l'origine (dal *Tramonto*) anche se l'approdo di Brzezinsky, il cesarismo, qui è più sfumato. Non troppo per Sutton, che scrive, "questo libro (*Between Two Ages*) è il progetto di un «più giusto ed equo ordine del mondo » in qualche modo non molto dissimile da altri numerosi piani per il controllo politico (delle masse) che va indietro al mondo greco antico ed include l'Utopia di Thomas More, Karl Marx, Lenin. Hitler, Mao… tutti schemi per il controllo di massa."
Ora Brzezinski:
   "nella società Tecnotronica la tendenza sembrerebbe essere verso un'aggregazione di milioni di cittadini non coordinati, facilmente attratti nell'orbita di personalità carismatiche capaci di sfruttare le ultime tecniche della comunicazione per manipolare le emozioni e controllare la ragione. …L'Era Tecnotronica implica la graduale apparizione di una società maggiormente controllata. Una siffatta società sarebbe dominata da un'elite non frenata da tradizionali valori (di libertà). Presto sarà possibile considerare una quasi continua sorveglianza su ogni cittadino e mantenere dossier aggiornati contenenti le informazioni più private su di esso. Tali dossier saranno resi disponibili alla ricerca istantanea delle autorità. … una società dominata da una Elite, la cui rivendicazione al potere politico riposerebbe su una superiore conoscenza scientifica. Non impedita dalle pastoie dei valori liberali tradizionali, tale Elite non esiterebbe nell'utilizzare le più innovative tecniche per influenzare il comportamento pubblico e mantenere così la società sotto una stretta sorveglianza e controllo " (Fra queste tecniche innovative future non è difficile individuare i social media odierni, ndr)

Va precisato che queste frasi sono verosimilmente estrapolate da un suo articolo o conferenza, della quale il libro sarebbe un'estensione. Qui di seguito quanto dichiara Brzezinsky nella introduzione al suo libro, del 1970: "nell'elaborare queste tesi ho sviluppato alcune delle idee inizialmente avanzate nel mio articolo *L'America nell'Era Tecnotronica,* pubblicato su *Incontro,* gennaio 1968, il quale suscitò una considerevole controversia. Devo aggiungere che non solo ho tentato di amplificare e chiarire alcuni dei punti condensati in quell'articolo, ma che ho rivisto in modo significativo alcune delle mie opinioni alla luce delle critiche costruttive avanzate dai miei colleghi. Inoltre, quell'articolo si riferiva a un solo aspetto (discusso primariamente nella Parte I) del più ampio affresco che ho tentato di rappresentare in questo volume ")

Checché abbia scritto e poi riveduto Brzezinski, rimane il fatto che la società da lui prefigurata nel 1968/70 si è effettivamente realizzata, grazie all'azione influente della Trimurti (CFR, Bilderberg, Trilateral) di cui Brzezinsky è stato un eminente attivista, fino alla sua morte recente (2017). Sotto vari pretesti e giustificazioni (la sicurezza, la lotta al terrorismo, la trasparenza, la *democrazia* del pagare tutti le tasse e nulla nascondere al Fisco, i social network) noi siamo cittadini e persone sempre più strettamente sorvegliate. Tutto questo non è una coincidenza del destino e noi abbiamo già saputo abbastanza sulle organizzazioni settarie -la Trimurti di cui Brzezinski era membro-coagulante nei suoi corpi i rappresentanti delle Elite, della ricchezza e del Potere globali, per non attribuire loro la svolta antidemocratica in atto dagli anni 70 ad oggi nel mondo occidentale, proprio durante, (o per reazione a) le conquiste sociali e di libertà individuali che credevamo di acquisire per sempre. Una svolta anti-democratica, che se assume il volto di un socialismo oligarchico, rivela nella sua trama teorie politiche e sociali che portarono alla nascita del nazismo.

I Cattivi Maestri del Nuovo Ordine Mondiale: Carl Schmitt

He who fights with monsters should look to it that he himself does not become a monster. And when you gaze long into an abyss, the abyss also gazes into you.
(Nietzsche, *Beyond Good and Evil*)

("Colui che combatte contro i mostri dovrebbe badare a che egli stesso non divenga un mostro. E quando tu guardi a lungo in un abisso, anche l'abisso guarda dentro di te".
(Nietzsche, *Al di là del Bene e del Male)*

*

In verità, tanto lo studio *La Crisi della democrazia* (già citato) quanto *The Technetronic Era*, manuali del Nuovo Ordine Mondiale, rimandano, per vie sotterranee, alla concezione politico/filosofica di Carl Schmitt. Nei suoi scritti egli rimette in discussione categorie cardine del sistema liberale: Ordine, Diritto, Giustizia, Sovranità, Legittimità, rilevandone l'aleatorietà storica. Quel che conta (e preoccupa) sono le sue conclusioni, impraticabili per noi cittadini del XXI secolo, che abbiamo convenuto sulla democrazia liberale quale sistema politico e di governo, certo imperfetto, ma il solo in grado di tenere in equilibrio lo Stato, con la suddivisione dei suoi poteri, e gli interessi dei vari settori della società, rappresentati in un parlamento elettivo.

In *Teologia Politica,* Schmitt parte dalla constatazione che, nello stato moderno non esiste più una legittimità tradizionale (quella per esempio, delle monarchie ereditarie). In questa situazione diventa decisiva la questione di chi decide, di quale è il luogo ed il soggetto della sovranità. Per l' ideologo del nazismo, sovrano è chi decide nello stato d'eccezione. L'eccezione corrisponde a quella fase della civiltà nella quale non è ancora stata stabilita la norma, la Legge. (Notiamo per inciso che allora dovrebbe tale fase essere chiamata stato di *anomia*, mancanza di norma, l'eccezione presupponendo invece una norma alla quale si fa appunto *eccezione*.) Nello stato di anomia o di eccezione, punto chiave è: ogni ordine, e dunque ogni possibilità concreta di validità di un ordinamento giuridico, riposa su una decisione, non su una norma. Per chiarire come si configuri il problema della sovranità nello stato del secolo XX, Schmitt elabora una teoria delle trasformazioni dello Stato nelle diverse epoche. La successione dei centri di riferimento va dal teologico del secolo XVI, attraverso il razionalismo del secolo XVII, il morale del secolo XVIII, l'economico del secolo XIX, fino al '900, che si caratterizza come l'epoca della tecnica. La tecnica, secondo Schmitt, ha la peculiarità di abbracciare tutti gli aspetti della società, perché serve a tutti. L'effetto di tale peculiarità è la trasformazione del concetto di *politico*. Nell'era della tecnica, viene a cessare ogni centro di riferimento in base al quale lo Stato si definisce come un'entità univoca e determinata, che si contrappone ai gruppi e agli affari non statali. Tutti i gruppi e i settori sociali diventano in qualche modo *politici* e *statuali* (attraverso l'uso comune della tecnica). Compare allora lo Stato totale (tecnicizzato).

L'unità politica dello Stato (unità nella tecnica), che fa valere la *normalità* legale, presuppone la decisione sul caso critico, sull'eccezione non riconducibile alla norma. In breve, in una siffatta forma Stato tecnicizzato, la legittimazione ad agire proviene dall'uso comune della *tecnica*. Uno stato fondato sulla Tecne può fare a meno della norma, agire al di là della legge, ove uno o più casi *critici* lo richiedano, non escluso, ipotizziamo, casi *critici* creati ad arte. (Ricorre inevitabilmente il caso attuale della pandemia Covid-19 ed il vaccino tecnologico (la micro-piattaforma informatica) elaborato ad hoc e inoculato (de facto) obbligatoriamente in massa; qui la limitazione delle libertà individuali, lo stato d'eccezione, è giustificato dal carattere tecnologico della congiuntura nella quale i popoli sono venuti a trovarsi, o sono stati sospinti).

Quanto sopra esposto può essere chiarito meglio dal concetto di decisionismo, termine che designa la concezione teorica della sovranità e dell'ordinamento giuridico nel XX secolo, elaborata da Schmitt; per il quale il decisionismo è un tipo *eterno* di pensiero giuridico, che pone il fondamento ultimo di validità del diritto in una decisione che non è deducibile da regole precedenti, ma da un *nulla* normativo (il che equivale a dire che, in momenti critici -di eccezione, necessità- la decisione si autolegittima, svincolata dalla Legge).

Per Walter Benjamin ("*Il dramma barocco*") l'idea schmittiana della Dittatura come stato d'eccezione −che ricostituisce una normalità (o la crea dal nulla) si rivela un'utopia. Per noi, un'aberrazione.

Cap. XII – I Rothschilds tra Leggenda e Verità

Molti sono i libri scritti sulla famiglia dei Banchieri più celebri al mondo, insieme ai Rockefellers. Perciò cercheremo di evitare i luoghi comuni e le qualificazioni ormai stereotipe che attribuiscono ai Rothschilds la mente della Cospirazione mondiale, sin almeno dal XVIII secolo. Riteniamo, alla luce delle nostre ricerche che vi sia in merito molto folklore e che altri abbiano agito, non sempre legittimamente, in loro nome. Tuttavia rimane un fatto: l' impero finanziario che ha saputo nei secoli assurgere a potenza di grado economico e perciò politico; un potere che è stato capace di influenzare, se non determinare gli eventi di snodo della storia, degli ultimi trecento anni. Basti qui aver presente che questi grandi finanzieri sono stati prestatori di monarchie e di governi repubblicani. Perciò è utile darne subito una visione d'insieme:

Nel XIX secolo la famiglia Rothschild giunse a possedere la più grande fortuna privata del mondo, nell' era moderna. Tale fortuna declinò nel XX secolo e fu suddivisa tra i molti discendenti. Oggi le loro attività coprono diversi campi, dai servizi finanziari alle imprese immobiliari, alle miniere, all'energia, all'agricoltura mista, alla produzione vinicola e alle fondazioni no-profit.

Scrive Paul Johnson ("*A history of the Jews*") che i Rothschilds sono sfuggenti e che molte sciocchezze sono state scritte su di loro. Della stessa opinione fu una ricercatrice, la quale postasi a scrivere una biografia dal titolo, *Bugie sui Rothschilds*, vi rinunziò, con la seguente motivazione: "è stato relativamente facile individuare le menzogne, però è risultato impossibile scoprire la verità ". Ci sembra una dichiarazione che coglie bene la personalità e la vicenda in chiaroscuro dei Rothschilds.

Nel cap. III abbiamo descritto la nascita del capitalismo nell' Europa del Medioevo, ad opera dei mercanti, poi divenuti banchieri (da banco, il banco dei cambiavalute e della custodia dell' oro, a fronte della nota di deposito, *banco-nota*). Ricordato che la prima banca pubblica d'Europa fu il Banco di San Giorgio, a Genova, tra i primi banchieri abbiamo segnalato i Fuegger. Furono essi i precursori dei Rothschilds.
Questa famiglia di ebrei, di Augusta, ascende economicamente nel XV secolo da un'attività modesta di tessitori e possidenti, grazie al commercio e al traffico di valuta; divengono Banchieri degli Asburgo e

di numerosi pontefici. In verità, i Fuegger rimpiazzarono i Medici di Firenze, dopo la cui decadenza rilevarono molti degli asset medicei, così come il loro potere politico e la loro influenza in Europa. Non solo, ma subentrarono nella struttura di governo della Repubblica Veneziana, sia in politica estera che in quella interna.

Nel 1511 Jacob Fuegger il Ricco finanzia l'elezione e le guerre imperiali di Carlo V d'Asburgo (come oggi, nelle liberal democrazie dell'Occidente, la Grande Finanza porta al potere presidenti di repubbliche e governi di destra o di sinistra, indifferentemente). Fugger controlla la produzione europea dell'argento, del piombo e del rame, e ottiene il monopolio del mercurio. La Casa decade nel 1560 in seguito alla bancarotta dello stato spagnolo asburgico e alle discordie familiari. Dei loro rapporti con i Rothschild sappiamo che, tramite essi, i Fuegger introdussero in Inghilterra il sistema di amministrazione dello Stato veneziano.

(Nota – fonte, Enciclopedia Britannica).

LE UMILI ORIGINI E L'INIZIO DELLA FORTUNA

I Rothschilds erano di umili origini. Il loro nome deriva dall'insegna "zum roten Schild" (*allo scudo rosso*) che adornava la facciata della loro casa nel XVI secolo, nel ghetto ebraico di Francoforte, dove Isaak Elch anan Bacharach faceva probabilmente l'orafo. Fu lui ad assumere per la famiglia il nome *Rothschild.*

Un nome che sarebbe servito a identificare una dinastia finanziaria, allorché nel 1744, Mayer Amschel venne al mondo, anch'egli nel ghetto di Francoforte sul Meno. Suo padre, Moses Rothschild, di professione cambiavalute, aveva rapporti commerciali con il principe di Hesse. Wihelm I, Elettore di Hesse-Kassel avrà perciò un ruolo determinante nella fortuna di Amschel, il quale avrebbe fondato una ditta finanziaria e sviluppato un impero, insegnando ai suoi cinque figli la complicata arte del far fruttare il denaro; cosa che essi riuscirono a fare stabilendosi nei principali centri finanziari d'Europa.

Notizie storiche (da ambienti israeliti) ci informano che in seguito alla morte del padre, Wihelm I, Elettore di Hesse-Kassel, divenne Wihelm IX, langravio di Hesse-Kassel. **(1)** Il principe ereditò così uno dei più grandi patrimoni (se non il più grande) d'Europa, in quel momento. Egli ingaggiò il giovane Mayer Amschel Rothschild come "Hoffaktor" o "giudeo di corte", termine che designava in quell'epoca, 1769, il banchiere o il prestatore ad usura.

Amschel Meyer Rothschild

L'incarico consisteva nell'amministrazione delle proprietà del principe e, come agente della riscossione, nella raccolta dei tributi. Questa concessione sui canoni forniva al Rothschild un eccellente guadagno e la sua competenza gli meritò la stima del Langravio, il quale dopo qualche anno, 1775, lo nominò amministratore fiduciario; carica che egli ricoprì sino al 1801. Già in queste prime prove, va detto che la famiglia Rothschild seppe ben applicare intelligenza finanziaria a una cospicua disponibilità di ricchezza, quella del Principe Wihelm.

---

(1) Hesse-Kassel è la regione dove si era originato il movimento settario dei Rosacroce, nel XVI secolo; cfr. Gli Illuminati all'Assalto dell'Europa, vol.I);

Quando si arriva alle guerre napoleoniche, Amschel e i suoi cinque figli sono già banchieri attivi anche fuori dalla Germania; e il principe Wihelm affida alla loro banca di Francoforte la propria fortuna, per nasconderla all'invasore francese. L'ingente patrimonio trovò poi la via di Londra, dove, tramite Nathan Mayer, esso finanziò i movimenti inglesi (antinapoleonici) in Spagna e in Portogallo. Gli interessi maturati sul deposito di questa enorme fortuna furono mietuti dai Rothschilds banchieri rampanti, i quali svilupparono la propria, affermando un risonante prestigio in Europa, e superando in ricchezza il loro benefattore. **(2)**

(2) cfr. Amos Elon *"Founder: Meyer Amschel Rothschild and His Time")*

Il fondatore e i suoi cinque figli

INVENTARE LA STRATEGIA DELLA GRANDE FINANZA

E' interessante soffermarci ora sull'abilità bancaria dei Rothschilds, tale da giustifcare tanta fama. Questa era innanzitutto dovuta alla loro affidabilità. A differenza degli amministratori e finanziatori delle nobili casate dei primi secoli, i quali sovente perdevano i loro beni a causa di violenze ed espropriazioni, il nuovo tipo di banca internazionale creata dai Rothschilds era inattaccabile localmente ed esternamente. I loro patrimoni erano gestiti tramite strumenti finanziari, che venivano fatti circolare nel mondo in forma di azioni, obbligazioni e titoli di debito, le lettere di cambio (ricordiamo chele lettere di cambio discendono dall'antico mamré ebraico di cui abbiamo parlato nel cap. II).

I cambi valutari, la diversificazione degli investimenti attuati dai Rothschilds consentivano loro di isolare la proprietà da atti di violenza locale. Nelle parole di Paul Johnson, "la loro ricchezza reale era di conseguenza fuori dalla portata (dalla furia) tanto della plebe quanto dell'avidità dei monarchi ". **(1)**
Tanta ricchezza fu creata dal talento in larga misura di Nathan Mayer Rothschild, posizionato a Londra; ma anche gli altri fratelli, James Mayer a Parigi, Carl Mayer a Napoli e Amschel Mayer a Francoforte facevano la loro parte. **(2)**

Un altro elemento della strategia della *sicurezza* adottata dai Mayer Rothschilds era il controllo delle banche, sempre mantenuto nelle mani della famiglia. Questo consentiva di serbare il segreto circa l'entità delle loro fortune.

---

(1) – *è una curiosa coincidenza che in uno dei Protocolli di Sion (1905) si illustri proprio questa tattica bancaria/finanziaria capace di sottrarre la ricchezza ai rischi di rivolte e ai cambi di governo);*
(2) *cfr. The House of Rothschild (Vol. 2): The World's Banker: 1849–1999, di Niall Ferguson (2000);*

Ce ne riporta in merito l'Enciclopedia Giudaica (1906):

"la pratica iniziata dai Rothschilds di far stabilire diverse branche della ditta ai diversi fratelli in più centri finanziari venne imitata da altri finanzieri ebrei; tra essi i Bischoffsheims, i Pereires, i Seligmans, i Lazards, ed altri. Questi banchieri, con la loro integrità e competenza finanziaria ottennero credito non solamente presso i loro correligionari giudei, ma presso l'ambiente bancario tutto. Con tali caratteristiche i banchieri ebrei guadagnarono una sempre crescente quota della finanza internazionale nella seconda metà del XIX secolo. La testa dell'intero gruppo rimaneva la famiglia Rothschild. "

Un'altra componente, tipicamente ebrea, era l'autoconservazione della proprietà in ambito parentale. Per ciò i matrimoni avvennero sempre fra cugini di primo o secondo grado. Soltanto sul finire del XIX secolo, le relazioni solide con l'aristocrazia europea, della quale erano prestatori, persuase forse i Rothschilds dell'opportunità di rivestire il proprio denaro di qualche blasone, onde trarne ulteriore prestigio. Nacquero così i matrimoni con la nobiltà (non la più grande) ma anche con altre dinastie finanziarie, per cementare alleanze d'affari.

Ma essi stessi, i Rothschilds erano sufficientemente accreditati per ricevere i titoli nobiliari che nei secoli delle monarchie contavano ancora più del censo. Fu così che i cinque figli di Mayer Amschel furono elevati alla nobiltà austriaca dall'imperatore Francesco I d'Austria, il quale li insignì del titolo di *Freiherr* (barone) il 29 settembre 1822. Quanto al ramo inglese, fu la regina Vittoria a conferirgli il titolo ereditario di baronetto e in seguito di pari, Barone Rothschild (1885). Non sorprenderà allora apprendere che la famiglia Rothschild fu tra le imprese che gestirono la famosa (o famigerata) East India Company, strumento per molti decenni del colonialismo britannico.

TRARRE PROFITTO DALLE GUERRE

Se il tempo di pace era propizio per le relazioni di affari con i governi, ancor più lo era il tempo di guerra. In una replica della politica inaugurata dai Templari, i Rothschild finanziarono sempre tutte le parti in campo, traendo enormi profitti. Una eccellente opportunità fu offerta dalla Rivoluzione francese. Come ci è dato sapere, il rovesciamento della monarchia in Francia fu opera della Massoneria Illuminata (i cui capi francesi erano Robespierre e Marat); altrettanto risaputo è che i movimenti sediziosi di preparazione alla rivoluzione e tutto l'apparato di propaganda antimonarchica furono finanziati da banchieri massoni, interessati ad avere condizioni favorevoli in un nuovo governo manovrabile, repubblicano. (Cfr. il nostro *Gli Illuminati all'Assalto dell'Europa*, vol. 1). Non è inverosimile allora che tra questi banchieri vi fossero i Rotschilds, i quali avevano probabilmente finanziato Luigi XVI, senza salvargli lo Stato dalla bancarotta. Quando la rivoluzione lo spazzò via, le principali monarchie europee si attivarono per fermare l'avanzata di un movimento sanguinario che minacciava di travolgere, e che travolse parte del continente. I primi furono gli Asburgo, parenti della povera ghigliottinata regina Marie Antoinette.

Le armate austriache si approvvigionarono presso i Rothschilds per la fornitura di uniformi, cavalli ed altro; tra questo altro vi erano le transazioni monetarie per pagare i soldati mercenari dell'Assia. È ancora Amschel Meyer, il fondatore della Banca Rothschild ad agire, intanto che i cinque figli crescevano. Quando raggiunsero l'età giusta, Amschel li mandò nelle principali capitali europee ad aprirvi filiali della banca di famiglia basata a Frankfurt. Si formò così una rete bancaria tra Francoforte, Vienna, Parigi, Napoli, Londra. Una rete finanziaria internazionale (la prima in assoluto) che permise loro di far credito alle grandi dinastie europee, finanziando le loro complicate guerre di coalizione, accumulando enormi profitti e, non ultimo, acquistando quell'influenza sulla politica delle nazioni presagita dal padre Amschel, allorché dichiarò, « datemi il potere di battere moneta, e non m'importerà di chi siano i governanti », frase che dischiude un ulteriore aspetto: la partecipazione dei banchieri privati all'interno delle banche centrali, ovvero la proprietà del signoraggio sottratta ai popoli, di cui abbiamo parlato nei primi capitoli.

I Rothschilds possedevano già un patrimonio significativo prima delle guerre napoleoniche (1803-1815). Uno strumento importante era costituito dal mercato dei lingotti d'oro e argento. Soprattutto Nathan si era reso protagonista in tale commercio finanziando lo sforzo bellico della Gran Bretagna, in particolare nell'ultimo conflitto contro Napoleone, con l'inviare lingotti d'oro alle armate del duca di Wellington da una parte all'altra dell'Europa; nello stesso tempo Nathan si preoccupava di prestare ai Britannici denaro, che poi trasferiva agli alleati continentali. Soltanto nel 1815, i Rothschilds fornirono 9,8 milioni di sterline (£ 566 milioni di oggi, pari ad € 717 milioni) in prestiti agli alleati degli Inglesi, che erano la Prussia, la Russia, la Spagna, l'Austria, il Portogallo ed altri minori.

Ma soffermiamoci sui rapporti dei Rothschilds con la Francia rivoluzionaria e poi con Napoleone Bonaparte.

I RAPPORTI CON LA FRANCIA RIVOLUZIONARIA POI CON NAPOLEONE BONAPARTE

IL CONTESTO POLITICO

Tra il 1793 e il 1795, il governo rivoluzionario deve affrontare l'offensiva della coalizione delle monarchie europee. Durante questo periodo il giovane Napoleone Bonaparte (di idee   liberal-nazionaliste, un moderato vicino al partito della Gironda) trova modo di distinguersi, in particolare nell'assedio di Tolone, dove vi era stata un'insurrezione monarchica sostenuta da truppe britanniche. Napoleone riuscì a riconquistare la città e ad espellere gli inglesi. Promosso generale di brigata, all'età di 24 anni, il Comitato di Salute Pubblica lo pone al comando dell'artiglieria dell'esercito francese. Con questi poteri, il giovane generale pensò bene di attaccare il Regno di Sardegna, alleato

degli inglesi. Da lì in poi, è un susseguirsi di successi sul campo.
Nel luglio 1794, la caduta di Robespierre (arrestato e giustiziato con Saint-Just ed altri accoliti) per una congiura parlamentare (Termidoro) conclude la fase giacobina della rivoluzione.(**1**)

(**1**) *In questa fase critica Napoleone viene arrestato con l'accusa di giacobinismo, perché amico del fratello di Robespierre, Augustin. Sarà Barràs a farlo liberare);*

Nel settembre 1794, viene soppresso il Tribunale rivoluzionario e chiusi i club politici (divieto di suonare la Marsigliese). Un movimento giovanile (i Moscardini) "ripulisce" la Comune parigina; il Terrore Bianco dei Realisti si sostituisce a quello dei Giacobini.

IL DIRETTORIO (1795 – 1799)

Come reazione al Terrore e alla "dittatura popolare", la nuova Costituzione del settembre prevede un esecutivo debole (5 Direttori). I deputati delle due Camere legislative (Consiglio degli Anziani, 250 membri, e Consiglio dei 500) vengono eletti su base censitaria indiretta. La Gironda (il partito della borghesia medio-alta, degli industriali e dei banchieri) ha raggiunto così il suo obiettivo. Lusso e sfrenatezza dominano i salotti parigini; è di moda lo stile classicheggiante, detto "Direttorio". Il nuovo esecutivo è troppo debole per impedire agitazioni della Destra (realisti) e della Sinistra, i primi comunisti, eredi dei giacobini, organizzati nella Congiura degli Eguali dal tribuno del popolo Babeuf. (**1**)

----

(1) La Congiura degli Eguali era una setta proveniente dagli Illuminati di Baviera, di cui faceva parte il giovane Karl Marx);

Sostenuto da Barras, capo del Direttorio, Napoleone riceve l'incarico di soffocare l'insurrezione monarchica delle sezioni parigine (13 Vendemmiaio). Tentativi di risolvere la crisi economica e finanziaria non impediscono la bancarotta dello Stato. Dopo il colpo di stato del 18 Fruttidoro, 1797, organizzato dal generale Augerau per arginare l'ondata monarchica, si forma un Triumvirato guidato da Barràs, che però viene sempre più a dipendere da Napoleone.

Malgrado le molte cautele, in pochi anni il sistema del Direttorio si dimostrò fallimentare. Le molteplici precauzioni e garanzie portarono in effetti all'eccesso contrario: un governo disarmato, estremamente instabile e dunque imbelle. Va tuttavia riconosciuto al governo del Direttorio l'avere contribuito al risanamento delle finanze del Paese.

La prima riflessione su questo periodo è che i banchieri Rothschilds (Amschel Meyer Bauer) come si è detto, non estranei al rovesciamento del regime assolutistico, non dovettero esserlo nemmeno alla tormentata fase rivoluzionaria.

E' necessario riferirsi qui agli Illuminati di Baviera, gli ideatori e attuatori della Rivoluzione Francese. Il fondatore della setta, il gesuita massone Adam Weishaupt nel 1776, con il suo progetto di dominio del mondo, coinvolse una èlite di banchieri israeliti, fra cui Amschel Bauer Rothschild, che ne fu il principale finanziatore. (Cfr. Serge Hutin, *La Massoneria*, 1961)

Adam Weishaupt

Le rivoluzioni costano.

Come scrive Henry Coston, ‹una rivoluzione non è giammai spontanea; essa richiede una preparazione più o meno lunga, a seconda delle circostanze; preparazione che esige: 1) la formulazione di un'ideologia sovversiva; 2) l'insediamento di una rete di diffusione, accompagnata da movimenti di folla sotto diversi pretesti; 3) un finanziamento sufficiente per assicurare l'esecuzione di un programma soggetto a rischi, remunerare lo stato maggiore, gli agitatori, gli agenti provocatori, le spie, ecc. e acquisire le compromissioni necessarie; 4) interventi dall'estero; 5) lo scatenamento di una prima sommossa "telecomandata", seguita da "giornate" o da "manifestazioni" obbligatoriamente sanguinose›, (dalla prefazione al libro *"Le Gouvernement invisibile"* di Jacques Bordiot, 1983).

E non sarà mai superfluo ricordare come la Rivoluzione francese (al pari di altre future) lungi dall'essere una rivoluzione di popolo (sfociata in una guerra civile), fu un rivolgimento politico lanciato dalle classi nobile e borghese massonizzate, e   parte di un Grande Piano dell'Elite Mondialista internazionale, gli Illuminati di Baviera, che affidò (e avrebbe in seguito affidato) la manovalanza sovvertitrice a ideologi (i giacobini, poi comunisti) e a tribuni del popolo per conseguire quel disordine dal quale ricavare l'Ordine (Ordo ab Chao) sempre rinnovato e perfezionato sulle condizioni dei tempi, sino al definitivo Governo Totalitario del Mondo.

Lo Stato, fallito sotto Luigi XVI, lo rimaneva anche sotto il Direttorio (le guerre costano più delle rivoluzioni) ed il fatto che a un certo punto le finanze fossero state risanate, mentre il popolo continuava a soffrire gli antichi stenti, in condizione di sottomissione (blocco dei salari, divieto di sciopero e di associazione sindacale) induce a desumere, che i tribuni della Rivoluzione si fossero accordati con la grande borghesia (industriali, banchieri) per mantenere i loro privilegi, senza redistribuire quella ricchezza che nella loro propaganda avevano promesso di spartire tra il popolo. Se lo fecero, ciò riguardò i beni della nobiltà e dell'alto clero, beni che non giunsero mai nella disponibilità dei ceti più poveri. Come accade anche oggi, nelle cosiddette democrazie dell'Occidente, i governi vengono stabiliti per volere, e con il denaro, delle classi ricche, specialmente i governi rivoluzionari.

Un solido indizio del fatto che la politica economica rivoluzionaria fosse manovrata dai Banchieri si ha nel 1789, allorché lo Stato comincia ad emettere *l'assegnato*, una moneta collegata all'immenso patrimonio del clero, che fu messo in vendita. Da quel momento, gli acquisti dei beni nazionali dovevano essere effettuati con la nuova moneta. Tuttavia, i primi biglietti avendo un taglio elevato, 1000 livres, li escludeva dalla circolazione al dettaglio e dunque dalla portata del popolo, che più ne avrebbe avuto bisogno. Lo scopo principale dell'assegnato era di far affluire la maggior quantità di moneta nelle casse vuote dello Stato. Il valore totale della prima emissione fu di 400 milioni. Tra il 1790 e il 1793 gli *assegnati* persero il 60% del loro valore. Il dato strano che i prezzi dei beni rimanessero molto elevati per le classi popolari, ed accessibili solo a quelle agiate, indica la mano speculatrice dei banchieri. Difatti in questo periodo si registrò un aumento del mercato immobiliare, che arricchì ulteriormente molti ricchi con la compravendita a prezzi irrisori, dallo Stato, di grandi terreni e fabbricati (appartenuti al clero e alla nobiltà in esilio o ghigliottinata). In tutto questo si inserì l'opera esterna dei banchieri inglesi, i quali immisero nel mercato francese falsi *assegnati*, causando un'inflazione (già alta) che peggiorò la crisi economica del paese. Non è improbabile che anche i Rothschilds (Amschel Bauer) abbiano tratto vantaggi, partecipando alla spartizione del bottino dell'abbattuta monarchia francese.

NAPOLEONE BONAPARTE

Prima di spingerci nell'ascesa al potere di Napoleone, merita riflettere sul fatto che Napoleone ereditò in qualche modo i principi programmatici degli Illuminati di Baviera (cfr. *Gli Illuminati all'Assalto dell'Europa*, vol.1); segnaliamo: abolizione della religione di Stato, istruzione laica e pubblica, Imposte dirette a carico di tutti i cittadini. Manca l'abolizione della proprietà privata; Napoleone era un moderato, non un comunista giacobino, lo comprova nel marzo 1804 la riforma del codice civile che prese il suo nome. Il Codice eliminava definitivamente i retaggi dell'Ancien Régime, del feudalesimo, dell'assolutismo monarchico, e creava una società prevalentemente borghese e liberale, di ispirazione laica, nella quale venivano consacrati i diritti di eguaglianza, sicurezza e proprietà. Tra i principi della Rivoluzione, venivano salvaguardati quelli della libertà personale, dell'uguaglianza davanti alla legge, della laicità dello Stato (già sancita dal Concordato del 1801) e della libertà di coscienza, della libertà del lavoro. Il Codice era stato però pensato e redatto soprattutto per valorizzare gli ideali della borghesia; perciò andava in special modo a regolamentare questioni riguardanti i contratti di proprietà e la stessa legislazione riguardante la **famiglia** era di natura contrattualistica. (**1**)

Tuttavia l'imposizione sul reddito evoca la mano della Grande Finanza, che a quella imposizione ha sempre saputo come sottrarsi e sfruttarla, per arricchirsene con il signoraggio sull'emissione della moneta per conto dello Stato. Napoleone, proseguendo il percorso rivoluzionario dell'abbattimento "del trono e dell'altare" si pone, almeno all'inizio, come strumento del Nuovo Ordine Mondiale perseguito dalla Massoneria Illuminata tramite la conquista e sottomissione delle nazioni europee.   Sulle sue tracce, Hitler (con le dovute distinzioni) e la cosiddetta Unione Europea della nostra contemporaneità. Che poi lo stesso Napoleone e Hitler si siano resi "indipendenti " da quel progetto, declinandolo a modo proprio (eludendo gli impegni presi) è ciò che spiega la loro caduta, come documentato da diversi studi.

(**1**) *il Codice napoleonico è tuttora la base del diritto italiano e delle altre nazioni europee. Di eguale valore e importanza sono anche gli altri codici: quello di procedura civile, emanato nel 1806, quello del commercio (1807), quello di procedura penale (1808) e il codice penale del 1810.)*

Napoleone Bonaparte

L'Avvento al potere di Napoleone, come Primo Console a vita, poi come imperatore (novembre 1804) mettendo fine alla rivoluzione, stabilisce un nuovo ordine, nel quale le classi alte borghesi si dovettero accomodare. Primi fra tutti i Banchieri. Se è vero che forse da imperatore, ebbe a dichiarare, "Quando un governo dipende dai banchieri per soldi, essi e non i capi del governo controllano la situazione, poiché la mano che dà è al di sopra della mano che prende; il denaro non ha una patria, i finanzieri sono senza patriottismo e senza decenza; il loro obiettivo è il guadagno " , ciò non esclude che egli abbia ricevuto aiuti dai Grandi Finanzieri, coi quali era in rapporti, come scrive lo storico Jean Bouvier (nel suo " Les Rothschild", (1983), sostenendo che Napoleone fu sconfitto meno sul campo di battaglia che su quello finanziario. Il riferimento è ai Rothschilds, i quali finanziarono lo sforzo bellico decisivo degli Inglesi, permettendo loro di vincere Napoleone a Waterloo.

Tra il 1805 e il 1808 la Francia era divenuta la prima potenza europea, costruendo molte alleanze. Anche i Banchieri Rothschilds si erano affermati come la principale banca d'Europa, in buone relazioni con tutti i governanti, così con l'imperatore francese, che aveva appena fondato una nuova dinastia, facendosi incoronare dal papa, Napoleone I. Amschel Bauer migliora i suoi rapporti con l'imperatore dopo l'occupazione dell'Assia. Il langravio Guglielmo, costretto all'esilio, poté contare sulla rete di sicurezza della Banca Rothschild per salvare il suo patrimonio dalla razzia dell'invasore francese. Fu Nathan a Londra a custodirlo, investendolo in parte in lingotti d'oro per il valore di 800 mila sterline. Nel contempo, dalla NM Rothschilds & Sons Ltd egli troverà il modo di finanziare anche l'imperatore francese nelle sue guerre contro gli Inglesi, secondo la strategia del finanzio tutti, per guadagnare con tutti. Dal canto proprio, papà Amschel intraprendeva nuovi proficui affari con il governatorato napoleonico d'Assia.

Risiedeva nella regione una nutrita comunità ebraica, che come d'uso da secoli era relegata nel ghetto. Amschel Rothschild ottenne per i suoi correligionari la parità di diritti con il resto della popolazione; vi riuscì pagando l'equivalente di 20 anni di imposte. Questo episodio dischiude la questione ebraica nella visione dell'imperatore liberatore dei popoli. In verità, Napoleone fece di tutto per arrestare il processo di emancipazione degli ebrei, attivato dalla Rivoluzione. Ecco quanto egli scrive in una lettera del 1806 al fratello Girolamo:

"È necessario ridurre, se non distruggere, la tendenza degli ebrei a praticare un gran numero di attività che sono dannose per la civiltà e per l'ordine pubblico nella società, in tutti i paesi del mondo (riferimento alla pratica dell'usura, ndr). È necessario fermare il danno prevenendolo; per prevenirlo, è necessario cambiare gli ebrei ... Una volta che parte della loro giovinezza prenderà il suo posto nei nostri eserciti, cesseranno di avere interessi e sentimenti ebraici, i loro interessi e sentimenti saranno francesi ". La lettera che indirizzerà al fratello due anni dopo, 1808, sembra certificare quanto sia difficile (se non impossibile) questa integrazione degli Ebrei nella società francese:

"Mi sono impegnato a riformare gli ebrei, ma non ho cercato di attirarne altri nel mio reame, lungi da quello, ho evitato di fare qualsiasi cosa che potesse mostrare stima per la più spregevole delle razze umane".

Questa cattiva opinione dei discendenti di Abramo, non impediva a Napoleone di giovarsi dei loro servigi, o almeno di quelli che riteneva tali. In quegli stessi anni, il fratello di Nathan, Jacob, detto James, trasferitosi a Parigi, aveva stretto un rapporto di fiducia con l'imperatore, il quale gli affidò una mandato d'affari, che si rivelerà straordinariamente redditizio per il giovane banchiere. Questo l'episodio riferito dallo studioso Vittorio Giunciuglio nel suo *"Un ebreo chiamato Cristoforo Colombo"*, (1994): Genova era stata occupata dai francesi. Oggetto di particolare interesse rivestiva il Banco di San Giorgio (la prima Banca pubblica d'Europa) nei cui forzieri erano depositati i beni della monarchia Borbone e migliaia di lingotti d'oro. L'incarico ricevuto da Jacob Rothschild era appunto di smerciare tali lingotti. Quel che Napoleone ignorava era che i lingotti costituivano il patrimonio lasciato da Cristoforo Colombo, un patrimonio di valore inestimabile accumulato nel corso dei suoi numerosi viaggi intercontinentali.

Col mandato libero datogli dal duce dei Francesi, il Rothschild mette a frutto l'esperienza di famiglia nel commercio dei lingotti. Jacob li fa trasportare in vagoni ferroviari (intorno al 1810) dentro scomparti segreti. **(1)**

I lingotti dello scopritore dell'America viaggiano da Genova alla Francia, all'Inghilterra e nel resto d'Europa eludendo i controlli doganali. Quando il ministro delle Finanze francese Mollien si avvide di quel traffico cospicuo, il Rothschild riuscì a convincerlo che il flusso d'oro verso l'Inghilterra contribuiva a indebolirne l'economia (forse innescando un processo inflazionario) ché altrimenti, si sarebbe trattato di introdurre ricchezza nella nazione nemica della Francia.

È controversa la tesi che l'attitudine dei Rothschilds nei confronti di Napoleone sia stata in seguito influenzata dal trattamento riservato dall'imperatore ai loro correligionari in Francia. Ne scrive lo storico Rabbi Berel Wein. Come si è detto, Napoleone cercò in tutti i modi di impedire la pratica dell'usura agli israeliti, invano. In risposta alle denunce che numerose provenivano dalla cittadinanza, nel 1808 egli emanò un decreto che sospendeva tutti i debiti verso di essi, annullava quelli contratti dalle donne sposate, dai minori e dai soldati, e in genere i prestiti con un tasso d'interesse superiore al 10%.

Il provvedimento, passato alla storia dei prestatori Israeliti come *Decreto infame*, appare un segnale che aggiungendosi alla fondazione della Banca di Francia (già da Primo Console) esprimeva l'intenzione di Napoleone di attuare una politica monetaria e finanziaria scevra da Debito Pubblico, cioè dai prestiti e dal signoraggio dei Banchieri; una politica che avrebbe potuto essere riprodotta in altri territori napoleonizzati d'Europa; previsione questa che deve avere inquietato i Rothdchilds, già banchieri internazionali.

Essi, pur intrattenendo buone e vantaggiose relazioni, come si è detto, con Napoleone, finanziavano tuttavia le varie coalizioni delle nazioni guidate dall'Inghilterra contro di lui, che rispondeva contrattaccando, vincendo conquistando, sia pure per brevi periodi, Spagna, Portogallo, territori della Prussia e dell'Austria, lo Stato pontificio, altre province dell'Italia.

----

(1) − con locomotiva a vapore, la ferrovia era in uso in Inghilterra già agli inizi del 1800, probabilmente solo per il trasporto merci; benché prima ferrovia al mondo venga considerata la Stockton-Darlington inaugurata nel 1825)

Nel 1810, l'Europa era definitivamente ridisegnata secondo il volere napoleonico. I territori sotto il diretto controllo francese si erano espansi ben oltre i tradizionali confini anteriori al 1789; il resto degli Stati europei erano o satelliti o alleati della Francia.

Non riuscì però, Napoleone, ad invadere le isole Britanniche, cosa che avrebbe affermato ancor più la sua egemonia nel continente. Così come fallimentare si rivelerà la campagna di Russia, che lo indebolì militarmente, economicamente e politicamente: tradito dai suoi ex sostenitori (Talleyrand, Fouché) fu costretto, dopo la disfatta subita sul campo di Lipsia (Battaglia delle Nazioni), da parte di un' ennesima coalizione ingaggiata dall' implacabile Gran Bretagna, a ripiegare a Fontanbleau e poi ad abdicare in favore dei Borboni. Il 4 maggio 1814 sbarcò all'isola d'Elba, dove gli Inglesi lo avevano esiliato, pur riconoscendogli la sovranità sull'isola con il rango di principe e la conservazione del titolo di imperatore.

Va rimarcato il ruolo svolto dai Rothschilds nella caduta di Napoleone. Date le premesse, non è improbabile un loro contributo nella campagna di demolizione del suo mito, trasformando la sua originaria figura di liberatore in quella di tiranno. Rientrato precipitosamente a Parigi dalla Russia, Napoleone dovette subire l'insubordinazione di tutti i corpi politici: le Camere denunciarono solo ora la sua tirannia, la nuova nobiltà da lui creata gli girò le spalle, il popolo, ormai stanco della guerra, rimase freddo, i marescialli dell'Impero cominciarono a defezionare: tra i principali, Gioacchino Murat che passò al nemico per conservare il regno di Napoli. Tra il 1812 e il 1814, dalla sua base nel distretto finanziario di Londra, ("La City"), Nathan Rothschild da solo continuava a finanziare la guerra britannica contro Napoleone. Le spedizioni di oro nel continente europeo finanziarono gli eserciti del duca di Wellington e anche quelli degli alleati della Gran Bretagna, della Prussia e dell'Austria.

I fratelli Rothschild coordinavano le loro attività in tutto il continente tramite una rete di agenti, spedizionieri e corrieri che trasportavano oro (inclusi i lingotti di Cristoforo Colombo affidati a James da Napoleone) attraverso l'Europa dilaniata dalla guerra. Possiamo affermare che fu grazie alla profusione di tutto questo oro che la coalizione antinapoleonica riuscì a sconfiggerlo definitivamente, anche a Waterloo. Non si trattò di un atto di generosità né di patriottismo europeo. Nathan nello smerciare sul continente i lingotti d'oro, ricavò 15 milioni di sterline tra il 1813 e il 1815, con un guadagno sproporsitato, per non dire del Debito Pubblico di cui aveva caricato le nazioni Alleate.

Venendo alla battaglia finale, dopo la fuga di Napoleone dall'Elba, vuole la tradizione che James Rothschild seguisse le operazioni militari da un'altura e che informò, primo su tutti, dell'esito il fratello Nathan a Londra. Era prassi nel loro lavoro, che i fratelli utilizzassero dei piccioni viaggiatori per comunicare fra loro e i propri agenti. Con una strategia di mercato finanziario, che anticipa Internet, la rete aviaria, coniugata con una batteria di corrieri a cavallo posizionati da un capo all'altro dell'Europa, forniva a Nathan informazioni politiche e finanziarie in anticipo sui banchieri rivali. La strategia funzionò anche nel caso della battaglia di Waterloo; le informazioni privilegiate vennero usate dal Rothschild con un'astuzia da manuale (dello speculatore) che spiega la loro futura supremazia finanziaria nel mondo. Nathan, senza lasciar trapelare la verità appresa, cioè che Napoleone era stato sconfitto dal duca di Wellington, ordinò ai suoi broker nella City di vendere le sue azioni (dello Stato britannico). Lo scopo, dare il segnle che la Gran Bretagna era stata sconfitta a Waterloo, riuscì e gli altri brokers svendettero anch'essi le azioni inglesi. Ancora prima che si diffondesse la notizia vera, Nathan ricomprò a prezzi irrisori le azioni di un intero mercato svalutato. Allorché i messaggeri dal campo di battaglia riportarono della vittoria inglese, i Rothschilds si ritrovarono in mano un portafoglio di titoli il cui valore, con un rimbalzo tipico della Borsa, era salito di 20 volte; a memento della filosofia britannica liberista, "compra a poco e rivendi a molto" che animerà la politica imperialista del Regno Unito, sino alla Globalizzazione odierna. Un motto coniato probabilmente da Nathan, in questi termini: "compra al tuonar dei cannoni e vendi allo squillar delle trombe". Nel luglio 1815 i Rothschilds divennero padroni della Borsa di Londra, con una quota di ricchezza aumentata di 6500 volte con l'affare di Waterloo.

Un'ultima notazione circa le ombre gravanti sulla morte di Napoleone. Si scrisse nel referto che l'imperatore morì di un cancro allo stomaco, segnalato da disturbi gastrici sofferti da molti anni. Di diverso parere è lo studioso John Reeves ("*The Rothschilds: the Financial Rulers of Nations* ") scrivendo, "la caduta di Napoleone fu l'ascesa dei Rothschilds. Napoleone fu poi avvelenato lentamente a morte con arsenico da un agente dei banchieri, i quali non avevano bisogno di un altro ritorno dall'esilio "

James Rothschild

Nathan Rothschild

L'Opera continua nel vol. II

Bibliografia

Allen Gary, *"The Rockefeller File"*, (1974)
Auriti Giacinto, *"La moneta, Dio o Mammona?"* (1990);
Auriti Giacinto, *"L'Ordinamento Internazionale del Sistema   monetario"* (1985);
Barnard Paolo, *"Il più Grande Crimine"* (2011);
Boyne, *"A Manual of Roman Coins"* (1865);
Cipolla Carlo M. *"Storia economica dell'Europa pre-industriale"* (2002);
Colaianni Napoleone, *"Storia della Banca d'Italia: da Cavour a Ciampi* (1995);
Coleman, John *"The Committee of the 300"*, (1990);
Corey Lewis, *"La Casa dei Morgan"*;
Della Luna Marco, Miclavez A. *"Euroschiavi"* (2009);
Dye Thomas, *"Who's running America..."* (1976);
Epiphanius, *"Massoneria e Sette segrete"* (1990);
Eringer Robert, *"The Global Manipulators"* (1982);
Estulin Daniel, *"Il Club Bilderberg"* (2009);
Ferguson Niall, *"The House of Rothschild"* (2000);
Fromm Erich, *"La Rivoluzione della felicità"*;
Gallino Luciano,*"Il Colpo di Stato di Banche e governi"* (2013) e „Finanzcapitalismo" (2011);
Goodson Stephen, *"The Hidden origins of the Bank of England"* (sulla Barnes Review di settembre/ottobre 2012);
Icke David, *"The Global Conspiracy and How to end it"* (2007);
Knuth E. C. *"The Empire of the City"*;
Lippmann Walter, *"Public Opinion"* (1922);
Luyendijk Jos, *"Nuotare con gli Squali"* (2000);
Marcuse Herbert, *"L'Uomo a una dimensione"*, (1968);
Martines T. *"Diritto Costituzionale"* (2000);
Mockford Jack, *"They are exactly as banknotes"* (2014);
Morton Fredric, *"The Rothschilds"*;
Mosler Warren, *"Le 7 Innocenti Frodi mortali della Politica Economica"*;
Mullins Eustace, *"The New World Order: Our Secret Rulers"* (1992);
Parguez Alain, *"La tragica e segreta storia dell'Unione Monetaria europea"* (2009);
Perkins John, *"Confessioni di un sicario dell'Economia"* (1977);
Pound Ezra, *"Lavoro ed Usura"* (1972);
Quigley Carroll, *"Tragedy and Hope"* (1966);

Reeves John, "The Rothschilds: the Financial Rulers of Nations"
Saba Marco, "O la Banca o la Vita" (2008);
Smoot Dan, "The Invisible Government" (1962);
Sutton Anthony, "Wall Street and the Rise of Hitler" (1972);
Sutton Anthony, " Trilaterals over America" (1993);
Sutton Anthony, "The Federal Reserve Conspiracy" (1994);
Toniolo Gianni, "La Banca d'Italia e l'economia di guerra" (1993);
Tuccimei Ercole, Ricossa S. "La Banca d'Italia e il risanamento post-bellico" (1993);
Wells G. Herbert, "The New World Order" (1948);
Wells G. Herbert, "The Open Conspiracy" (1928);
Wray Randall, "Understanding Modern Money: the key to Full Employment and Price Stability" (1998);
Zanese Inserra Adriana, "I Protocolli di Sion e il Nuovo Ordine Mondiale" (2020);

Enciclopedia Garzanti;
Cinquant'anni sono abbastanza (Fifty years are enough. The Case for the World Bank and IMF; a cura di Kevin Danaher (1994) su Wilkipedia;

Nota Biografica dell'Autrice

Adriana Zanese Inserra

Scrittrice, saggista italiana.
Ha studiato Lettere e Filosofia presso la Facoltà di Lettere dell'Università La Sapienza di Roma. Storica della Cospirazione Globale, esperta di letteratura anglo-americana.
   Nel 2015 ha fondato il Movimento Letterario *"L'altra Letteratura Scrittori Indipendenti"*
(web blog: laltraletteratura2015.altervista.org e Facebook: L'Altra Letteratura Scrittori Indipendenti) che tiene ogni anno un importante Festival della Letteratura il quale ha per protagonisti gli scrittori che pubblicano autonomamente sulle più note piattaforme editoriali del Selfpublishing. (Amazon, ilmiolibro.it). Il Festival, diretto da Adriana Zanese, si svolge presso la Casa delle Letterature del Comune di Roma, con la partecipazione di importanti istituzioni pubbliche.

Ha pubblicato:
-*Il VELO di MAYA,* poesie, semifinalista Concorso di poesia ilmiolibro.it 2012, e con la 2^ edizione finalista 2018 nello stesso concorso, Editore ilmiolibro.it/Feltrinelli (2012 e 2018);
-*YERMARY,* teatro, Editore ilmiolibro.it/Feltrinelli (2012);
-*ABDUCTION,* teatro, editore ilmiolibro.it (Gruppo Editoriale L'Espresso) (2013) e Kindle di Amazon.it (2016);
-*THE VANISHING LADY,* script, Editore Lulu.com (2013);
-*SCOMPARSA,* romanzo, Editore ilmiolibro.it (2014) e CreateSpace/Kindle di Amazon.it (2015 e 2016);

-*GLI ILLUMINATI DI SION*, saggio storico (due volumi) Edit. CreateSpace e Kindle di Amazon (2017); anche nell'edizione inglese, *The Illuminati of Zion;*

-*FINIS LUNAE*, 2 voll., romanzo fantapolitico, 2019, ed. Amazon);

-*SPILLANE INVESTIGATIONS*, sceneggiatura, 2019, Edit. Amazon);

-*GLI ILLUMINATI all'ASSALTO dell'EUROPA*, (saggio storico, 2 voll., Amazon, 2019) anche nelle edizioni inglese e francese,

-*ILLUMINATI ASSAULT on EUROPE*, (Amazon, 2019);

-*LES ILLUMINATI à l'ASSAUT de l'EUROPE*, Amazon, 2019);

-*STORIA di DUE DONNE* (romanzo, Amazon, 2020);

-*DONNA dai DUE VOLTI*, sceneggiatura, Editore Amazon (2020);

-*VIA dei FALEGNAMI*, (novella, Edit. Amazon, 2020);

-*I PROTOCOLLI di SION e il NUOVO ORDINE MONDIALE*, saggio storico 2 voll. (2020) Edit. Amazon, anche in edizione inglese,

-*THE PROTOCOLS of ZION and NEW WORLD ORDER*, e francese,

-*LES PROTOCOLES de SION et le NOUVEL ORDRE du MONDE*, Edit. Amazon,

best seller su Amazon, in particolare in USA nell'edizione inglese.

L'Emblema Massonico della Trilateral Commission

Nel centro del Sigillo, appare una **Bestia a 7 teste**, come la "Bestia venuta dal mare", descritta nell'Apocalisse di S. Giovanni. La Bestia avvolge un **Dodecaedro**, solido con 12 facce che rappresenta il **Mondo**.

La Bestia simboleggia l'**Imperatore del Mondo**, Capo del Potere temporale i quali, con **Lucifero** e il Patriarca del Mondo, formano la blasfema e satanica **Santissima e Indivisibile Trinità**, la **Terza Trinità** massonica.

Il Dodecaedro, composto da due piramidi a base quadra poste sopra e sotto un parallelepipedo a base quadra, con i sui 6 vertici visibili, individua la **Stella a 6 punte**, tracciata sul solido.

La **Stella a 6 punte** è un antico simbolo dei sacerdoti Druidi, propiziatrice durante i riti di sacrifici umani.

Sopra la Bestia e il Dodecaedro, vi sono 3 Stelle a 6 punte.

Poiché questa Stella rappresenta i numeri 6 (i suoi vertici) e **18** (i

segmenti che la compongono), il significato delle 3 Stelle è: 3 volte 6 =
666 = l'Anticristo e il Marchio della Bestia;
3 volte 18 = 3 volte 666 = dichiarazione di Guerra a Dio.
Sopra le 3 Stelle a 6 punte, la scritta: NOSTER ORDO SECLORUM
composta da 18 lettere, simboleggiano il 18° grado del Cavaliere Rosa-
Croce della Massoneria R.S.A.A. che ha i compito di cancellare il
sacrificio di Cristo sulla Croce dalla faccia della terra.
Sotto la Bestia vi è la scritta: EGO TERMINATIO EGO FIDES EGO
SCEPTRUM che simbolizza i tre poteri di Lucifero e della Santissima e
Indivisibile Trinità massonica.
Il Fulmine manifesta la volontà divina e l'onnipotenza del "dio supremo".
I due Fulmini, tra gli artigli della Bestia, simboleggiano il doppio potere
di distruzione e creazione del "dio supremo" della Massoneria.

(Fonte, Giacinto Auriti in "La Moneta, Dio o Mammoma?"(1990);

231

Stampato da Amazon Media eu

Dicembre 2025

In Italia